PROJECTE
SABER FER

ESO 2

Tecnologia

SÈRIE **CONSTRUEIX**

El llibre **Tecnologia** per a 2n d'ESO és una obra col·lectiva concebuda, dissenyada i creada al Departament d'edicions educatives de Grup Promotor / Santillana Educación, S. L., dirigit per **Teresa Grence Ruiz** i **Pere Macià Arqué**.

En la realització han intervingut:
Manuel Armada Simancas
Francisco Gallego Campos
Jorge López Werner
Tomás López Soriano
M. Isabel Ortiz Gandía
Alberto Peña Pérez
Gabriel Prieto Renieblas
David Sánchez Gómez
César Vallejo Martín-Albo
Interlínia Serveis Editorials Integrals, S. L.

EDICIÓ
Gemma Comas Cortijo
Laura Muñoz Ceballos

EDITOR EXECUTIU
David Sánchez Gómez

DIRECCIÓ DEL PROJECTE
Antonio Brandi Fernández

Les activitats d'aquest llibre no s'han de fer mai al llibre mateix. Les taules, els esquemes i altres recursos que s'hi inclouen són models perquè l'alumnat els traslladi a la llibreta.

SANTILLANA
GRUP PROMOTOR

Índex

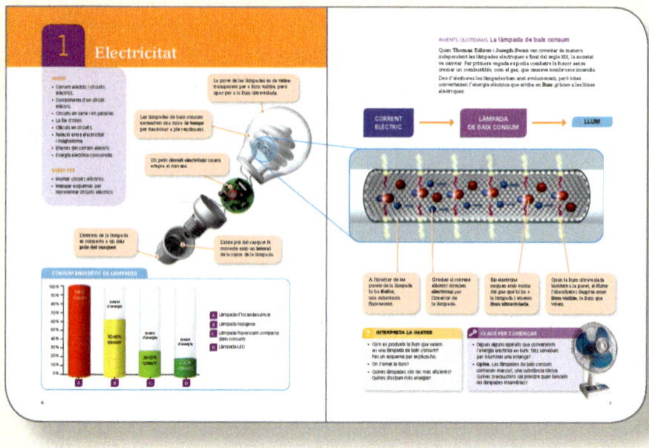

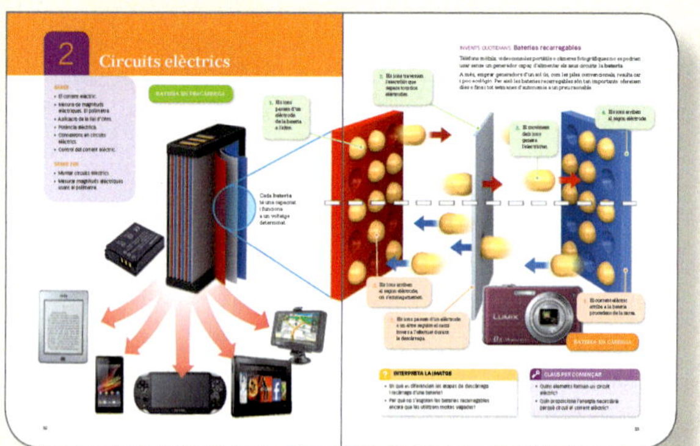

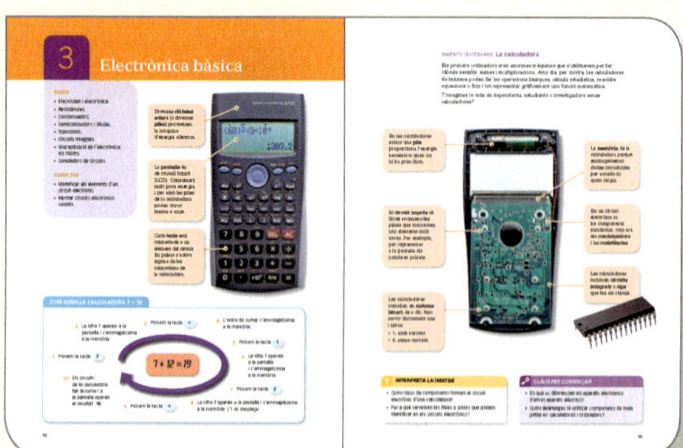

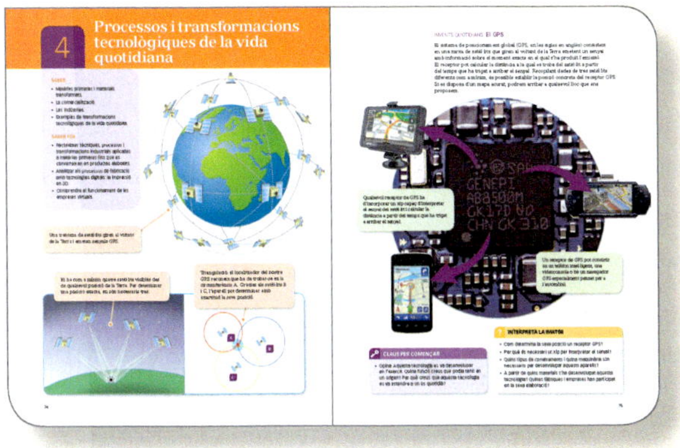
4
Processos i transformacions tecnològiques de la vida quotidiana

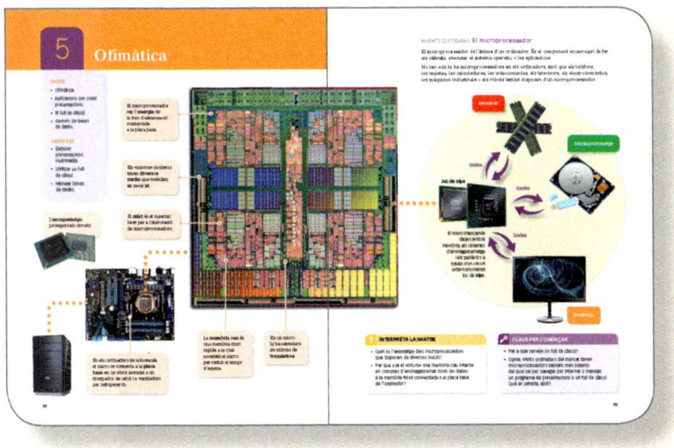
5
Ofimàtica

6
Serveis d'Internet

Índex

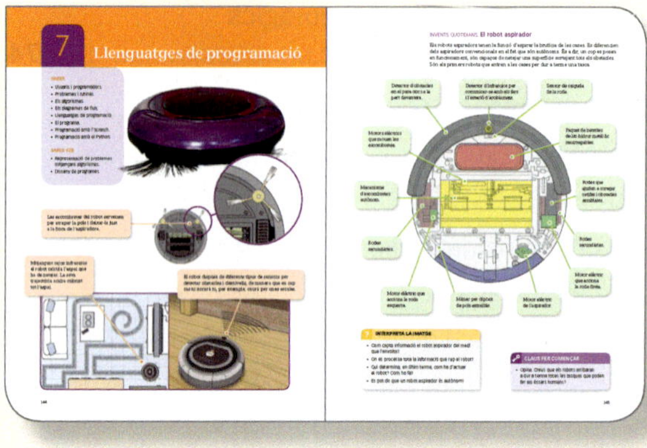

Competències

Al llarg del llibre, diferents icones assenyalen i identifiquen la competència concreta que es treballa a cada activitat o apartat.

- Competència comunicativa, lingüística i audiovisual
- Competència matemàtica
- Competència en el coneixement i la interacció amb el món físic
- Competència artística i cultural
- Competència digital
- Competència social i ciutadana
- Competència d'aprendre a aprendre
- Competència d'autonomia, iniciativa personal i emprenedoria

Esquema de les unitats

Doble pàgina de la introducció de la unitat

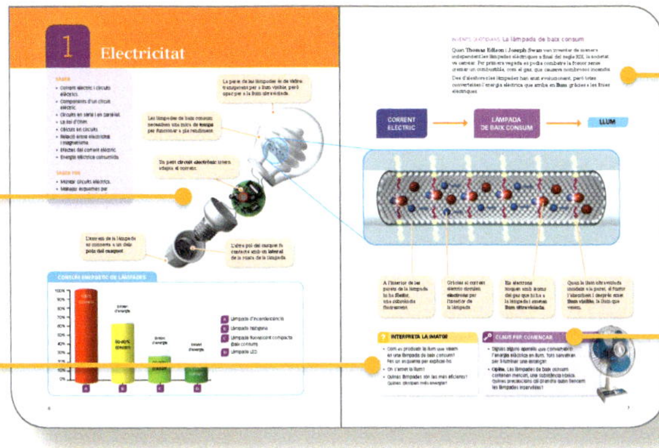

Il·lustració. La doble pàgina presenta de manera gràfica una aplicació dels continguts de la unitat que fem servir diàriament.

Interpreta la imatge. Diverses activitats serveixen per consolidar els continguts que es presenten gràficament.

Ens fem preguntes. La introducció a cada unitat es presenta a partir d'una pregunta.

Claus per començar. Una activitat o més activen els conceptes previs dels alumnes relacionats amb la unitat.

Pàgines de desenvolupament dels continguts

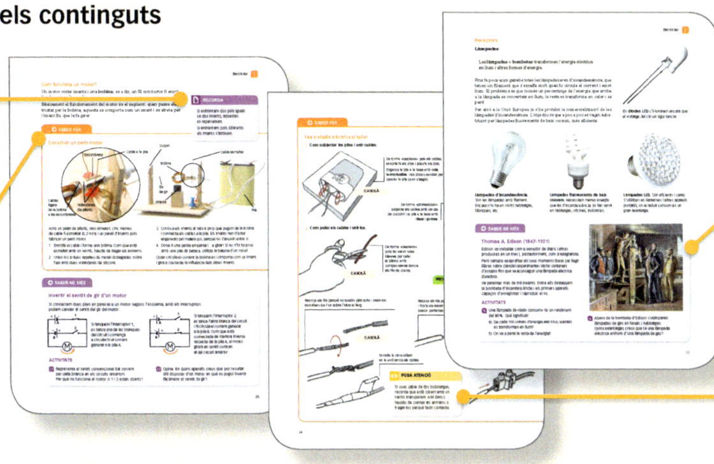

Recorda. Inclou continguts d'altres cursos o que s'han treballat en unitats anteriors.

Saber fer. Mostra procediments senzills que s'han de dominar per assimilar els continguts de cada unitat.

Saber-ne més. Inclou continguts d'ampliació.

Posa atenció. Recull continguts essencials per a l'estudi de la unitat.

Pàgines amb activitats finals i treball de les competències

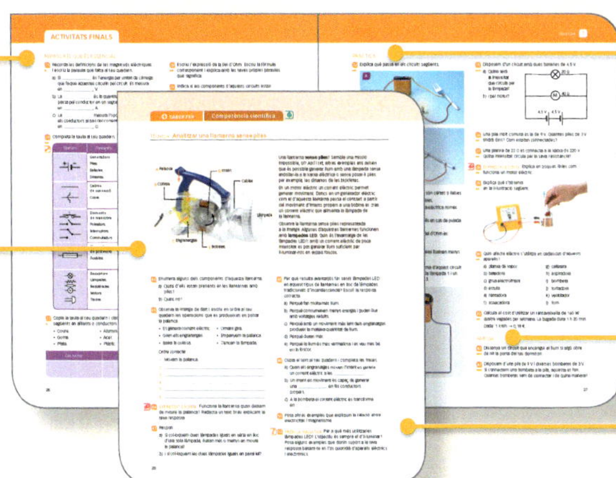

Repassa el que és essencial. Activitats per consolidar els continguts.

Competència científica. Inclou el treball específic de les competències.

Practica. Activitats per aplicar els conceptes apresos.

Amplia. Activitats amb un nivell de dificultat més alt.

- ● Fàcil
- ●● Mitjà
- ●●● Difícil

Maneres de pensar. Presenta documents i activitats que fomenten la reflexió de l'alumne.

Projecte de la unitat

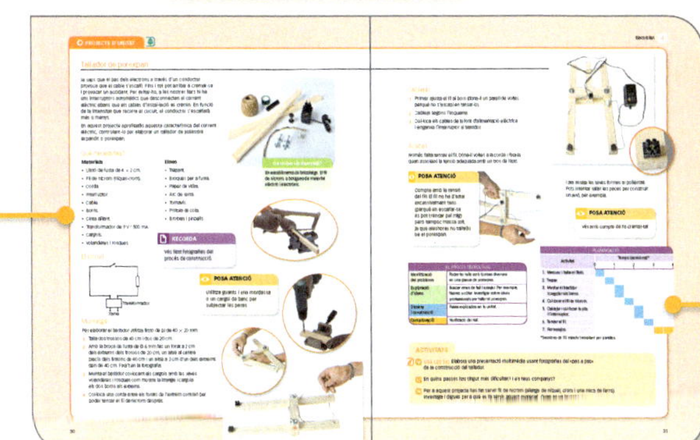

Construeix...

- Detalla els materials i les eines que es necessiten.
- Esquemes i instruccions per a la fabricació.
- Imatges pas a pas del procés.

Planificació. Recull les sessions que calen per completar el projecte.

1 Electricitat

SABER

- Corrent elèctric i circuits elèctrics.
- Components d'un circuit elèctric.
- Circuits en sèrie i en paral·lel.
- La llei d'Ohm.
- Càlculs en circuits.
- Relació entre electricitat i magnetisme.
- Efectes del corrent elèctric.
- Energia elèctrica consumida.

SABER FER

- Muntar circuits elèctrics.
- Manejar esquemes per representar circuits elèctrics.

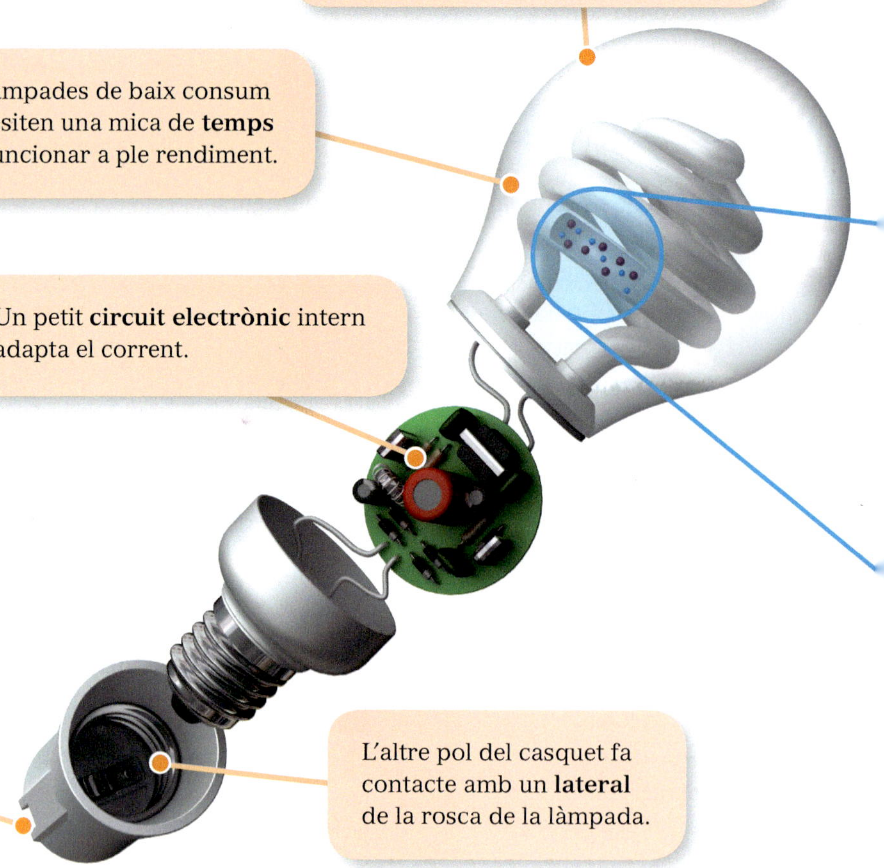

CONSUM ENERGÈTIC DE LÀMPADES

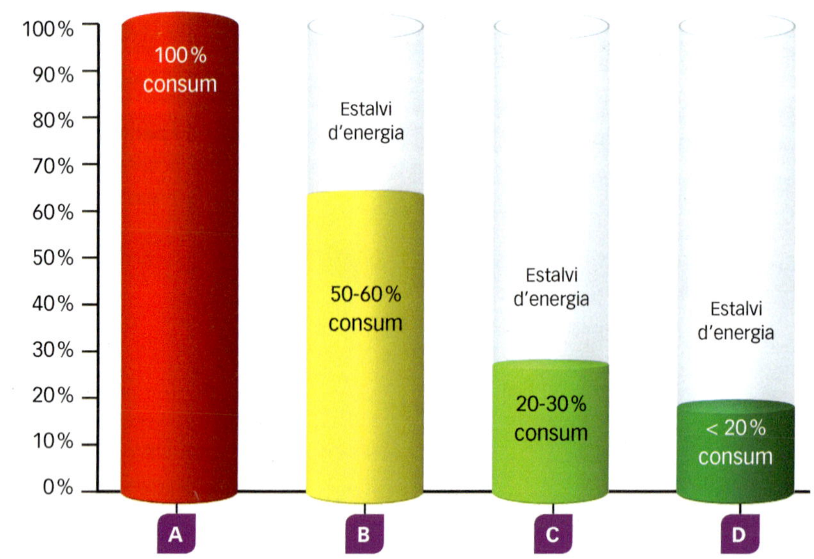

- **A** Làmpada d'incandescència
- **B** Làmpada halògena
- **C** Làmpada fluorescent compacta (baix consum)
- **D** Làmpada LED

INVENTS QUOTIDIANS. La làmpada de baix consum

Quan **Thomas Edison** i **Joseph Swan** van inventar de manera independent les làmpades elèctriques a final del segle XIX, la societat va canviar. Per primera vegada es podia combatre la foscor sense cremar un combustible, com el gas, que causava nombrosos incendis.

Des d'aleshores les làmpades han anat evolucionant, però totes converteixen l'energia elèctrica que arriba en **llum** gràcies a les línies elèctriques.

CORRENT ELÈCTRIC → LÀMPADA DE BAIX CONSUM → LLUM

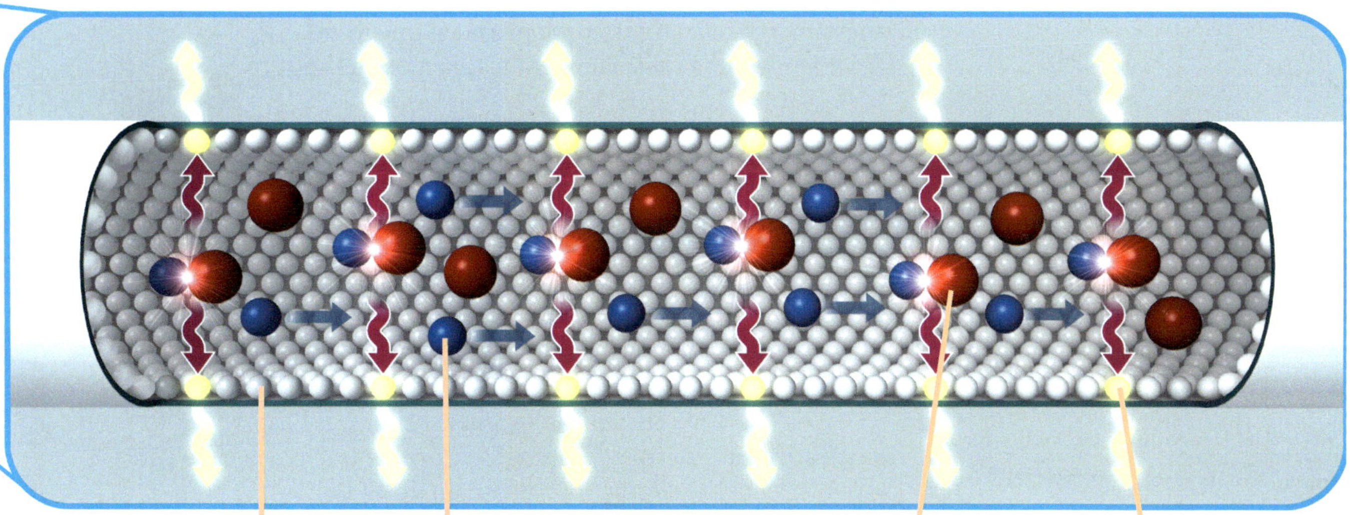

A l'interior de les parets de la làmpada hi ha **fòsfor**, una substància fluorescent.

Gràcies al corrent elèctric circulen **electrons** per l'interior de la làmpada.

Els electrons xoquen amb àtoms del gas que hi ha a la làmpada i emeten **llum ultraviolada**.

Quan la llum ultraviolada incideix a la paret, el fòsfor l'absorbeix i després emet **llum visible**, la llum que veiem.

INTERPRETA LA IMATGE

- Com es produeix la llum que veiem en una làmpada de baix consum? Fes un esquema per explicar-ho.
- On s'emet la llum?
- Quines làmpades són les més eficients? Quines dissipen més energia?

CLAUS PER COMENÇAR

- Digues alguns aparells que converteixin l'energia elèctrica en llum. Tots serveixen per il·luminar una estança?
- **Opina.** Les làmpades de baix consum contenen mercuri, una substància tòxica. Quines precaucions cal prendre quan llencem les làmpades inservibles?

1 Corrent elèctric i circuits elèctrics

Els objectes i les substàncies que ens envolten (l'aire que respirem, el llibre, la taula, etc.) estan formats per càrregues elèctriques positives i negatives. Les càrregues elèctriques negatives s'anomenen **electrons**.

Anomenem **corrent elèctric** el moviment ordenat dels electrons a través d'un conductor.

Quan els electrons fan un recorregut tancat diem que tenim un **circuit elèctric**.

Si veiéssim a escala atòmica què passa en un circuit, observaríem alguna cosa semblant al que mostra la figura.

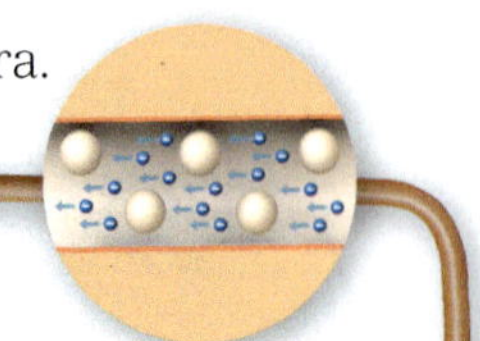

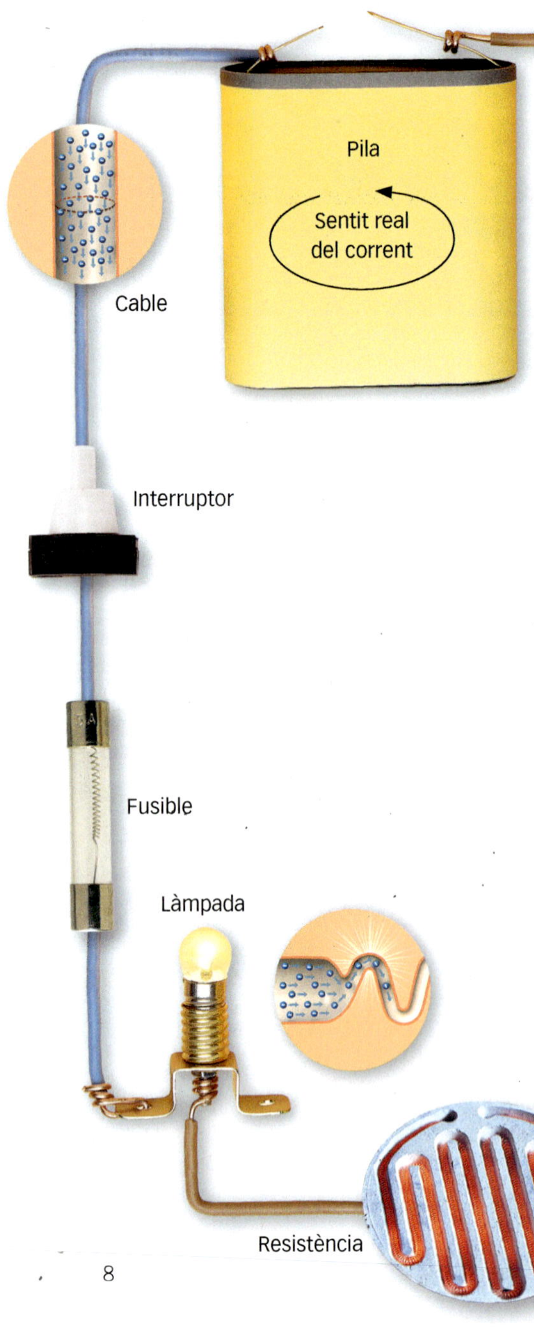

Magnituds elèctriques

Voltatge o tensió elèctrica: *V*

Si tenim dos dipòsits d'aigua situats a diferent altura, l'aigua pot circular per una canonada des del més alt fins al més baix. En els pols d'una pila passa una cosa semblant: un pol té més energia que l'altre (més potencial) i posa els electrons en moviment.

El **voltatge** és l'energia per unitat de càrrega que porta cada càrrega que circula pel circuit. Es mesura en **volts (V)**.

Les piles solen ser d'1,5 V, 4,5 V o 9 V. En un circuit alimentat per una pila de 4,5 V les càrregues elèctriques surten de la pila amb més energia que en un circuit alimentat per una pila d'1,5 V.

Intensitat: *I*

La **intensitat** és la quantitat de càrrega elèctrica que circula pel conductor en un segon. Es mesura en **amperes (A)**.

L'ampere és una unitat molt gran: equival al pas de més de sis trilions d'electrons per segon per una secció del conductor.

Resistència: *R*

La **resistència** és l'oposició que presenta un element del circuit al pas del corrent. Es mesura en **ohms (Ω)**.

Aquesta dificultat que troben les càrregues per moure's pel circuit depèn del material amb què s'elaboren els cables i del gruix i la longitud d'aquests.

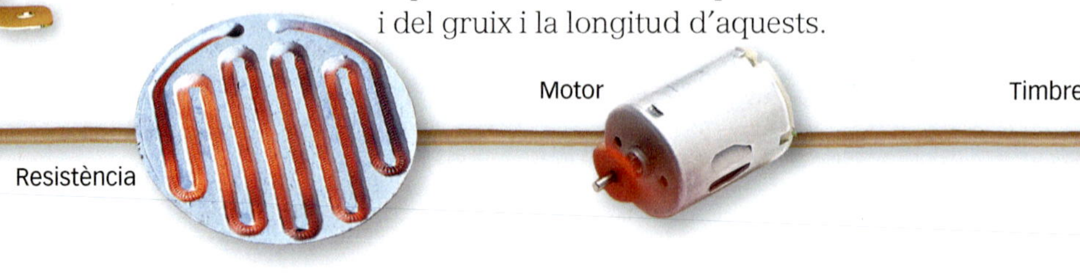

2 Components d'un circuit elèctric

En un circuit hi ha almenys un generador (pila) i fils conductors, però hi podem connectar també altres elements: làmpades, interruptors, motors...

Els científics s'han posat d'acord en uns símbols internacionals amb què es poden representar els circuits més fàcilment i de forma universal.

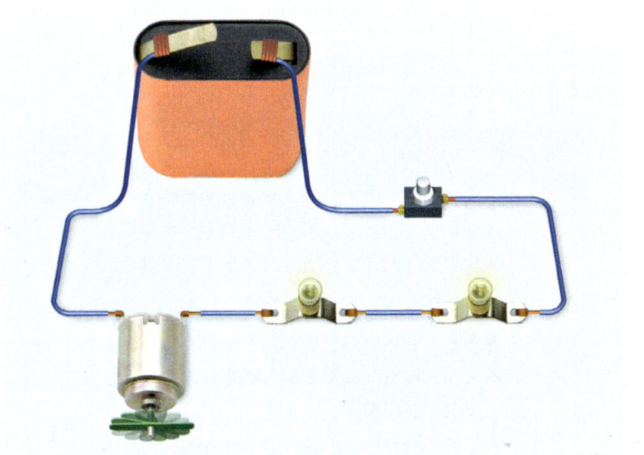

Circuit elèctric amb una pila, un interruptor, un motor i dues làmpades.

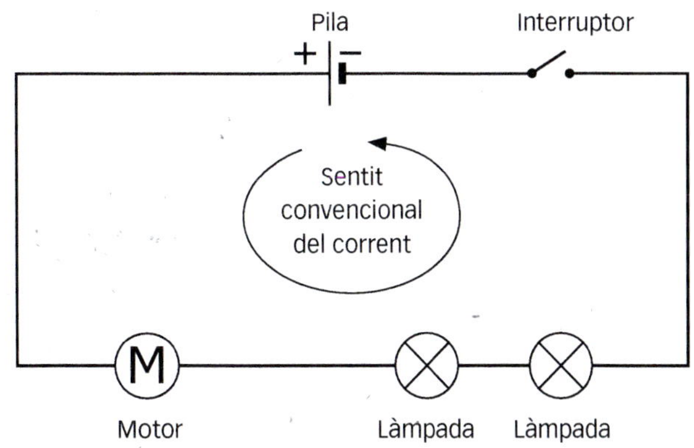

Esquema utilitzat per a la representació del circuit elèctric.

Símbols	Elements
	**Generadors** • Piles. • Bateries. • Dinamos.
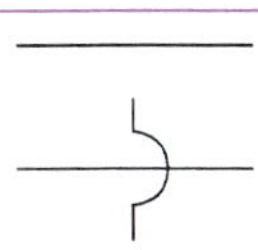	**Cables de connexió** • De coure. • D'alumini.
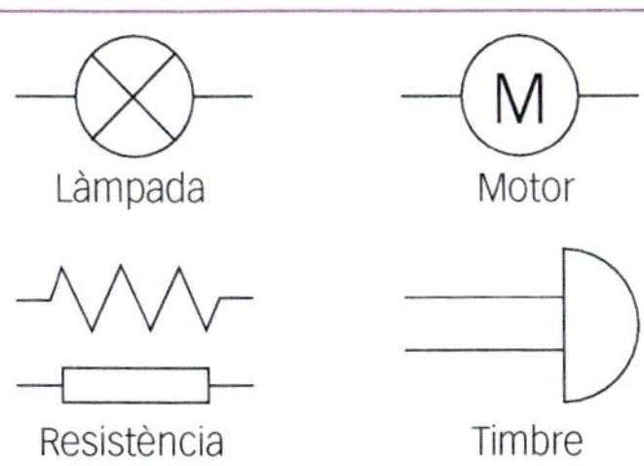 Làmpada, Motor, Resistència, Timbre	**Receptors** • Làmpades. • Resistències. • Motors. • Timbres.
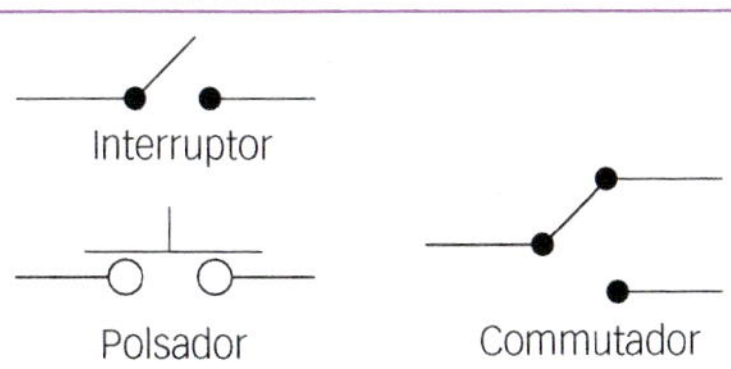 Interruptor, Polsador, Commutador	**Elements de control** • Interruptors. • Polsadors. • Commutadors.
	**Elements de protecció** • Fusibles.

ACTIVITATS

1 S'encendran les làmpades del dibuix o no? Explica'n el motiu.

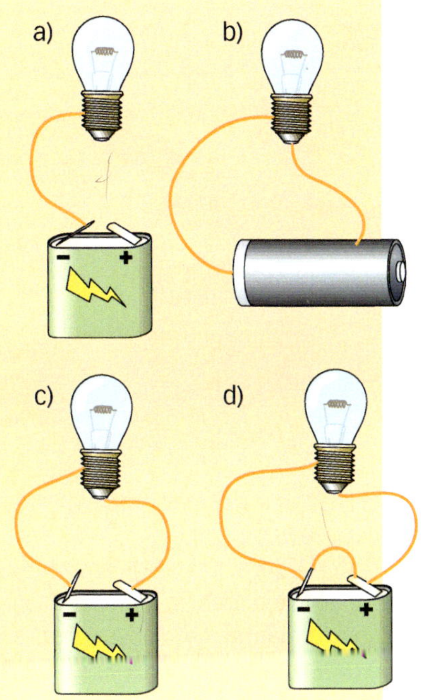

Generadors

Pila i bateria. Les bateries es poden recarregar; les piles, no.

Els **generadors** produeixen el corrent elèctric.

Hi ha diversos tipus de generadors, però els que farem servir més al taller de Tecnologia són les **piles** i les **bateries**, ja que són barates i fàcils d'usar. Tenen dos pols, un de positiu i un altre de negatiu, on es connecten la resta d'elements del circuit. A les centrals elèctriques els productors de corrent elèctric s'anomenen simplement **generadors**.

Les piles són una font d'energia elèctrica i segura. Però amb l'ús s'esgoten. Resulten útils per a aparells de poca potència, com les llanternes, les joguines o alguns circuits usats en el taller de Tecnologia.

SABER FER

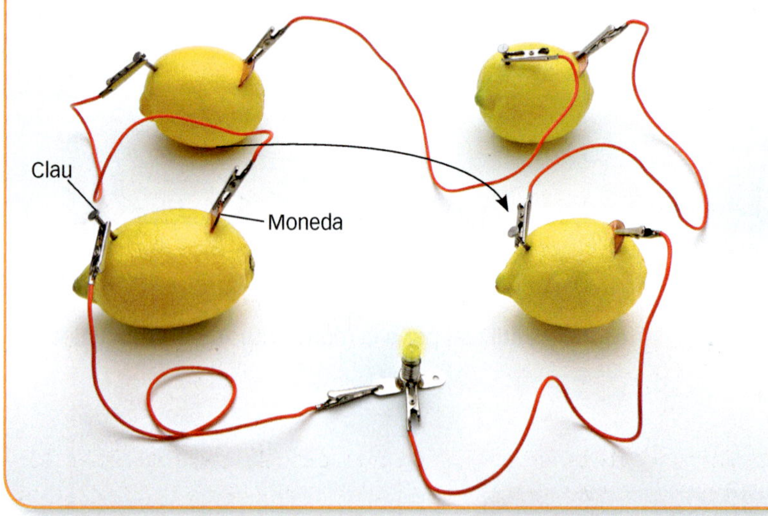

Construir una pila amb llimones

En una pila s'usa un canvi químic per generar el corrent elèctric. Fes servir diverses llimones per generar aquest corrent.

1. Introdueix un clau d'acer i una moneda de 5 cèntims a cada llimona.
2. Connecta cada clau a una moneda d'una altra llimona.
3. Uneix amb cables els extrems d'aquesta agrupació de piles a una bombeta.

Si el contacte entre piles és correcte, la bombeta produirà llum.

Cables

Els **cables** connecten entre si els elements que formen un circuit.

Els cables de coure que se solen utilitzar en els circuits elèctrics condueixen molt bé el corrent; és a dir, deixen passar fàcilment els electrons. Altres materials, però, no es comporten igual.

- Els materials que ofereixen poca resistència al pas del corrent elèctric s'anomenen **conductors**. Exemples: coure, alumini o plata.
- Els materials que ofereixen molta resistència al pas del corrent elèctric s'anomenen **aïllants**. Exemples: plàstics, goma o fusta.

Els cables s'elaboren amb materials que condueixen molt bé el corrent elèctric, com el **coure**. Després s'envernissen o s'envolten amb un material aïllant com el **plàstic**. Així podem endollar o desendollar un aparell sense perill d'electrocutar-nos.

ACTIVITATS

2 On es troben els pols d'una pila?

3 Opina. Quines mesures se t'acuden per reciclar les piles usades?

4 Amb quins materials fabricaries aquests objectes?

a) Mànec de tornavís.

b) Recobriment de cables.

c) Sola de sabates d'electricistes.

Receptors

Làmpades

Les **làmpades** o **bombetes** transformen l'energia elèctrica en llum i altres formes d'energia.

Fins fa pocs anys gairebé totes les làmpades eren d'incandescència, que tenen un filament que s'escalfa molt quan hi circula el corrent i emet llum. El problema és que només un percentatge de l'energia que arriba a la làmpada es converteix en llum; la resta es transforma en calor i es perd.

Per això a la Unió Europea ja s'ha prohibit la comercialització de les làmpades d'incandescència. L'objectiu és que a poc a poc es vagin substituint per làmpades fluorescents de baix consum, més eficients.

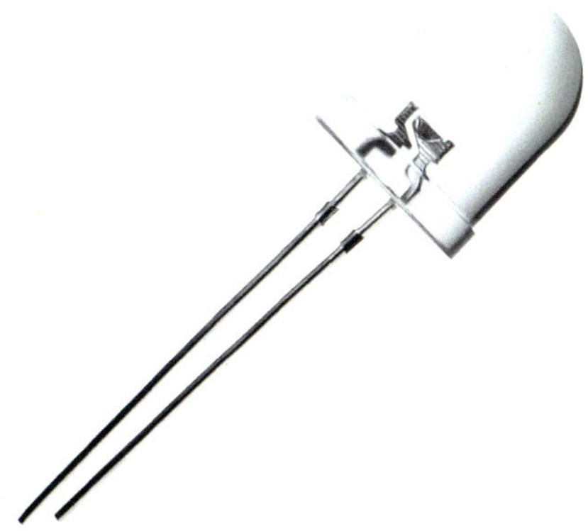

Els **díodes LED** s'il·luminen encara que el voltatge del circuit sigui tancat.

Làmpades d'incandescència. Són les làmpades amb filament. Encara n'hi ha en molts habitatges, fàbriques, etc.

Làmpades fluorescents de baix consum. Necessiten menys energia que les d'incandescència. Es fan servir en habitatges, oficines, indústries...

Làmpades LED. Són eficients i cares. S'utilitzen en llanternes i altres aparells portàtils, on el reduït consum és un gran avantatge.

SABER-NE MÉS

Thomas A. Edison (1847-1931)

Edison va treballar com a venedor de diaris i altres productes en un tren i, posteriorment, com a telegrafista.

Però sempre va aprofitar els seus moments lliures per llegir llibres sobre ciència i experimentar. Va fer centenars d'assajos fins que va aconseguir una làmpada elèctrica duradora.

Va patentar més de mil invents. Entre ells destaquem la bombeta d'incandescència i els primers aparells capaços d'enregistrar i reproduir el so.

ACTIVITATS

5 Una làmpada de «baix consum» té un rendiment del 80%. Què significa?

a) De cada 100 unitats d'energia elèctrica, quantes es transformen en llum?

b) On va a parar la resta de l'energia?

6 Abans de la bombeta d'Edison s'utilitzaven làmpades de gas en fanals i habitatges. Quins avantatges creus que té una làmpada elèctrica enfront d'una làmpada de gas?

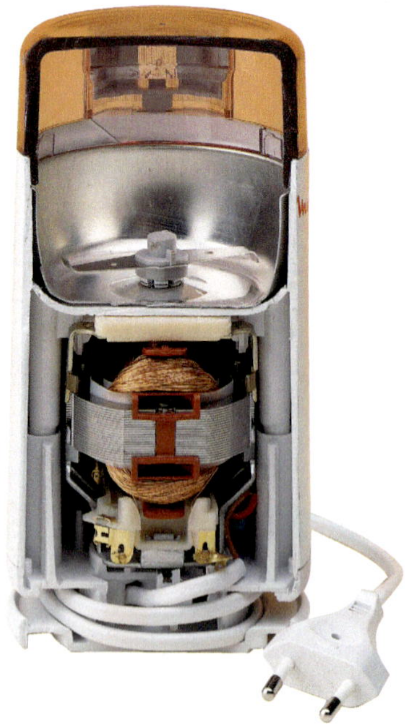

Els **motors elèctrics** estan en aparells que disposen d'una peça que es mou, rota, etc. Per exemple en batedores, ventiladors, etc.

Motors

Els **motors** converteixen l'energia elèctrica en moviment.

Els motors s'utilitzen en un gran nombre d'aparells: rentadores, batedores, trepants, ventiladors, etc. És a dir, en aparells elèctrics que disposen de peces mòbils.

En obrir un motor observem que conté:

- Una **bobina**, que és un fil conductor fi enrotllat amb moltes voltes.
- Uns **imants**, que atrauen o repel·leixen la bobina.

Quan passa electricitat per la bobina, un imant la fa girar. Aquest gir pot ser transmès a un eix, a uns engranatges, etc.

Elements de control

Interruptors

Els **interruptors** permeten controlar el pas del corrent per un circuit. En accionar-los el corrent comença a circular pel circuit o s'interromp.

SABER FER

Fabricar interruptors

Pots elaborar fàcilment interruptors de diferents tipus:

En lliscar, una xapa fa contacte amb una altra i tanca el circuit.

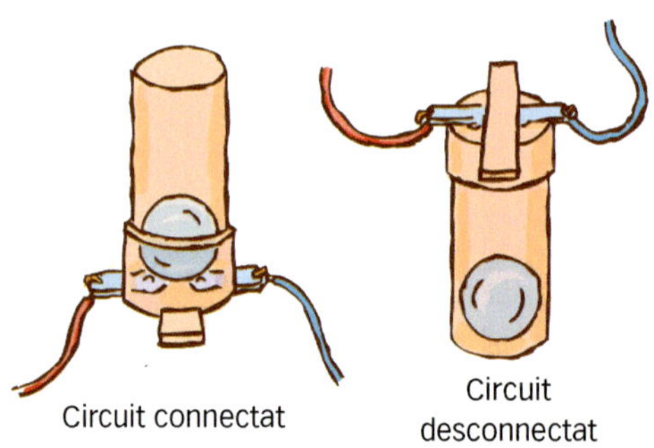

Quan se li dóna la volta, la bala d'acer cau i desconnecta el circuit.

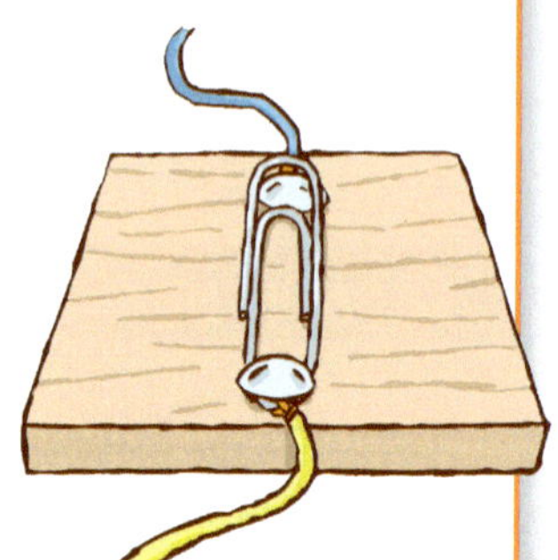

Aquest és molt pràctic. Amb unes xinxetes i un clip pots obrir i tancar el circuit.

Polsadors

Els **polsadors** són elements que, en prémer-los, posen en funcionament un circuit. Quan es deixen anar el circuit s'obre i deixa de circular-hi el corrent.

Molts polsadors tenen una peça elàstica que permet desconnectar el circuit. Però a més dels polsadors de molla, com els que inclouen molts timbres de cases, n'hi ha altres de més originals.

SABER FER

Detectar intrusos amb un polsador

Observa com pots utilitzar un polsador per detectar intrusos.

A

Doblega un clip i enganxa'n un extrem a la base amb cola termofusible. Clava-hi una xinxeta, subjecta els cables i... prem!

B

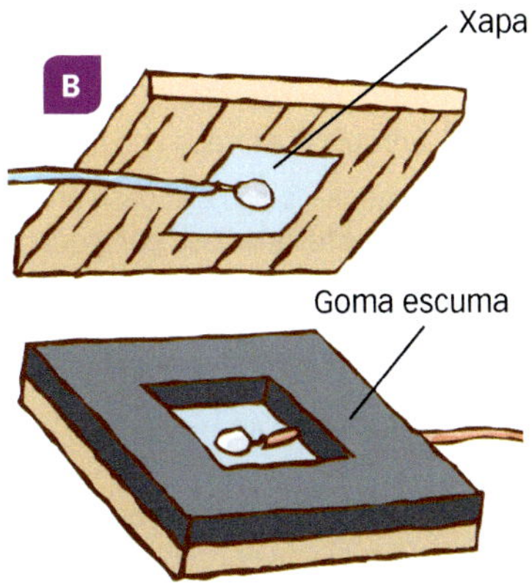

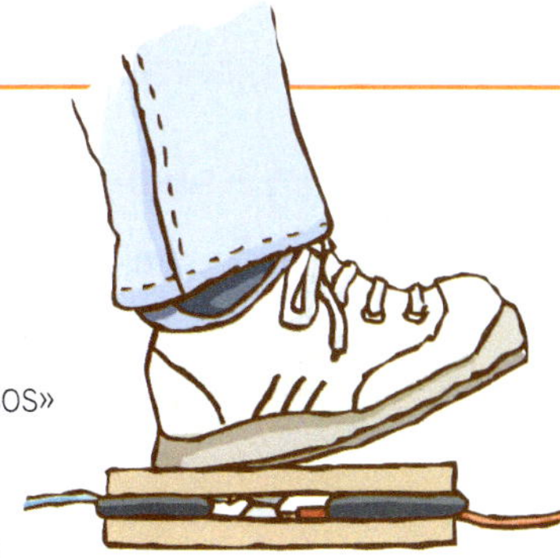

Per detectar «intrusos» a la teva habitació. La goma escuma s'aixafa i els cables es posen en contacte tancant el circuit, així que sonarà l'alarma. En treure el peu, el circuit es torna a obrir i l'alarma deixa de sonar.

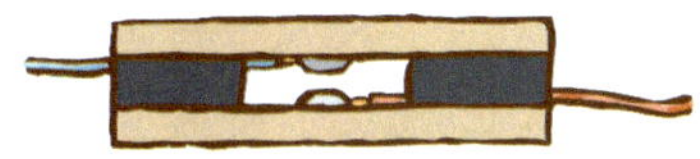

Commutadors

De vegades resulten molt útils, ja que al mateix temps que obren un circuit, en tanquen un altre.

SABER FER

Usar un commutador per controlar un circuit

En aquest circuit el commutador permet posar en funcionament el ventilador (gràcies a un motor elèctric) o la làmpada.

- En tocar la xapa metàl·lica a **A**, s'apaga la bombeta i funciona el motor.
- Si es gira cap a **B**, deixa de funcionar el motor i s'encén el llum.

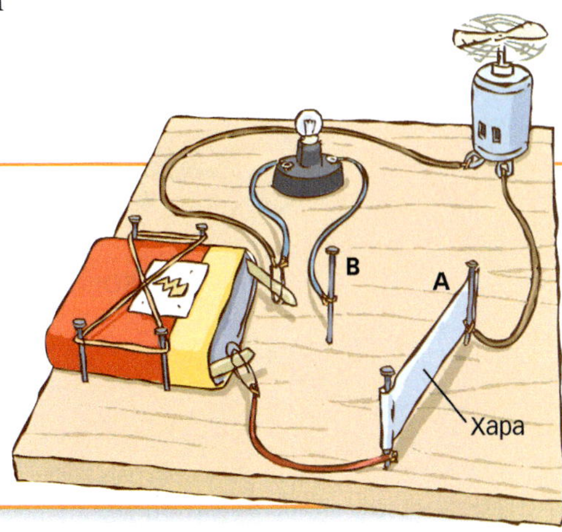

Elements de protecció: fusibles

Els **fusibles** protegeixen algun element d'un circuit elèctric.

El seu funcionament és senzill. Per exemple, si l'element del circuit que volem protegir no suporta una intensitat superior a 0,5 A, intercalem en el circuit un fusible que es fongui a aquesta intensitat. Si augmenta la intensitat per sobre d'aquest valor, el fusible s'escalfa i es fon, i interromp el pas del corrent, ja que el circuit s'obre.

D'aquesta manera, el fusible es fon i protegeix l'aparell. Perquè el circuit torni a ser operatiu només haurem de canviar el fusible, molt més barat que un electrodomèstic, per exemple.

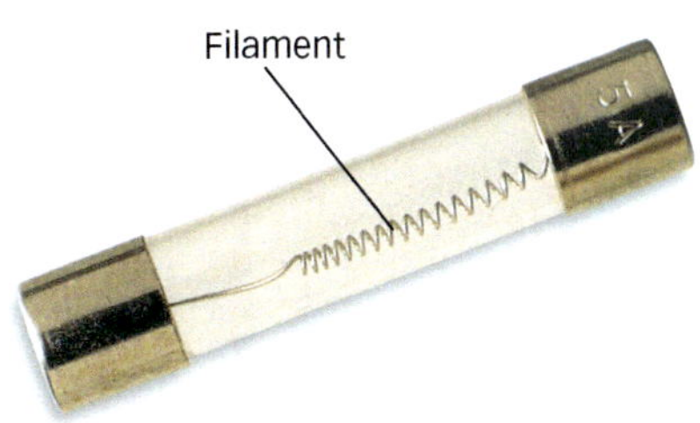

Un fusible consta d'un filament molt fi. Si la intensitat supera un cert valor, el filament es fon i es trenca, obrint el circuit.

ACTIVITATS

7. Compra un interruptor en una ferreteria, obre'l i dibuixa'l. Explica'n el funcionament.

8. Explica per què és útil usar fusibles per protegir els circuits elèctrics.

SABER FER

Fes treballs elèctrics al taller

1. Com subjectar les piles i unir cables.

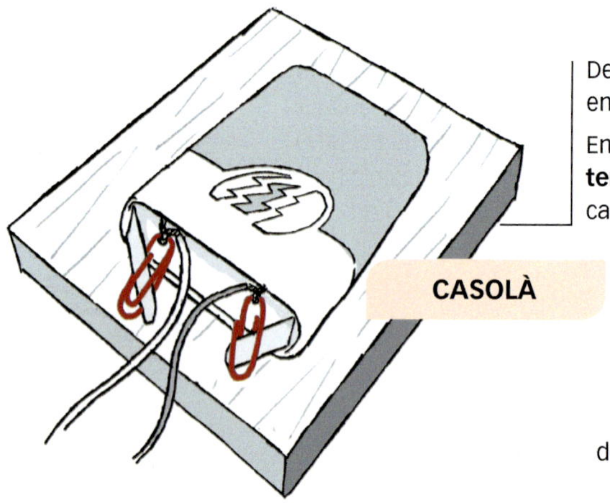

De forma «casolana»: pela els cables, enrotlla'ls als clips i posa'ls als pols.

Enganxa la pila a la base amb **cola termofusible**. Usa poca quantitat per poder canviar la pila quan s'esgoti.

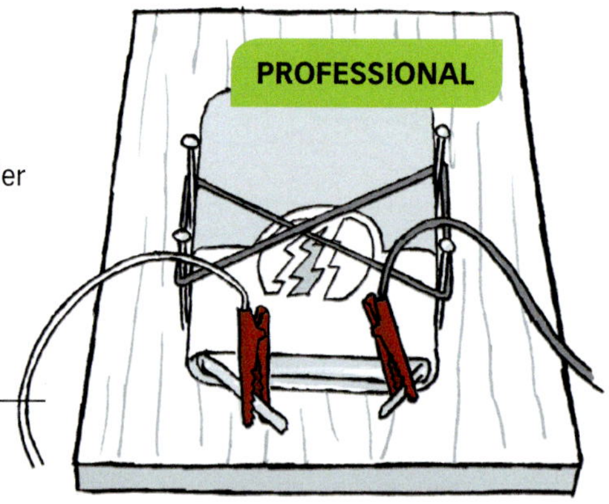

De forma «professional»: subjecta els cables amb pinces de cocodril i la pila a la base amb **claus** i **gomes**.

2. Com pelar els cables i unir-los.

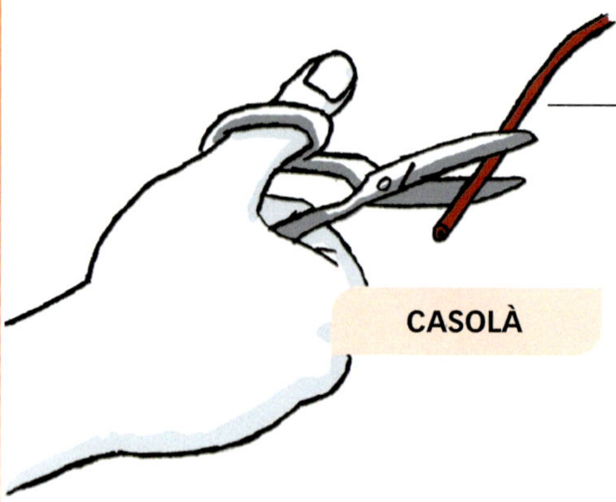

De forma «casolana»: pots fer servir unes **tisores** per tallar el plàstic amb compte (sense danyar els fils de coure).

De forma «professional»: amb una eina anomenada **pelacables**.

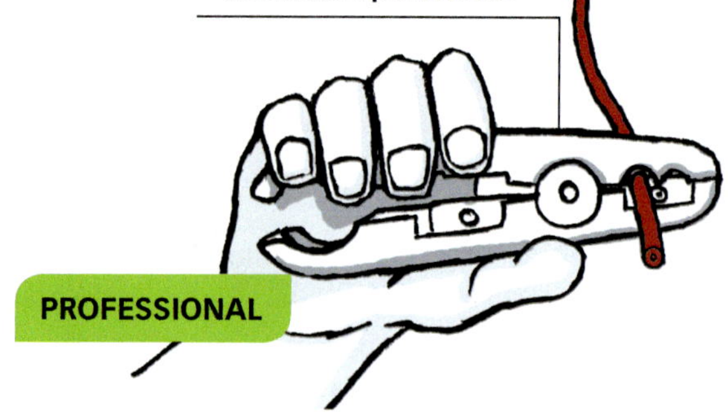

Retorça els fils perquè no quedin pèls solts i uneix-los enrotllant-los l'un sobre l'altre al llarg.

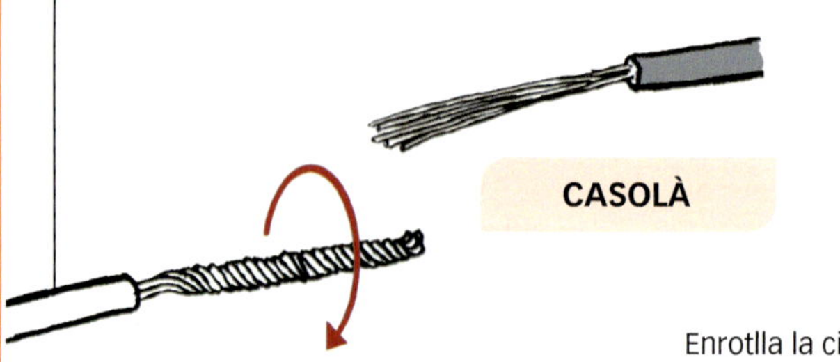

Enrotlla la cinta aïllant en la unió entre els cables.

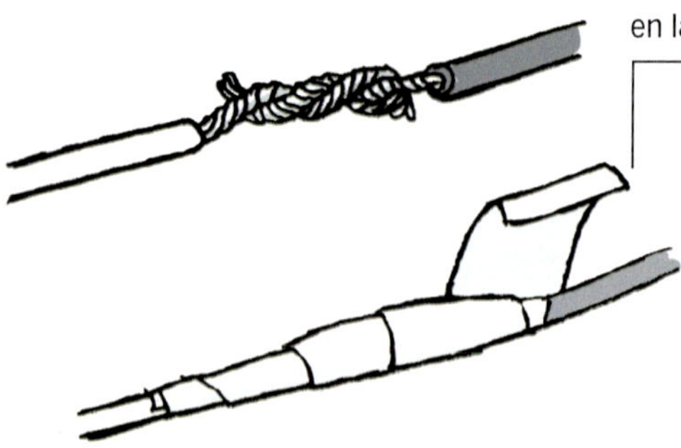

Retorça els fils perquè no quedin pèls solts i fica'ls als extrems del **born**. Cargola perquè quedin perfectes.

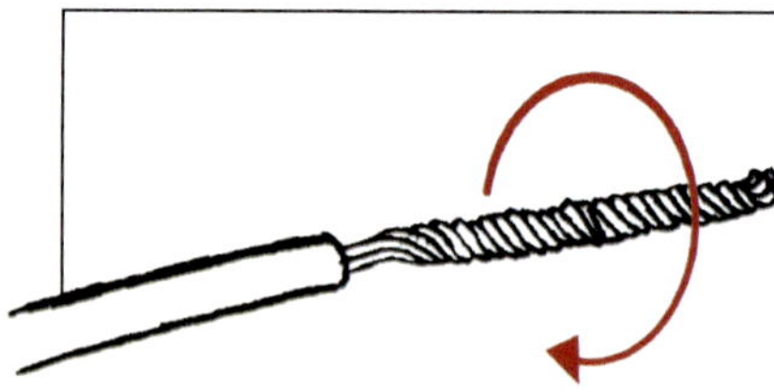

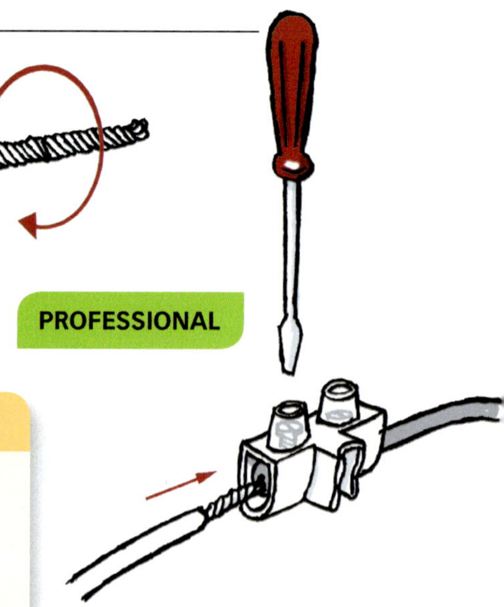

POSA ATENCIÓ

Si uses cable de dos bobinatges, recorda que està cobert amb un vernís transparent. Així doncs hauràs de cremar els extrems o fregar-los perquè facin contacte.

RECORDA

Algunes accions resulten molt més senzilles treballant en equip. No dubtis a demanar ajuda a un company si ho necessites.

3. Com connectar els cables i subjectar els motors.

Pela els cables, retorça'ls perquè no quedin pèls solts i subjecta'ls a les pestanyes del motor.

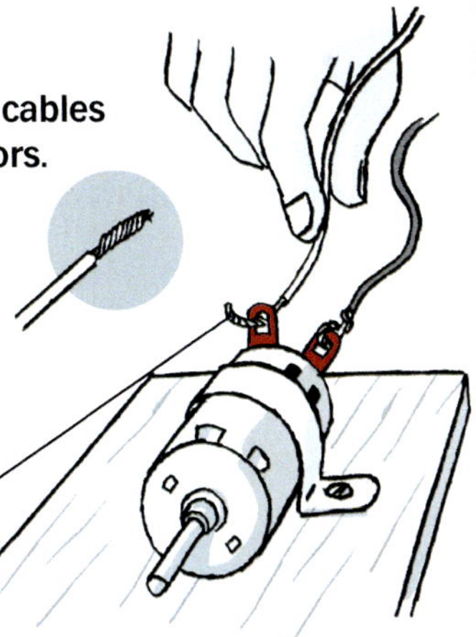

Les pestanyes es trenquen amb facilitat. Per evitar-ho pots doblegar els cables i subjectar-los amb cinta aïllant sobre el motor.

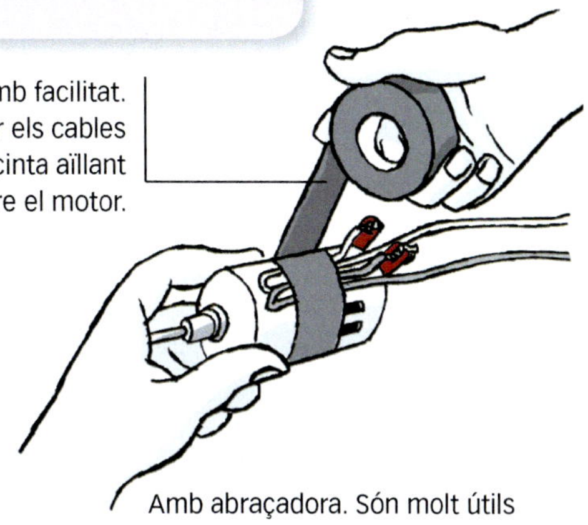

Has de deixar lliures les ranures de ventilació del motor.

Enganxa el motor al suport amb **cola termofusible**.

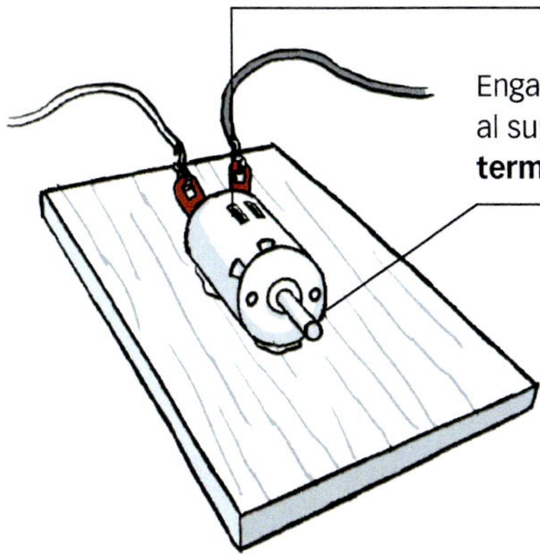

Amb **claus** i **gomes**.

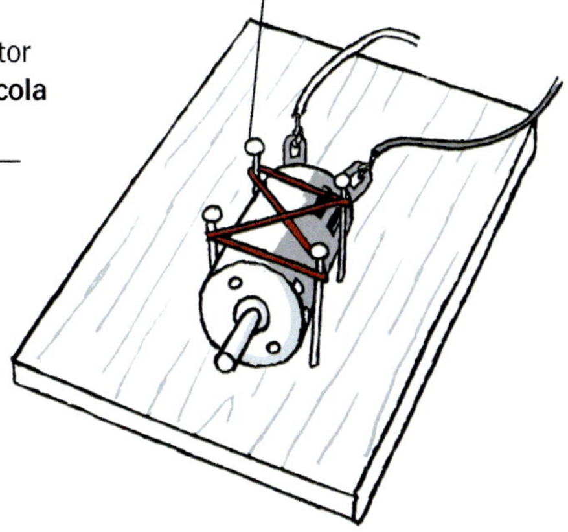

Amb abraçadora. Són molt útils les d'un sol cargol.

4. Com connectar els portalàmpades.

Hi ha diversos tipus de portalàmpades.

Amb suport de plàstic

És un dels més fiables. Enrotlla els cables als cargols i colla'ls bé.

Amb suport de metall

Aquest és més senzill: es connecten els cables als dos extrems metàl·lics.

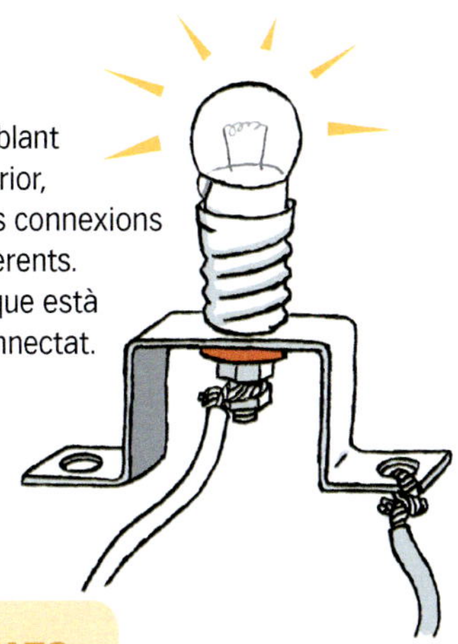

És semblant a l'anterior, però les connexions són diferents. Així sí que està ben connectat.

ACTIVITATS

9. Per què és necessari subjectar bé els motors?

10. Per què és necessari unir bé els cables o collar-los bé als cargols dels portalàmpades?

3 Circuits en sèrie i en paral·lel

? INTERPRETA LA IMATGE

- Com caldrà col·locar les petites làmpades que formen un fil sobre un arbre de Nadal, en sèrie o en paral·lel? Per què?

Fins ara hem estudiat circuits amb un sol receptor, una sola bombeta o un motor, però moltes vegades necessitem connectar diverses bombetes, o una bombeta i un motor.

Com hem de connectar els components quan n'hi ha diversos? En funció del que necessitem, podem escollir bàsicament dos tipus de connexió: **en sèrie** o **en paral·lel**.

Circuit amb elements connectats en sèrie

- Els elements del circuit (làmpades, motors, etc.) es connecten l'un rere l'altre, com en una fila.

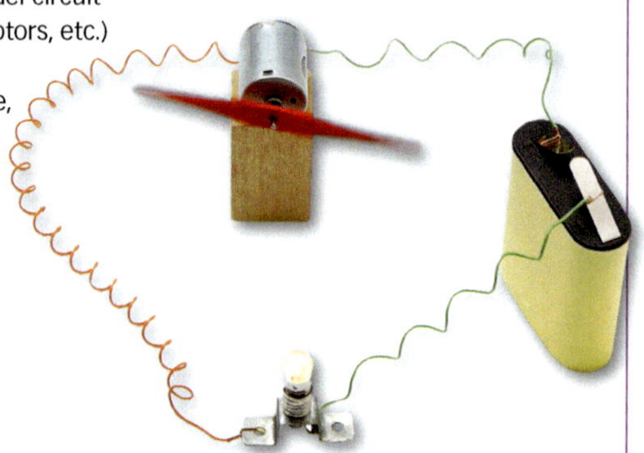

Característiques

- Circula la mateixa intensitat de corrent per tots els elements del circuit.
- El voltatge proporcionat per la pila es reparteix entre els receptors.

Si connectem tres bombetes en sèrie a una pila de 4,5 V, a cadascuna li corresponen només 1,5 V, així que lluen molt poc.

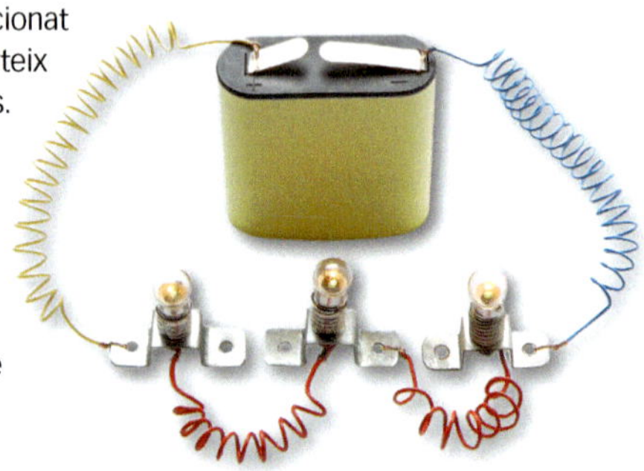

- Si es fon una bombeta, o la desconnectem, les altres deixen de lluir.

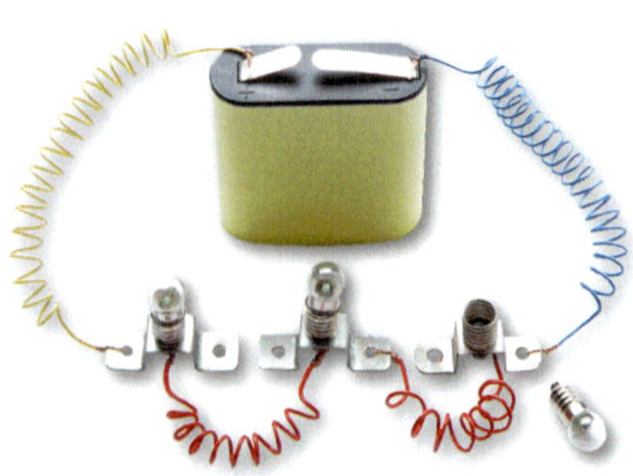

No passa corrent per cap làmpada. No en lluu cap.

Circuit amb elements connectats en paral·lel

- Els elements del circuit es connecten en diferents branques: cada receptor està connectat al pol positiu i al pol negatiu de la pila.

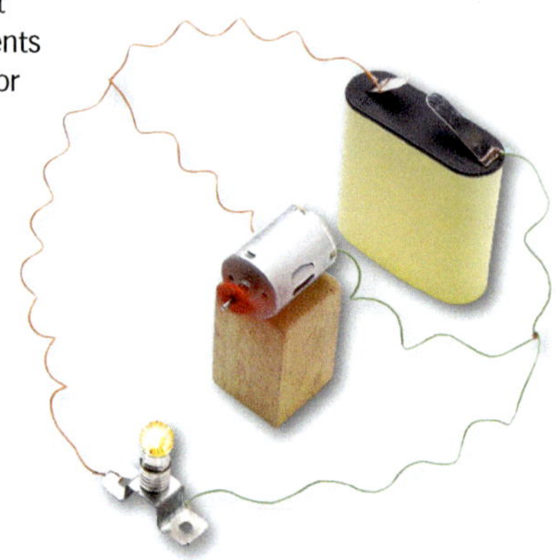

Característiques

- El voltatge entre els extrems de cada receptor és el mateix: el que proporciona la pila.
- La intensitat que surt de la pila es reparteix entre les diferents branques del circuit.

Si connectem tres bombetes en paral·lel, cadascuna d'elles està en contacte amb els pols de la pila. Com que la pila és de 4,5 V totes lluen molt.

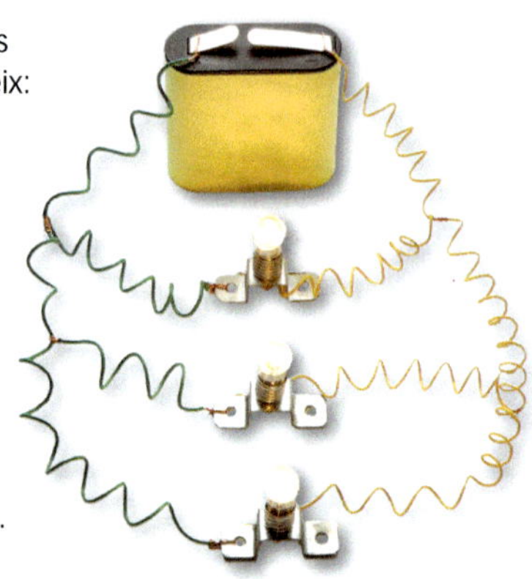

- Si es fon una bombeta, o la desconnectem, les altres continuen lluint.

No passa corrent per la làmpada que s'ha desconnectat, però sí per les altres.

És avantatjosa la connexió en paral·lel?

Si connectem cinc làmpades a una pila, observem que sorprenentment lleueixen igual que si només en posem una. Ja hem explicat que en part és lògic, perquè cadascuna està connectada als pols de la pila, però sembla increïble.

On és el «truc»? Doncs que la pila s'esgotarà cinc vegades abans, així que no hi ha cap avantatge. No creem energia del no-res.

Ho explicarem amb un símil hidràulic, en què:

- Els dipòsits d'aigua representen els pols de la pila.
- L'aigua representa el corrent.
- Les hèlixs representen les làmpades.

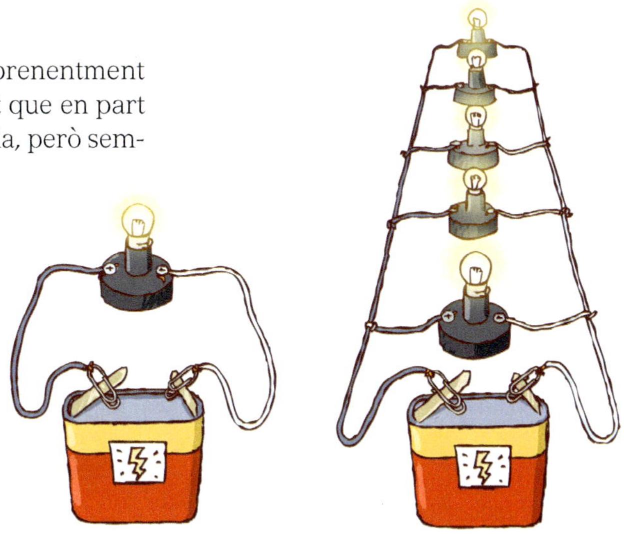

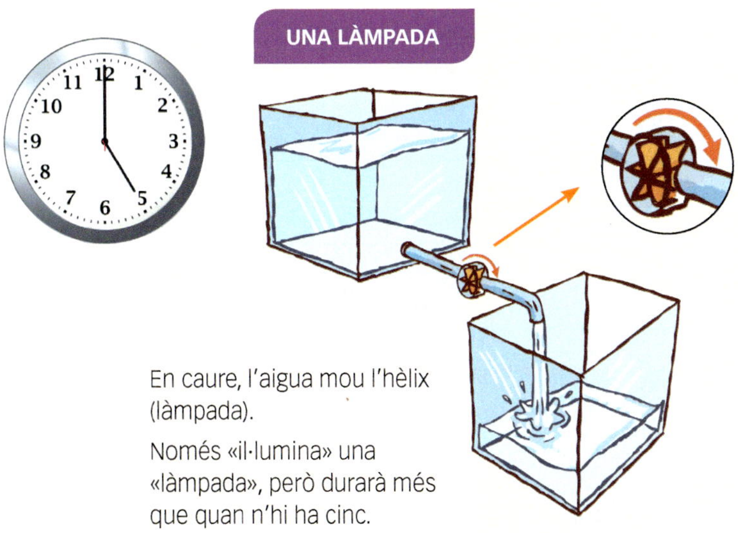

En caure, l'aigua mou l'hèlix (làmpada).

Només «il·lumina» una «làmpada», però durarà més que quan n'hi ha cinc.

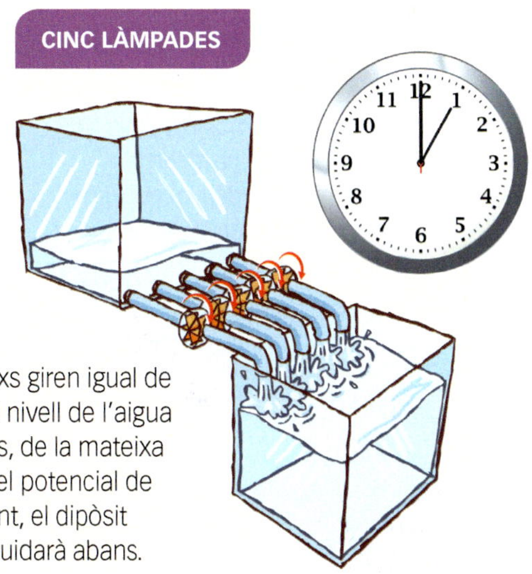

Totes les hèlixs giren igual de ràpid, però el nivell de l'aigua baixarà abans, de la mateixa manera que el potencial de la pila. Per tant, el dipòsit superior es buidarà abans.

ACTIVITATS

11 Observa el circuit següent i assenyala quins elements funcionen quan n'obrim o tanquem un o diversos interruptors.

	Làmpada A	Làmpada B	Motor
1 tancat 2, 3 oberts		No llueix.	
1, 2 tancats 3 obert			
1, 3 tancats 2 obert			
1 obert 2, 3 tancats			

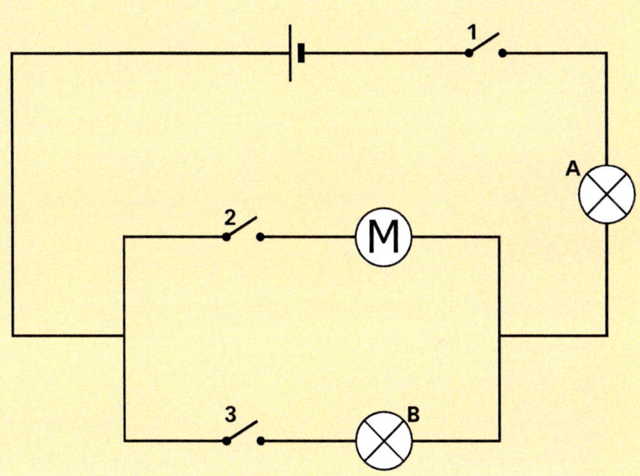

4 La llei d'Ohm

SABER FER

Comprovar la llei d'Ohm

Obre una pila de petaca. Observaràs que hi ha tres piles connectades. Cadascuna d'elles és d'1,5 V.

Si les connectes successivament a una làmpada, veuràs que com més gran és el voltatge, més lluïx; és a dir, hi circula més intensitat. En aquesta observació tan lògica es basa la **llei d'Ohm**.

Per arribar a formular la seva llei, **George Ohm** va haver de fer moltes mesures del voltatge i de la intensitat de corrent en els circuits amb què treballava.

La taula mostra dades obtingudes aplicant la llei d'Ohm.

Una pila connectada

Dues piles connectades

Tres piles connectades

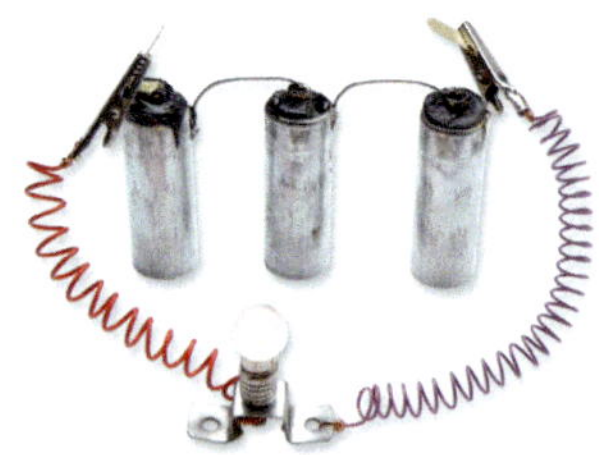

	Voltatge, en volts (V)	Intensitat, en amperes (A)	*V/I* (V/A)
Una pila	1,5	0,1	$\frac{1,5\ V}{0,1\ A} = 15$
Dues piles	3,0	0,2	$\frac{3,0\ V}{0,2\ A} = 15$
Tres piles	4,5	0,3	$\frac{4,5\ V}{0,3\ A} = 15$

La conclusió és senzilla:

Quan el **voltatge** es duplica, la **intensitat** també es duplica.

Quan el **voltatge** es triplica, la **intensitat** també es triplica.

A més, si dividim el voltatge entre la intensitat, *V/I*, en tots tres casos ens dóna el mateix resultat, que representa la **resistència**.

Per això la **llei d'Ohm** se sol escriure d'aquesta manera:

$$\frac{\textbf{Voltatge}}{\textbf{Intensitat}} = \textbf{Resistència}; \qquad \frac{V}{I} = R$$

Aquesta llei es fa servir normalment per calcular el valor de la intensitat de corrent o el voltatge que hi ha en un circuit. En les pàgines següents veurem com.

ACTIVITATS

12 Representa amb símbols els tres circuits de dalt al teu quadern.

a) Per on circula el corrent?

b) Refés els teus esquemes afegint un interruptor en cada circuit.

13 Calcula la resistència de la làmpada en cadascun dels tres circuits de dalt. Quina conclusió en treus?

14 EXPRESSIÓ ESCRITA. Explica amb les teves pròpies paraules el significat de la llei d'Ohm.

5 Càlculs en circuits

Per muntar i fer càlculs en els circuits elèctrics és necessari utilitzar la llei d'Ohm, que relaciona la intensitat del corrent, el voltatge proporcionat pel generador i la resistència. Matemàticament aquesta llei es pot escriure així:

$$V = I \cdot R \; ; \; I = \frac{V}{R}$$

Circuits amb receptors connectats en sèrie

En un circuit en sèrie tots els components estan connectats l'un rere l'altre, com en una filera. En aquest cas la intensitat del corrent que hi circula és la mateixa. Observa els circuits següents.

Moviment real de les càrregues en el circuit.
Energia que porta cada càrrega.
Energia que transforma la làmpada.

CIRCUIT A

Les càrregues surten de la pila amb certa energia. Les piles de més voltatge proporcionen més energia a cada càrrega que surt de la pila.

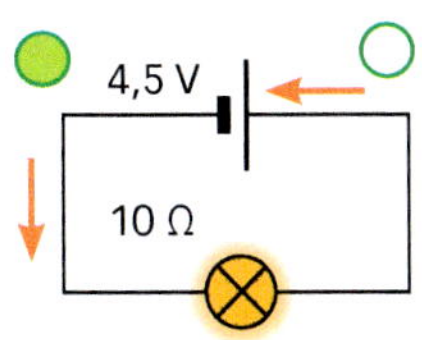

Les càrregues tornen a la pila amb poca energia.

$I_A = 0,45$ A

La làmpada transforma l'energia cedida per les càrregues.

$V_A = I_A \cdot R = 0,45 \text{ A} \cdot 10\ \Omega = 4,5 \text{ V}$

CIRCUIT B

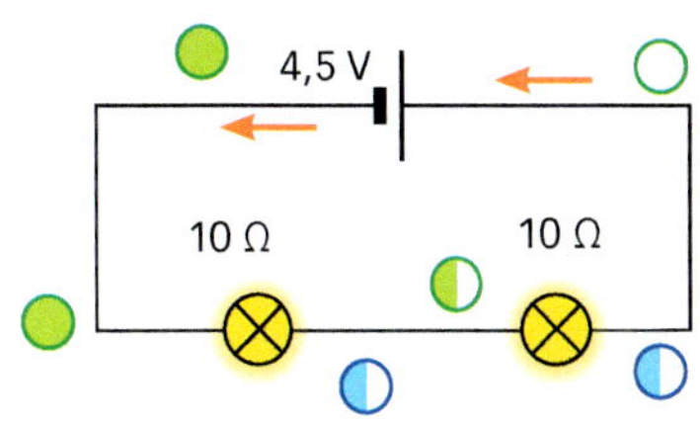

Les càrregues tornen amb poca energia.

$I_B = 0,225$ A

Cada làmpada transforma una part de l'energia que porten les càrregues.

$V_1 = I_B \cdot R = 0,225 \text{ A} \cdot 10\ \Omega = 2,25 \text{ V}$
$V_2 = I_B \cdot R = 0,225 \text{ A} \cdot 10\ \Omega = 2,25 \text{ V}$

Explicació

Les càrregues elèctriques es mouen pel circuit des del pol negatiu de la pila fins al pol positiu. En les làmpades l'energia que transporten les càrregues es transforma en llum. En el circuit amb diverses làmpades les càrregues deixen una part de l'energia que porten en cada làmpada. Per això les làmpades llueixen menys.

- El **voltatge** total proporcionat pel generador es reparteix entre tots els elements connectats en sèrie al circuit.
- Per tots els elements hi circula la mateixa **intensitat de corrent**.

En un circuit amb **dues làmpades connectades en sèrie**, l'una rere l'altra, les càrregues elèctriques surten de la pila i deixen a cada làmpada una part d'aquesta energia, que es transforma en llum i calor. Per això dues làmpades connectades en sèrie a una pila llueixen menys que quan hi ha una sola làmpada al circuit.

ACTIVITATS

15 Completa l'esquema al teu quadern dibuixant l'energia que dipositen les càrregues elèctriques en cada receptor. Quina intensitat de corrent circula per cada làmpada?

Utilitza un circuit blau dividit en quatre parts perquè puguis representar l'energia transformada en cada làmpada.

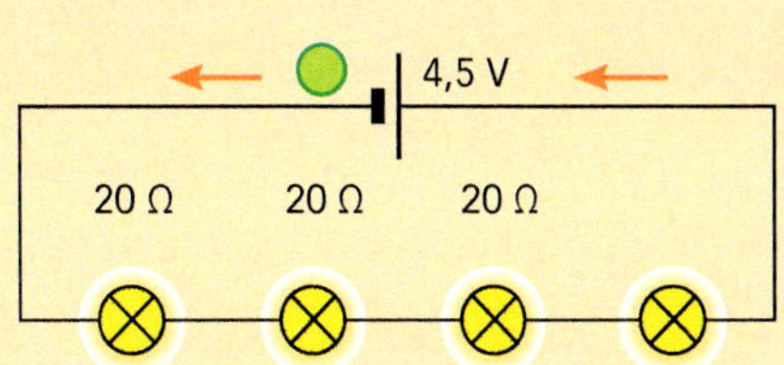

Circuits en receptors connectats en paral·lel

En un circuit en paral·lel els components estan connectats als dos pols del generador.

Observa els circuits. Al de la dreta hi ha dues branques per les quals circula el corrent elèctric. En cadascuna d'elles hi ha una làmpada. Com que les làmpades són iguals, per totes dues circula la mateixa quantitat de corrent elèctric. I com que el voltatge en totes dues és el mateix, les dues llueixen igual.

Aplicant la llei d'Ohm:

$$I_1 = \frac{V}{R} = \frac{4{,}5\ \text{V}}{10\ \Omega} = 0{,}45\ \text{A}$$

En aquest cas la intensitat és de 0,45 A en cada làmpada. És a dir, les làmpades del circuit de la dreta llueixen igual que la làmpada del primer circuit. Però la pila del circuit de la dreta s'esgota abans.

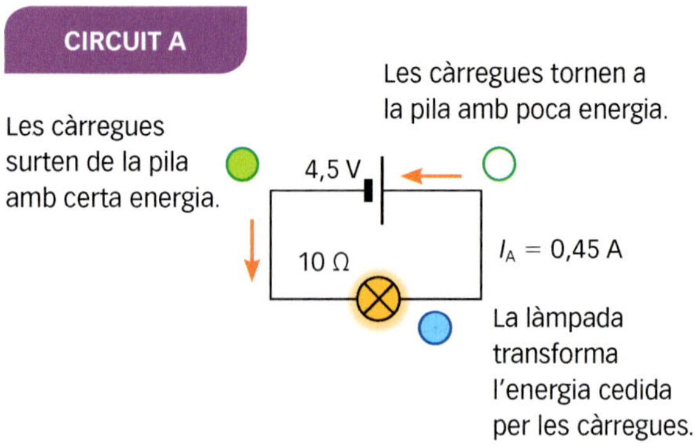

$V_A = I_A \cdot R = 0{,}45\ \text{A} \cdot 10\ \Omega = 4{,}5\ \text{V}$

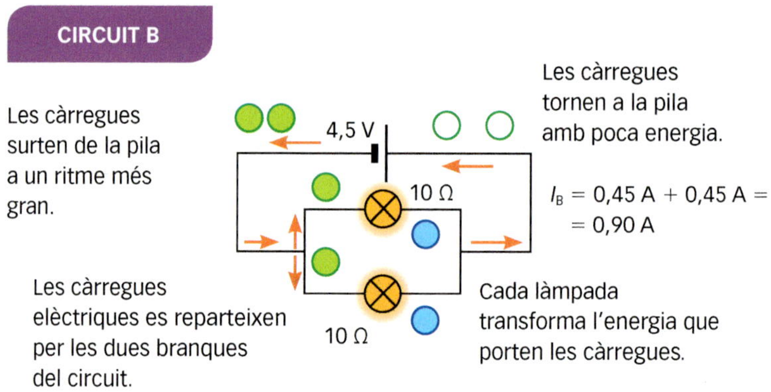

$V_1 = I_1 \cdot R = 0{,}45\ \text{A} \cdot 10\ \Omega = 4{,}5\ \text{V}$
$V_2 = I_2 \cdot R = 0{,}45\ \text{A} \cdot 10\ \Omega = 4{,}5\ \text{V}$

En un circuit amb **dues làmpades connectades en paral·lel** les càrregues surten de la pila i a cada làmpada perden energia, que es transforma en llum i calor. Dues làmpades iguals connectades en paral·lel a una pila llueixen igual que quan hi ha una sola làmpada al circuit. La pila, però, durarà menys.

- En tots els elements el **voltatge** és el mateix:
$$V = V_{\text{pila}}$$
- La **intensitat de corrent** es reparteix entre els diferents elements connectats al circuit:
$$I = I_1 + I_2$$

ACTIVITATS

16 Completa l'esquema de la dreta al teu quadern dibuixant l'energia que porten les càrregues elèctriques pel circuit i l'energia que dipositen en cada receptor.

17 Si el voltatge de la pila es duplica, com es modifica l'energia amb la qual cada càrrega surt de la pila?

18 Si compares aquest circuit amb un de senzill format per una pila del mateix voltatge i una sola làmpada, en quin dels dos circuits s'esgotarà abans la pila? Per què?

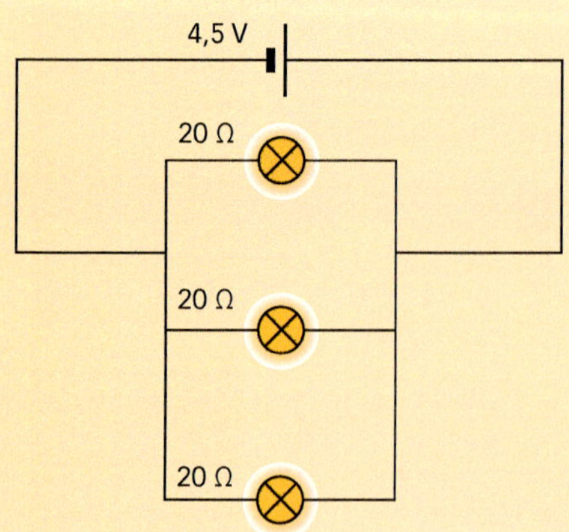

Circuits amb diverses piles connectades en sèrie

Podem aconseguir més voltatge en un circuit connectant diverses piles en sèrie; és a dir, connectant el pol negatiu d'una pila amb el positiu d'una altra pila. Així, el voltatge és igual a la suma dels voltatges de cada pila.

Si tenim dues piles en sèrie, cada càrrega transporta més energia pel circuit. Això farà que una làmpada llueixi més.

En un circuit amb **dues piles connectades en sèrie** les càrregues elèctriques surten de la pila amb el doble d'energia i a la làmpada perden aquesta energia, que es transforma en llum i calor. La làmpada lluirà més que quan hi ha una sola pila.

CIRCUIT A

Les càrregues surten de la pila amb certa energia.

Les càrregues tornen a la pila amb poca energia.

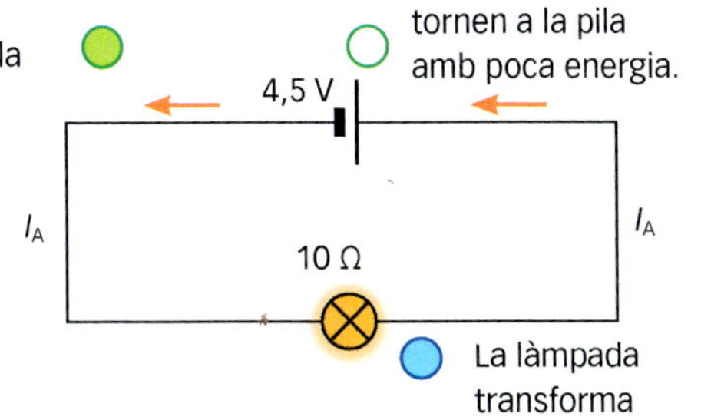

La làmpada transforma l'energia cedida per les càrregues.

$V_A = I_A \cdot R = 0,45\ A \cdot 10\ \Omega = 4,5\ V$

CIRCUIT B

Cada càrrega transporta el doble d'energia.

Les càrregues tornen a la pila amb poca energia.

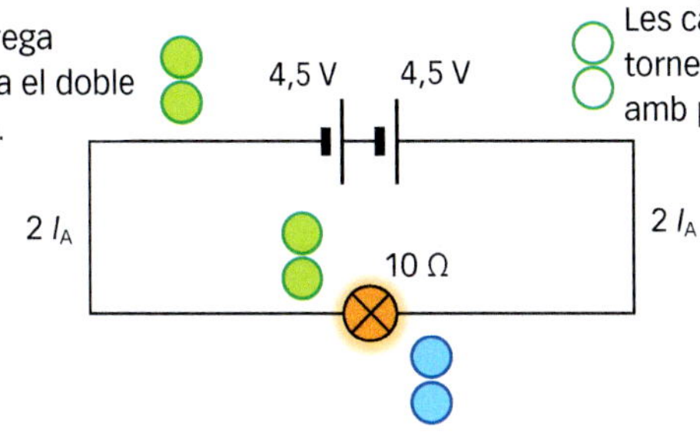

El voltatge es duplica:

$V_B = 4,5\ V + 4,5\ V = 9\ V$

$V_B = 0,90\ A \cdot 10\ \Omega = 9\ V$

La làmpada transforma l'energia que porten les càrregues. Per tant, brilla més que quan hi ha una sola pila.

$I_B = 2 \cdot I_A$

Circuits amb diverses piles connectades en paral·lel

Altres vegades no interessa augmentar el voltatge en un circuit, sinó augmentar el temps que llueix una làmpada, per exemple. Per fer-ho, es connecten diverses piles en paral·lel. El voltatge no canvia: és el que proporciona una sola pila, però com que hi ha dues piles proporcionant energia al circuit, la làmpada lluirà durant més temps.

En un circuit amb **dues piles connectades en paral·lel** les càrregues surten de la pila amb la mateixa energia que si hi hagués només un apila. A la làmpada, aquesta energia es transforma en llum i calor. La làmpada lluirà igual, però menys temps que quan hi ha una única pila.

CIRCUIT A

Les càrregues surten de la pila amb certa energia.

Les càrregues tornen a la pila amb poca energia.

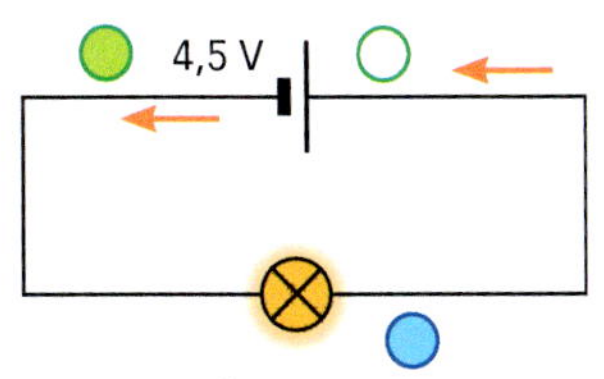

La làmpada transforma l'energia cedida per les càrregues.

CIRCUIT B

Les càrregues recorren el circuit amb la mateixa energia que quan hi ha una sola pila.

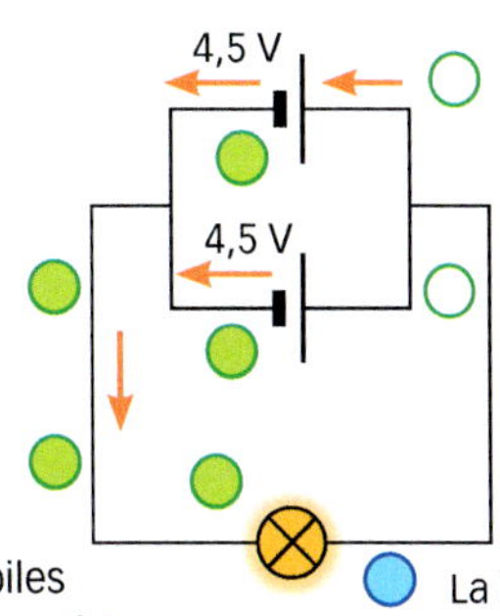

Les càrregues tornen a la pila amb poca energia.

La bombeta lluirà el doble de temps perquè hi ha dues piles que subministren energia a les càrregues.

La làmpada transforma l'energia cedida per les càrregues.

ACTIVITATS

19 Completa l'esquema al teu quadern dibuixant l'energia que porten les càrregues elèctriques pel circuit i l'energia que es transforma en cada làmpada.

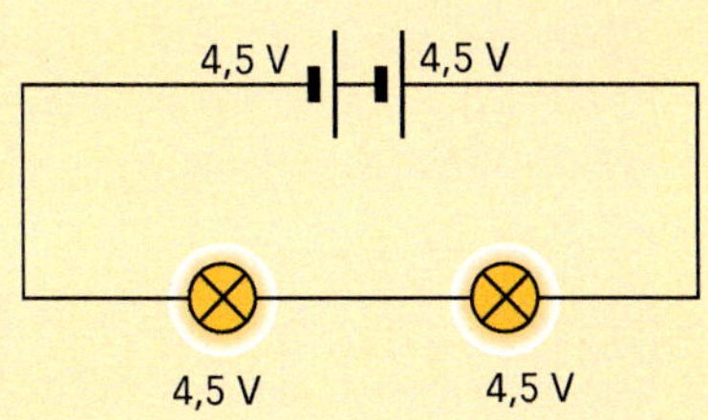

20 De quina magnitud depèn l'energia que transporta cada càrrega per un circuit?

21 Per què està més temps lluint una làmpada si connectem dues piles en paral·lel al circuit?

6 Relació entre electricitat i magnetisme

SABER FER

Convertir un cable en un imant

L'electricitat i el magnetisme són fenòmens relacionats. Ara ho comprovaràs.

1. Uneix els extrems d'un cable als pols d'una pila i situa el cable sobre una brúixola. Què passa en tancar el circuit?
2. Ara dóna diverses voltes amb el cable de coure esmaltat al voltant de la brúixola i torna'l a connectar a la pila. Què observes a l'agulla de la brúixola?

Quines diferències aprecies entre les dues situacions?

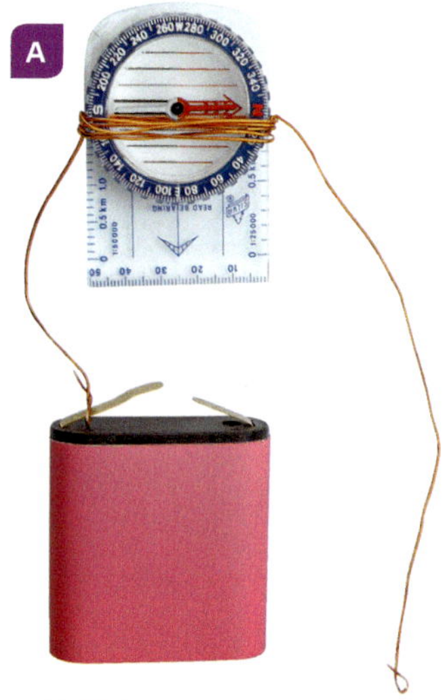

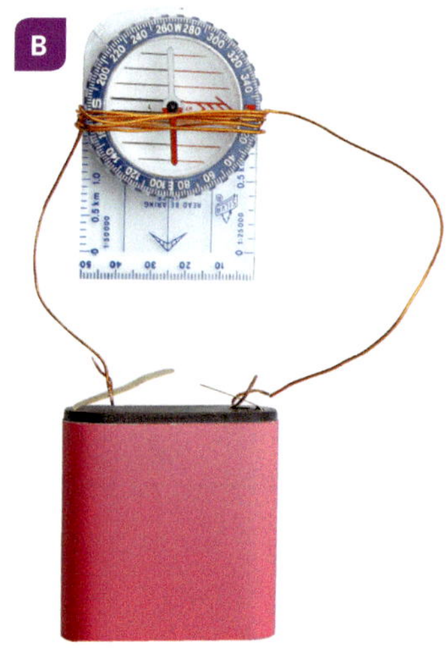

L'any 1820, el danès **Hans Christian Oersted** va fer un experiment crucial per a la història de la ciència. Va col·locar una brúixola prop d'un fil conductor pel qual passava un corrent elèctric i va observar que l'agulla de la brúixola es desviava. És a dir:

> Un corrent elèctric es comporta com un imant, ja que és capaç d'atraure o repel·lir altres imants.

Generació de corrent elèctric

El britànic **Michael Faraday** va estudiar els fenòmens elèctrics. Després de l'experiment d'Oersted, va pensar el següent: si el corrent elèctric es comporta com un imant, es podrà generar electricitat fent servir imants? Després de fer alguns experiments es va adonar que sí que era possible.

> Quan movem un imant prop d'un conductor es genera un corrent elèctric al conductor.

SABER FER

Usar un imant per generar corrent elèctric

Observa com pots generar un corrent amb un imant:

1. Connecta una bobina amb un aparell de mesura capaç de detectar el corrent. Per exemple, un aparell anomenat amperímetre.
2. Acosta ràpidament l'imant a la bobina. Què senyala l'aparell de mesura?
3. Ara deixa quiet l'imant a prop de la bobina. Què passa?
4. Per últim allunya ràpidament l'imant de la bobina. Què passa? Què s'observa en l'aparell de mesura?

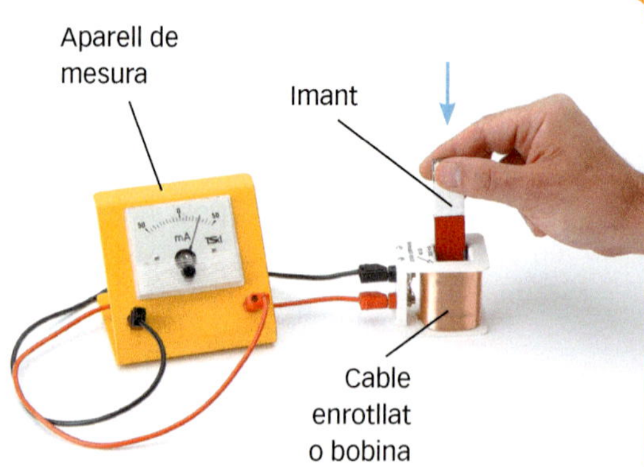

Com funciona un motor?

Un motor conté imants i una **bobina**; és a dir, un fil conductor fi enrotllat donant moltes voltes.

Bàsicament el funcionament del motor és el següent: quan passa electricitat per la bobina, aquesta es comporta com un imant i és atreta per l'imant fix, que la fa girar.

RECORDA

Si enfrontem dos pols iguals de dos imants, aquestes es repel·leixen.

Si enfrontem pols diferents els imants s'atrauen.

SABER FER

Construir un petit motor

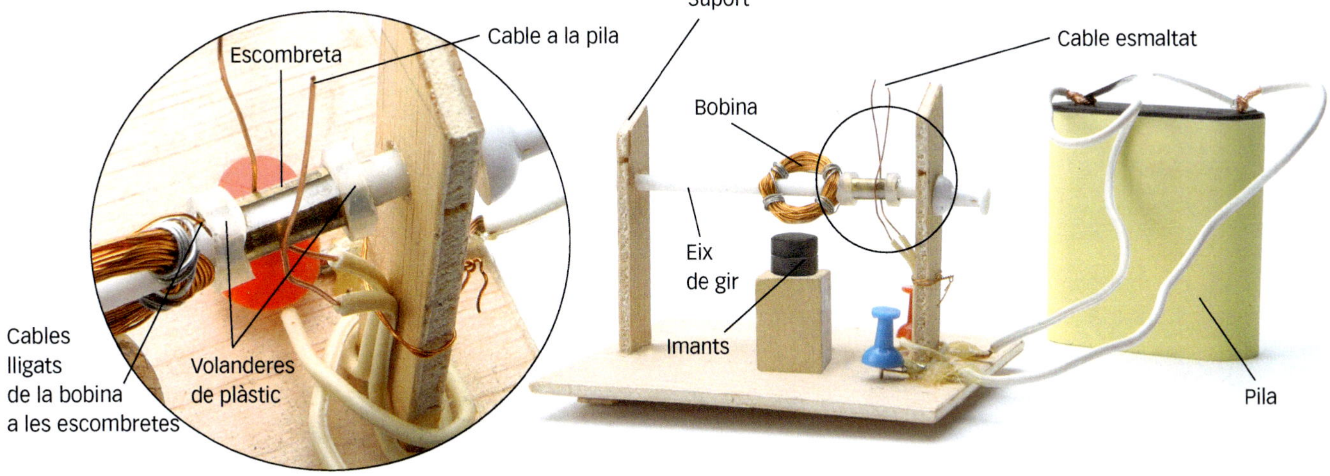

Amb un palet de plàstic, tres xinxetes, cinc metres de cable fi esmaltat (0,3 mm) i un parell d'imants pots fabricar un petit motor.

1. Enrotlla el cable i forma una bobina. Com que està esmaltat amb un vernís, hauràs de fregar els extrems.
2. Uneix-los a dues xapetes de metall doblegades sobre l'eix amb dues volanderes de silicona.
3. Col·loca els imants al més a prop que puguis de la bobina i connecta els cables a la pila. Els imants han d'estar enganxats pel mateix pol, perquè no s'anul·lin entre si.
4. Dóna-li una petita empenta i... a girar! Si no n'hi ha prou amb una pila de petaca, utilitza la bateria d'un mòbil.

Quan circula el corrent la bobina es comporta com un imant i gira a causa de la influència dels altres imants.

SABER-NE MÉS

Invertir el sentit de gir d'un motor

Si connectem dues piles en paral·lel a un motor segons l'esquema, amb els interruptors podem canviar el sentit del gir del motor.

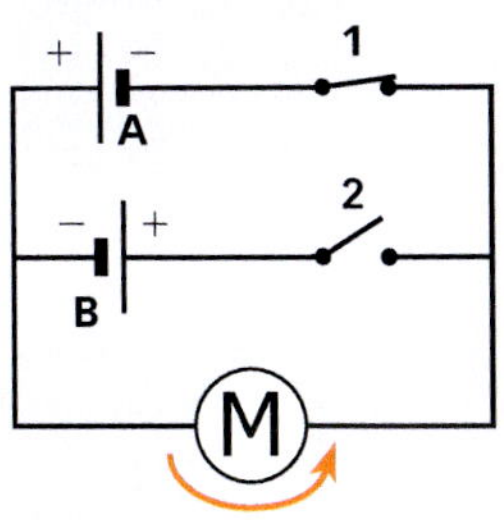

Si tanquem l'interruptor 1, es tanca una de les branques del circuit i comença a circular-hi el corrent generat a la pila A.

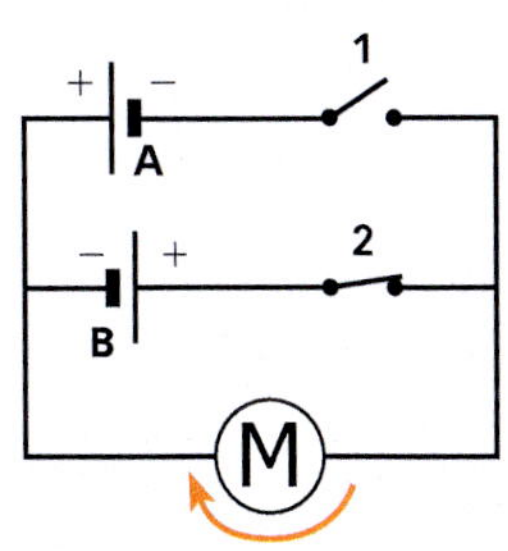

Si tanquem l'interruptor 2, es tanca l'altra branca del circuit i hi circula el corrent generat a la pila B. Com que està connectada de manera inversa respecte de la pila A, el motor girarà en sentit contrari al del circuit anterior.

ACTIVITATS

22 Representa el sentit convencional del corrent per cada branca en els circuits anteriors. Per què no funciona el motor si 1 i 2 estan oberts?

23 Opina. En quins aparells creus que pot resultar útil disposar d'un motor en què es pugui invertir fàcilment el sentit de gir?

7 Efectes del corrent elèctric

L'ENERGIA ELÈCTRICA → es transforma en → ENERGIA CALORÍFICA

Els electrons en moviment xoquen amb els àtoms del metall de què estan elaborats els conductors i per això s'escalfen **(efecte Joule)**.

I això és dolent i és bo! És dolent perquè es perd energia als cables. Malgrat això, es pot aprofitar, com per exemple a les torradores elèctriques.

L'ENERGIA ELÈCTRICA → es transforma en → ENERGIA LLUMINOSA

Si el cable és molt prim, tal com passa amb el filament d'una làmpada d'incandescència, aquest s'escalfa tant que emet llum.

En canvi, una part de l'energia es transforma en calor.

En una làmpada d'incandescència es dissipa el 80 % de l'energia en forma de calor.

En una làmpada fluorescent de baix consum es dissipa el 20-30 % de l'energia en forma de calor.

L'ENERGIA ELÈCTRICA → es transforma en → ENERGIA MECÀNICA

Si connectem un motor a una font d'energia elèctrica, el motor gira i es pot usar per a moltes aplicacions: ventilador, batedora, rentadora, etc.

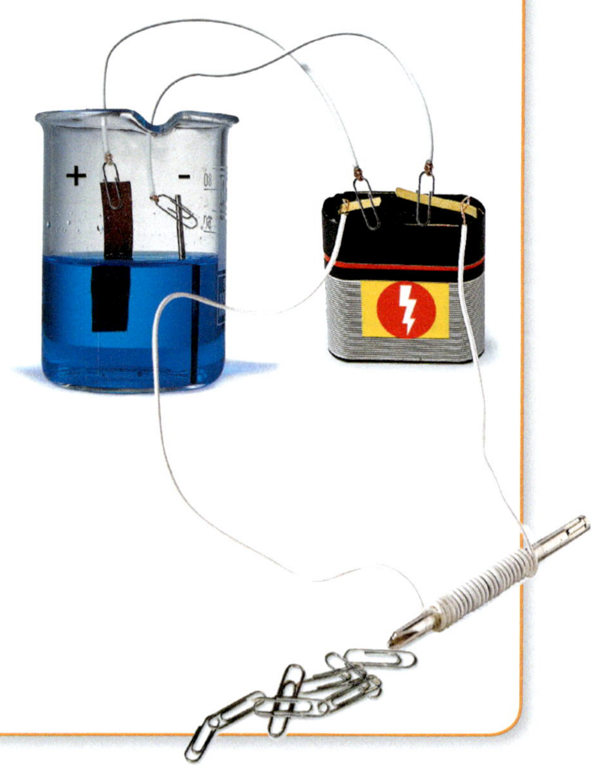

L'ENERGIA ELÈCTRICA → es transforma en → ENERGIA QUÍMICA

Aquesta transformació es du a terme mitjançant un procés anomenat **electròlisi**.

Per exemple, si posem dos cables en una dissolució que contingui sulfat de coure, els àtoms de coure es veuen atrets pel pol negatiu i s'hi van dipositant.

Aquest procediment s'utilitza per platejar, cromar, etc., i també per obtenir metalls a partir dels minerals fosos.

L'ENERGIA ELÈCTRICA → es transforma en → ENERGIA MAGNÈTICA

Si enrotllem un cable al voltant d'un clau obtenim un imant que funciona gràcies a l'electricitat. D'aquí prové el nom **electroimant**.

S'utilitza per construir timbres, grues, etc.

8 Energia elèctrica consumida

Potència elèctrica

Una làmpada o un motor transformen l'energia elèctrica en un altre tipus d'energia. No transformen, però, l'energia elèctrica al mateix ritme.

Anomenem **potència elèctrica (*P*)** la quantitat d'energia elèctrica que un aparell transforma en altres tipus d'energia per unitat de temps. La potència es mesura en watts (W).

Per exemple, una planxa amb una potència de 2000 W transforma en calor 2000 J d'energia cada segon.

La potència d'un aparell ve especificada al manual o en una xapa tècnica identificadora. Els aparells de més potència són els que es fan servir per produir calor (forns, radiadors, calderes) o per refrigerar (càmeres frigorífiques o aparells d'aire condicionat).

Aparell	Potència elèctrica (W)
Televisor LED	150
Aspiradora	350
Frigorífic	350
Batedora	400
Forn microones	900
Rentadora	1800
Aparell d'aire condicionat	2200
Planxa	2500
Radiador	2500

Potència elèctrica d'alguns aparells elèctrics utilitzats en un habitatge.

Energia elèctrica

El consum d'energia elèctrica (E) d'un aparell es determina per:

- La **potència elèctrica** de l'aparell.
- El **temps** que està funcionant.

Ho podem expressar amb la fórmula següent:

$$\text{Energia} = \text{Potència} \cdot \text{Temps} \rightarrow \boldsymbol{E = P \cdot t}$$

En un habitatge, tot i que el frigorífic no és l'aparell de més potència, sí que és un dels que més energia consumeix, ja que roman connectat a la xarxa elèctrica 24 hores al dia.

1. EXEMPLE RESOLT

A la xapa d'una rentadora hi consta la potència: 2000 W. Quin és el cost setmanal associat al seu ús si una bugada normal dura 1,5 hores i cada setmana usem 7 vegades la rentadora? Preu del kWh: 0,18 €.

Primer expressa la potència en kW.

$$2000\ \cancel{W} \cdot \frac{1\ kW}{1000\ \cancel{W}} = 2\ kW$$

Ara calcula l'energia consumida en cada bugada.

$$E = P \cdot t = 2\ kW \cdot 1{,}5\ h = 3\ kWh \rightarrow \text{Cost} = 3\ kWh \cdot 0{,}18\ €/kWh = 0{,}54\ €$$

El cost setmanal serà:

$$\text{Cost} = 0{,}54\ € \cdot 7 = \mathbf{3{,}78\ €}$$

POSA ATENCIÓ

En el sistema internacional l'energia s'expressa en joules (J). Però quan parlem de consum elèctric és més útil emprar una altra unitat d'energia: el **quilowatt hora (kWh)**.

1 kWh equival a 3600000 J. Correspon a l'energia consumida per un aparell d'1 kW de potència que funciona durant una hora.

El cost aproximat d'1 kWh és de 0,18 € (2013).

ACTIVITATS

24 Esbrina quin d'aquests aparells consumeix més energia:

a) Un ordinador de 300 W funcionant durant 6 h.

b) Una làmpada de baix consum d'11 W que roman encesa durant 10 h.

c) Un microones de 900 W que es fa servir durant 10 min.

REPASSA EL QUE ÉS ESSENCIAL

25 Recorda les definicions de les magnituds elèctriques i escriu la paraula que falta al teu quadern.

a) El ______________ és l'energia per unitat de càrrega que fa que aquestes circulin pel circuit. Es mesura en ______________, V.

b) La ______________ és la quantitat de càrrega que passa pel conductor en un segon. Es mesura en ______________, A.

c) La ______________ mesura l'oposició que presenten els conductors al pas del corrent. Es mesura en ______________, Ω.

26 Completa la taula al teu quadern.

Símbols	Elements	Funció
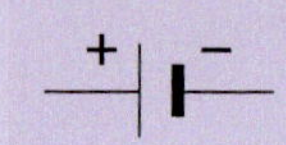	**Generadors** Piles. Bateries. Dinamos.	
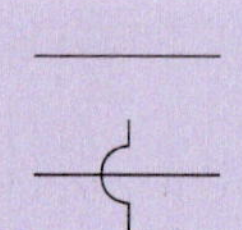	**Cables de connexió** Coure.	
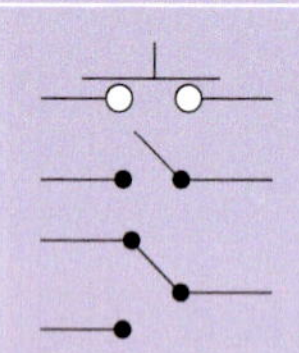	**Elements de maniobra** Polsadors. Interruptors. Commutadors.	
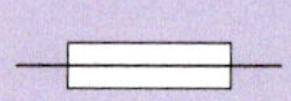	**Elements de protecció** Fusibles.	
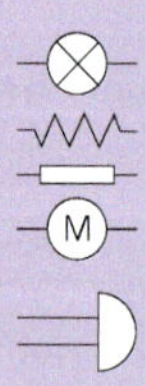	**Receptors** Làmpades. Resistències. Motors. Timbre.	

27 Copia la taula al teu quadern i classifica els materials següents en aïllants o conductors del corrent elèctric.

- Coure.
- Goma.
- Plata.
- Alumini.
- Acer.
- Plàstic.

Conductor	Aïllant

28 Escriu l'expressió de la llei d'Ohm. Escriu la fórmula corresponent i explica amb les teves pròpies paraules què significa.

29 Indica si els components d'aquests circuits estan connectats en sèrie o en paral·lel.

A

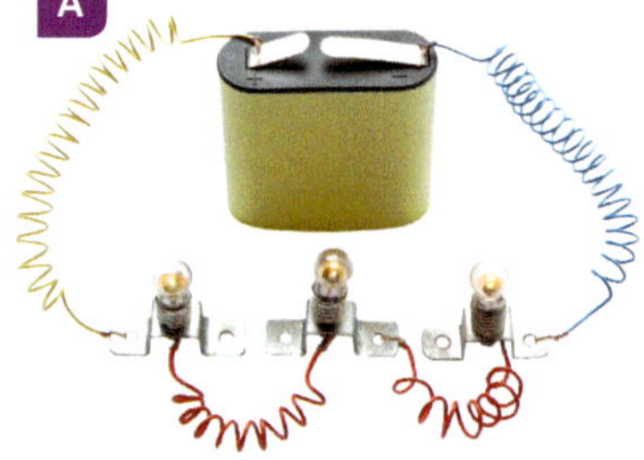

B

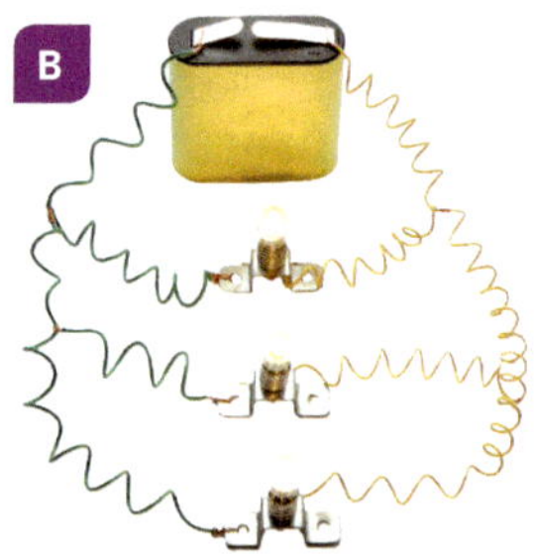

a) En quin cas circula la mateixa intensitat de corrent per totes les làmpades?

b) Com es reparteix la intensitat de corrent al circuit B si les làmpades són iguals?

30 Recorda les diferències entre les connexions en sèrie i en paral·lel, i completa al teu quadern.

A la connexió en sèrie:

a) El ______________ de la pila es reparteix entre els diferents elements.

b) Circula la mateixa ______________ pels elements.

A la connexió en paral·lel:

c) Tots els elements estan a igual ______________.

d) La ______________ es reparteix entre tots els components. Si hi ha tres bombetes:

$$I_{Total} = \_\_\_ + \_\_\_ + \_\_\_$$

31 Completa al teu quadern l'esquema sobre els diversos efectes del corrent elèctric i les seves transformacions.

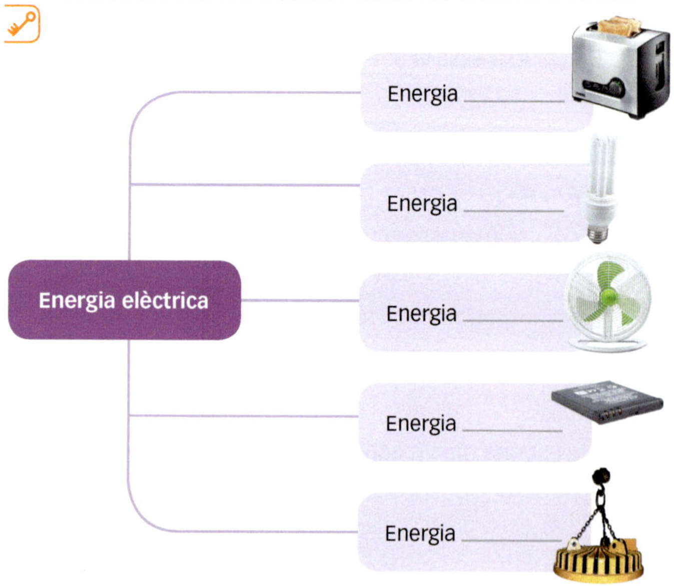

PRACTICA

32 Explica què passa en els circuits següents.

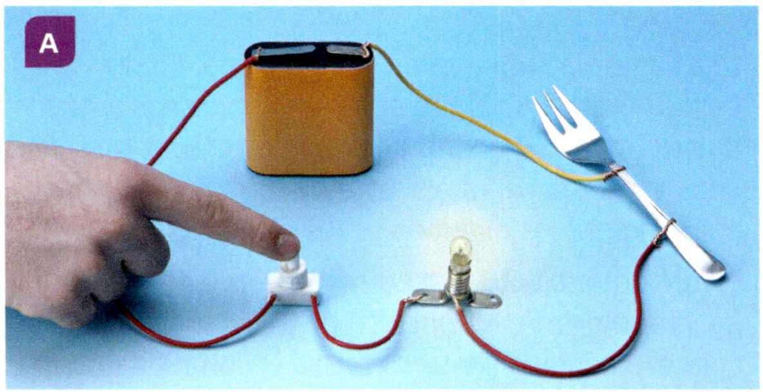

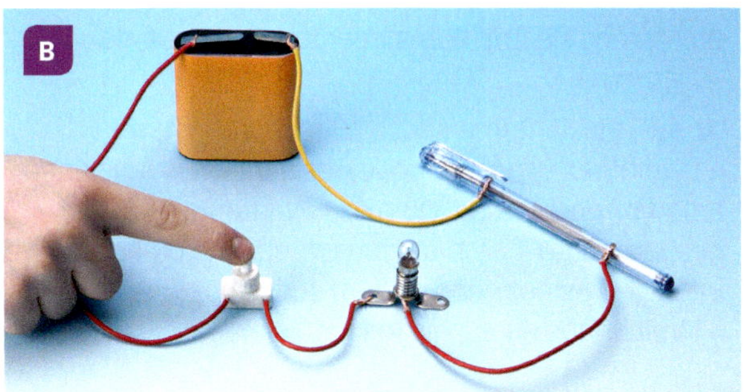

33 Digues si les afirmacions següents són certes o falses.

a) La resistència es mesura en amperes.

b) Una bombeta transforma l'energia elèctrica només en lluminosa.

c) Els fusibles protegeixen els aparells en cas de pujada de tensió.

d) Una expressió matemàtica de la llei d'Ohm és:

$$I = \frac{V}{R}$$

e) Si posem dues bombetes en paral·lel llueixen menys que si les connectem en sèrie.

34 Completa al teu quadern un esquema d'aquest circuit afegint una làmpada en sèrie amb la làmpada 1 i un motor en paral·lel amb la làmpada 3.

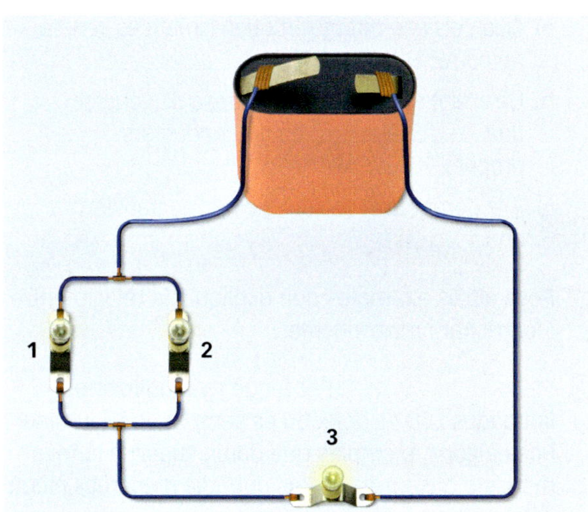

35 Disposem d'un circuit amb dues bateries de 4,5 V.

a) Quina serà la intensitat que circula per la làmpada?

b) I pel motor?

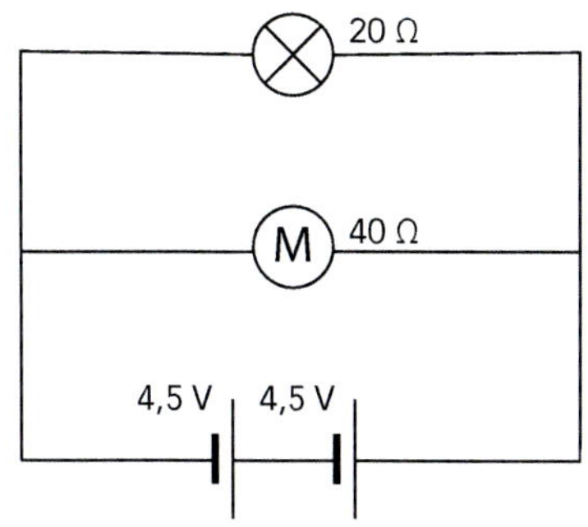

36 Una pila molt comuna és la de 9 V. Quantes piles de 3 V tindrà dins? Com estaran connectades?

37 Una planxa de 22 Ω es connecta a la xarxa de 220 V. Quina intensitat circula per la seva resistència?

38 EXPRESSIÓ ESCRITA. Explica en poques línies com funciona un motor elèctric.

39 Explica què s'observa en la il·lustració següent.

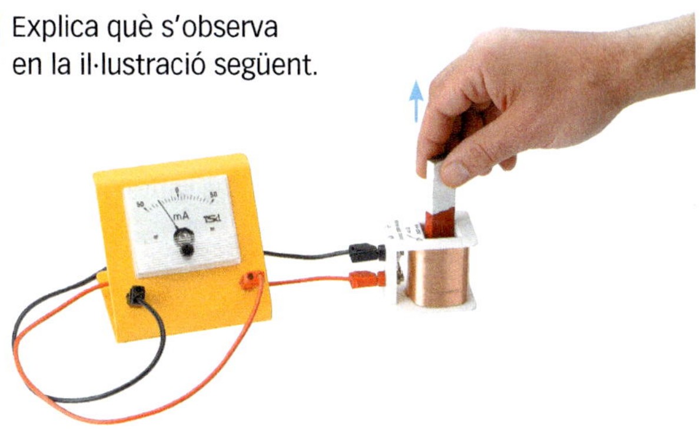

40 Quin efecte elèctric s'utilitza en cadascun d'aquests aparells?

a) planxa de vapor
b) batedora
c) grua electroimant
d) estufa
e) rentadora
f) assecadora
g) cafetera
h) aspiradora
i) bombeta
j) torradora
k) ventilador
l) forn

41 Calcula el cost d'utilitzar un rentavaixella de 160 W quatre vegades per setmana. La bugada dura 1 h 20 min. Dada: 1 kWh → 0,18 €.

AMPLIA

42 Dissenya un circuit que encengui el llum si algú obre de nit la porta del teu dormitori.

43 Disposem d'una pila de 9 V i diverses bombetes de 3 V. Si connectem una bombeta a la pila, aquesta es fon. Quantes bombetes hem de connectar i de quina manera?

TÈCNICA. Analitzar una llanterna sense piles

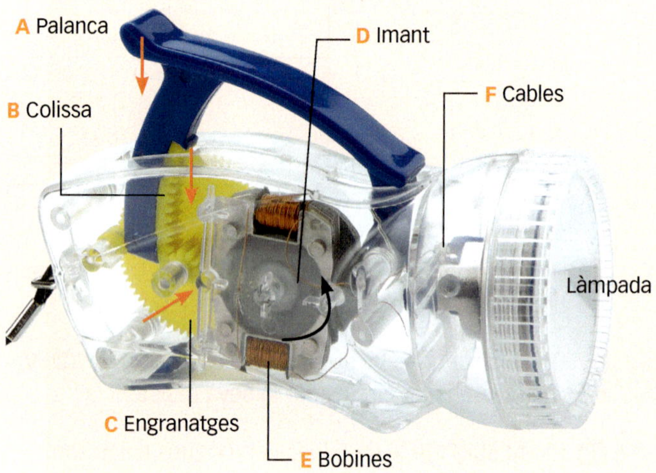

Una llanterna **sense piles**? Sembla una missió impossible, oi? Així i tot, altres exemples ens avisen que és possible generar llum amb una làmpada sense endollar-la a la xarxa elèctrica o sense posar-li piles: per exemple, les dinamos de les bicicletes.

En un motor elèctric un corrent elèctric permet generar moviment. Doncs en un generador elèctric com el d'aquesta llanterna passa el contrari: a partir del moviment d'imants propers a una bobina es crea un corrent elèctric que alimenta la làmpada de la llanterna.

Observa la llanterna sense piles representada a la imatge. Algunes d'aquestes llanternes funcionen amb **làmpades LED**. Quin és l'avantatge de les làmpades LED?: amb un corrent elèctric de poca intensitat es pot generar llum suficient per il·luminar-nos en espais foscos.

44 Enumera alguns dels components d'aquesta llanterna.

a) Quins d'ells estan presents en les llanternes amb piles?

b) Quins no?

45 Observa la imatge de dalt i escriu en ordre al teu quadern les operacions que es produeixen en polsar la palanca.

- Es genera corrent elèctric.
- L'imant gira.
- Giren els engranatges.
- Empenyem la palanca.
- Baixa la colissa.
- S'encén la làmpada.

Ordre correcte:

1. Movem la palanca.
2. ______
3. ______
4. ______
5. ______
6. ______

46 EXPRESSIÓ ESCRITA. Funciona la llanterna quan deixem de moure la palanca? Redacta un text breu explicant la teva resposta.

47 Respon.

a) Si col·loquem dues làmpades iguals en sèrie en lloc d'una sola làmpada, lluiran més o menys en moure la palanca?

b) I si col·loquem les dues làmpades iguals en paral·lel?

48 Per què resulta avantatjós fer servir làmpades LED en aquest tipus de llanternes en lloc de làmpades tradicionals d'incandescència? Escull la resposta correcta.

a) Perquè fan molta més llum.

b) Perquè consumeixen menys energia i poden lluir amb voltatges reduïts.

c) Perquè amb un moviment més lent dels engranatges produeix la mateixa quantitat de llum.

d) Perquè duren més.

e) Perquè la llum és més vermellosa i es veu més bé en la foscor.

49 Copia el text al teu quadern i completa les frases.

a) Quan els engranatges mouen l'imant es genera un corrent elèctric a les ______.

b) Un imant en moviment és capaç de generar una ______ en fils conductors propers.

c) A la bombeta el corrent elèctric es transforma en ______.

50 Posa altres exemples que expliquin la relació entre electricitat i magnetisme.

51 PREN LA INICIATIVA. Per a què més utilitzaries làmpades LED? L'objectiu és sempre el d'il·luminar? Posa alguns exemples que donin suport a la teva resposta basant-te en l'ús quotidià d'aparells elèctrics i electrònics.

UN CAS PRÀCTIC. Prohibiries les làmpades d'incandescència?

Europa apaga la llum incandescent de la vella i càlida bombeta d'Edison

ENTRA EN VIGOR LA PROHIBICIÓ DE LES VELLES FONTS DE LLUM, PER MALGASTADORES D'ENERGIA

MARIA TEJERO MARTÍN/EFE MADRID

La Unió Europea (UE) prem avui l'interruptor per apagar de manera definitiva les bombetes incandescents, les que Thomas Alva Edison va perfeccionar, i així va obrir la porta a tota una revolució econòmica i social. Ja no es podran comprar aquestes bombetes, que han passat a formar part de l'imaginari col·lectiu com el símbol de tenir una idea brillant, però que suposen una alta despesa energètica i tenen un fort impacte mediambiental.

«Han tingut una gran importància, han estat la font de llum estable per excel·lència els últims cent anys», assenyala Santiago Erice, expert en enllumenat de Philips Espanya. Gràcies a aquesta primera font de llum fiable, la humanitat es va independitzar del Sol i va poder allargar les seves jornades laborals força enllà de la nit, fet que va suposar un important increment de la productivitat i un desenvolupament més gran.

Les bombetes van permetre instal·lar sistemes d'enllumenat més potents als carrers, que van augmentar la seguretat dels vianants i van facilitar el trànsit de vehicles, van portar la llum a hospitals, biblioteques, cafès i, per descomptat, a les cases.

Amb l'aparició de noves fonts de llum, com les bombetes fluorescents compactes i els halògens, les incandescents van anar perdent presència als espais públics, per la seva escassa eficiència energètica: de mitjana, només el 5% del seu consum es transforma en llum, la resta es converteix en calor.

«A Espanya fa 30 anys encara es veien pobles amb fanals amb incandescents, fins i tot hi havia camps de futbol il·luminats amb unes bombetes tradicionals immenses», assenyala Erice.

Però és a les llars on les incandescents van trobar el seu lloc, en esdevenir les bombetes preferides de les famílies, que apreciaven els seus tons vermellosos davant de la fredor de la llum dels halògens i els fluorescents.

El seu preu era un altre punt fort: una bombeta incandescent costa al voltant d'un euro, mentre que una halògena compacta se situa entre 3 i 12 euros, i les modernes làmpades LED s'eleven fins als 15 a 25 euros. Però els experts coincideixen en un mateix punt: el cost més elevat es veu compensat àmpliament per l'estalvi d'energia que suposa l'ús de les noves bombetes davant les primitives, així com per la seva durada. «No cal valorar només el preu inicial, sinó el cost que comporta al llarg de la seva vida», recalca Erice.

El LED es perfila com el successor natural de les bombetes incandescents, no només per la seva major eficiència energètica, sinó a més per les seves múltiples aplicacions (les noves pantalles dels televisors, per exemple), l'encesa immediata i la sensació de calidesa que aporta.

«Té tots els avantatges de les bombetes primitives i cap dels inconvenients», assenyala Erice, qui a més en vaticina un descens significatiu dels preus els pròxims anys, segons avanci la tecnologia i se'n generalitzi més l'ús.

Les organitzacions ecologistes, com WWF o Amics de la Terra, també mostren la seva satisfacció per la retirada de les incandescents, que suposarà la generació de menys residus. L'únic «però» que ha rebut la retirada de les incandescents és el temor que un ús generalitzat de fluorescents provoqui problemes de salut als consumidors, cosa que la Comissió Europea ha descartat.

Regió 7.cat, 1-09-2012.

52 COMPRENSIÓ LECTORA. Quina és l'opció d'il·luminació més econòmica?

a) Bombeta incandescent.
b) Halògena compacta.
c) Làmpada LED.

53 Quins són els avantatges de les làmpades LED?

a) Són més barates que les halògenes.
b) Són més eficients energèticament.
c) Aporten sensació de calidesa.
d) Proporcionen una encesa immediata.
e) Duren menys que les halògenes.

54 Per què estan satisfetes les organitzacions ecologistes amb aquesta decisió?

55 PREN LA INICIATIVA. Decideix: prohibiries les làmpades d'incandescència? Per què?

ET RECOMANEM

Una pàgina web: Comissió Europea. Bombetes de baix consum. Conté textos i gràfics que expliquen els avantatges d'aquestes làmpades.

Tallador de porexpan

Ja saps que el pas dels electrons a través d'un conductor provoca que el cable s'escalfi. Fins i tot pot arribar a cremar-se i provocar un accident. Per evitar-ho, a les nostres llars hi ha uns interruptors automàtics que desconnecten el corrent elèctric abans que els cables d'instal·lació es cremin. En funció de la intensitat que recorre el circuit, el conductor s'escalfarà més o menys.

En aquest projecte aprofitaràs aquesta característica del corrent elèctric, controlant-lo per elaborar un tallador de poliestirè expandit o porexpan.

On trobar els materials?

En establiments de bricolatge. El fil de nicrom, a botigues de material elèctric i electrònic.

Què necessites?

Materials

- Llistó de fusta de 4 × 2 cm.
- Fil de nicrom (níquel-crom).
- Corda.
- Interruptor.
- Cable.
- Borns.
- Cinta aïllant.
- Transformador de 9 V / 500 mA.
- Cargols.
- Volanderes i rosques.

Eines

- Trepant.
- Broques per a fusta.
- Paper de vidre.
- Arc de serra.
- Tornavís.
- Pistola de cola.
- Brotxes i pinzells.

RECORDA

Vés fent fotografies del procés de construcció.

El circuit

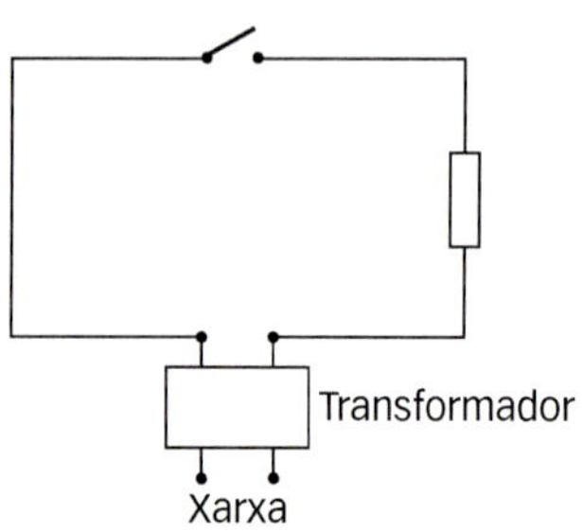

POSA ATENCIÓ

Utilitza guants i una mordassa o un cargol de banc per subjectar les peces.

Muntatge

Per elaborar el bastidor utilitza llistó de pi de 40 × 20 mm.

1. Talla dos trossos de 40 cm i dos de 20 cm.
2. Amb la broca de fusta de Ø 6 mm fes un forat a 2 cm dels extrems dels trossos de 20 cm, un altre al centre precís dels llistons de 40 cm i un altre a 2 cm d'un dels extrems dels de 40 cm. Fixa't en la fotografia.
3. Munta el bastidor col·locant els cargols amb les seves volanderes i rosques com mostra la imatge i cargola els dos borns als extrems.
4. Col·loca una corda entre els forats de l'extrem contrari per poder tensar el fil de nicrom després.

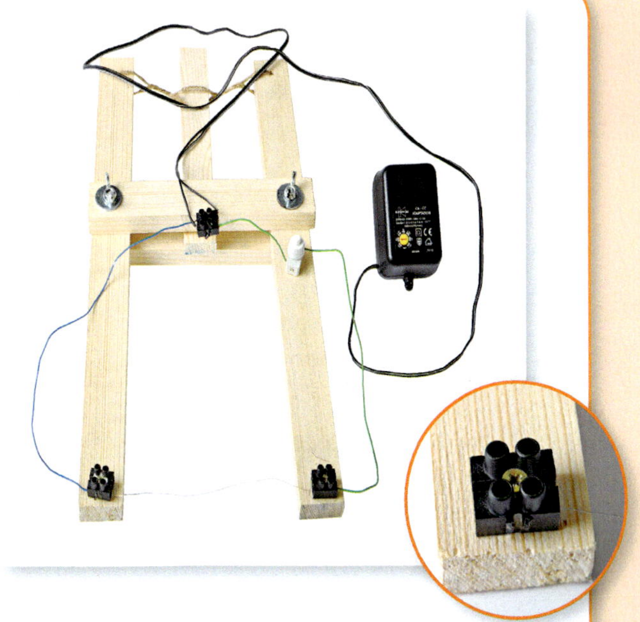

Cablejat

1. Primer ajusta el fil al born (dóna-li un parell de voltes perquè no s'escapi en tensar-lo).
2. Cableja segons l'esquema.
3. Col·loca els cables de la font d'alimentació elèctrica i enganxa l'interruptor al bastidor.

Acabat

Només falta tensar el fil. Dóna-li voltes a la corda i fixa-la quan assoleixi la tensió adequada amb un tros de llistó.

POSA ATENCIÓ

Compte amb la tensió del fil! El fil no ha d'estar excessivament tens (perquè en escalfar-se es pot trencar pel mig) però tampoc massa solt, ja que aleshores no tallaràs bé el porexpan.

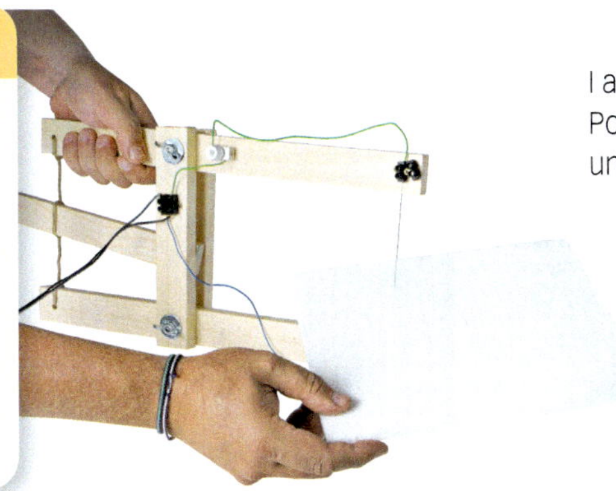

I ara assaja les teves formes al poliestirè. Pots intentar tallar les peces per construir un avió, per exemple.

POSA ATENCIÓ

Vés amb compte de no cremar-te!

EL PROCÉS TECNOLÒGIC	
Identificació del problema	Poder fer talls amb formes diverses en una planxa de porexpan.
Exploració d'idees	Buscar eines de tall i assajar. Per exemple, tisores o cúter. Investigar sobre eines professionals per tallar el porexpan.
Disseny i construcció	Fases explicades en la unitat.
Comprovació	Verificació del tall.

PLANIFICACIÓ

Activitat	Temps (sessions)*: 0		1		2		3		4
1. Mesurar i tallar el llistó.	■								
2. Trepar.		■							
3. Muntar el bastidor i cargolar els borns.			■						
4. Col·locar el fil de nicrom.				■					
5. Cablejar i col·locar la pila i l'interruptor.					■				
6. Tensar el fil.						■			
7. Fer assajos.							■	■	

*Sessions de 50 minuts treballant per parelles.

ACTIVITATS

56 USA LES TIC. Elabora una presentació multimèdia usant fotografies del «pas a pas» de la construcció del tallador.

57 En quins passos has tingut més dificultat? I els teus companys?

58 Per a aquest projecte has fet servir fil de nicrom (aliatge de níquel, crom i una mica de ferro). Investiga i digues per a què es fa servir aquest material. Quan es va inventar?

2 Circuits elèctrics

SABER

- El corrent elèctric.
- Mesura de magnituds elèctriques. El polímetre.
- Aplicació de la llei d'Ohm.
- Potència elèctrica.
- Connexions en circuits elèctrics.
- Control del corrent elèctric.

SABER FER

- Muntar circuits elèctrics.
- Mesurar magnituds elèctriques usant el polímetre.

BATERIA EN DESCÀRREGA

INVENTS QUOTIDIANS. **Bateries recarregables**

Telèfons mòbils, videoconsoles portàtils o càmeres fotogràfiques no es podrien usar sense un generador capaç d'alimentar els seus circuits: la **bateria**.

A més, emprar generadors d'un sol ús, com les piles convencionals, resulta car i poc ecològic. Per això les bateries recarregables són tan importants: ofereixen dies o fins i tot setmanes d'autonomia a un preu raonable.

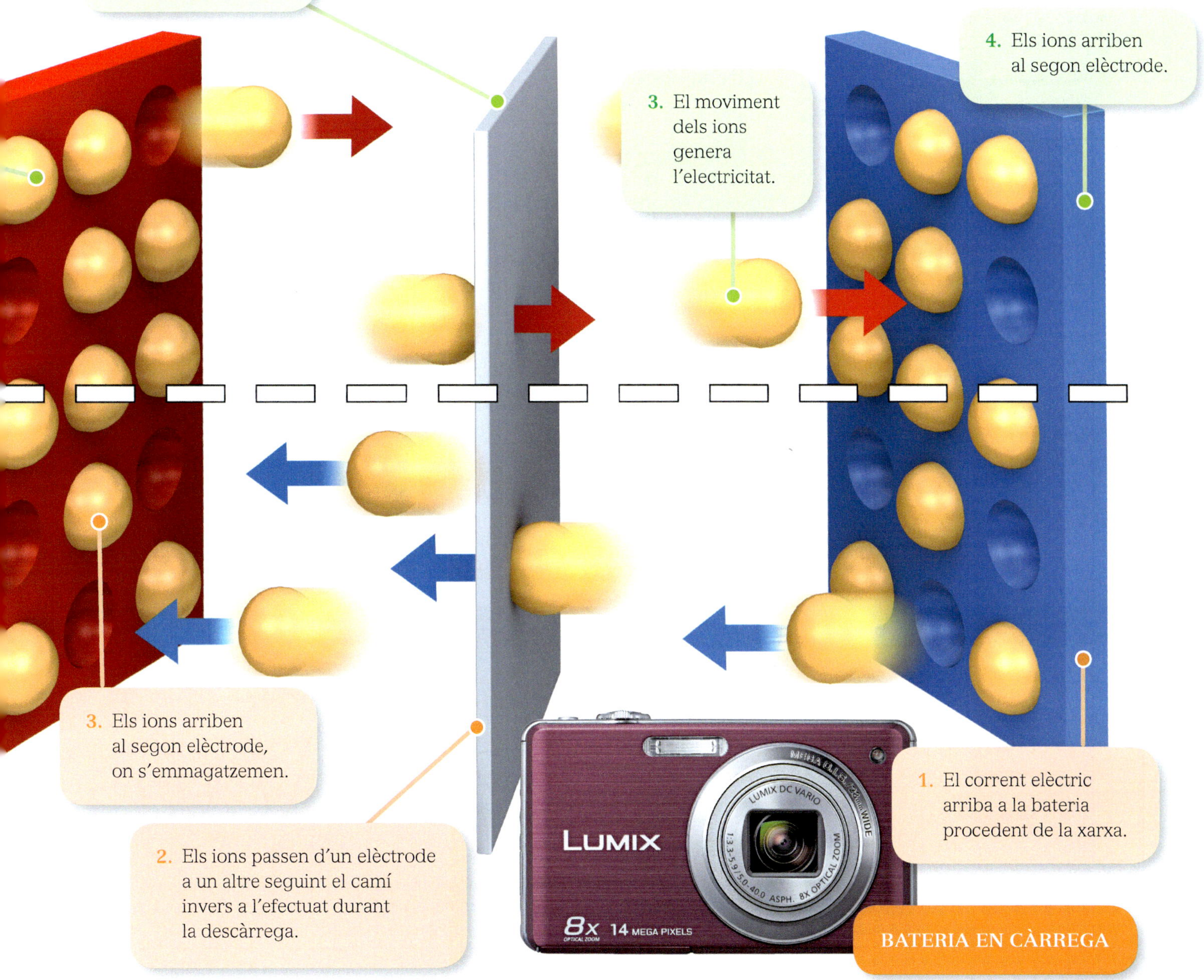

INTERPRETA LA IMATGE

- En què es diferencien les etapes de descàrrega i recàrrega d'una bateria?
- Per què no s'esgoten les bateries recarregables encara que les utilitzem moltes vegades?

CLAUS PER COMENÇAR

- Quins elements formen un circuit elèctric?
- Quin proporciona l'energia necessària perquè circuli el corrent elèctric?

RECORDA

Components d'un circuit elèctric:

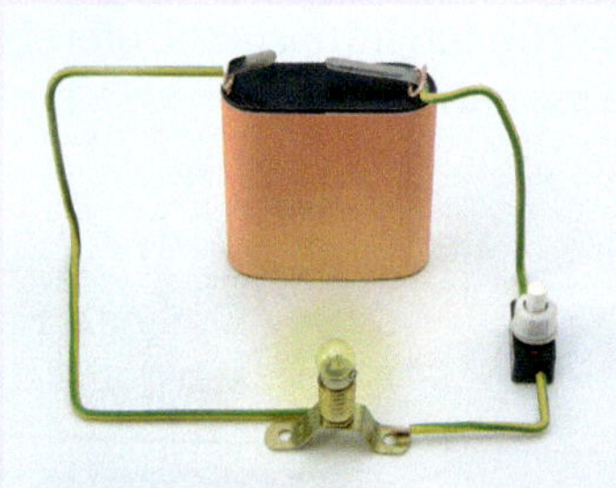

- El **generador** produeix el corrent elèctric. Exemples: piles i bateries.
- Els **cables** condueixen les càrregues elèctriques.
- Els **receptors** transformen l'energia elèctrica que transporten les càrregues en llum, moviment, etc. Exemples: làmpades, motors...
- Els **elements de control** permeten connectar o desconnectar el circuit a voluntat. Exemple: interruptors.

1 El corrent elèctric

Anomenem **corrent elèctric** el moviment ordenat de les càrregues elèctriques a través d'un conductor.

Quan els electrons fan un recorregut tancat, diem que tenim un **circuit elèctric**.

Magnituds elèctriques

Recorda algunes de les magnituds elèctriques bàsiques

El **voltatge (*V*)** és l'energia per unitat de càrrega que duu cada càrrega que circula pel circuit. Es mesura en volts (V).

La **intensitat (*I*)** és la quantitat de càrrega elèctrica que circula pel conductor en un segon. Es mesura en amperes (A).

La **resistència (*R*)** és l'oposició que presenta un element del circuit al pas del corrent. Es mesura en ohms (Ω).

Corrent continu i corrent altern

Corrent continu

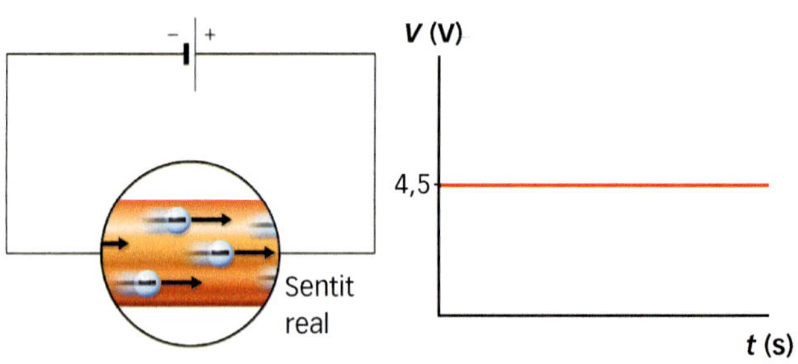

Les càrregues elèctriques es desplacen sempre en el mateix sentit: d'un pol del generador a un altre. És el cas dels circuits alimentats amb piles o bateries. Per exemple, en un telèfon mòbil.

Corrent altern

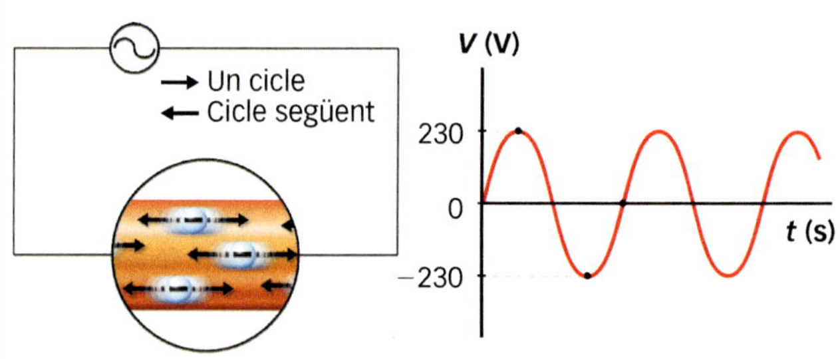

Les càrregues elèctriques es mouen primer en un sentit i després en l'altre. Aquest canvi és molt ràpid: es produeixen 50 canvis de sentit en un segon. És el tipus de corrent que arriba a les nostres llars.

ACTIVITATS

1. Imagina't dos circuits de corrent continu, un d'ells alimentat per una pila d'1,5 V i un altre alimentat per una de 4,5 V. A quin duran més energia les càrregues que surten del generador?

2. Assenyala de quin tipus és el corrent present en aquests aparells: continu o altern.

a) 

b) 

c) 

d) 

Generació de corrent altern

Ja saps que les piles són generadors de corrent continu. Però, com es genera el corrent altern? Doncs s'aprofita la relació que hi ha entre electricitat i magnetisme: els imants en moviment generen corrent en una bobina, o bé imants estàtics generen el corrent en una bobina en moviment.

SABER FER

Generar corrent altern

Observa com pots generar un corrent altern desplaçant entre si un imant i una bobina.
L'efecte seria el mateix si deixes l'imant quiet i desplaces la bobina.

En apropar l'imant a la bobina s'hi genera corrent elèctric.

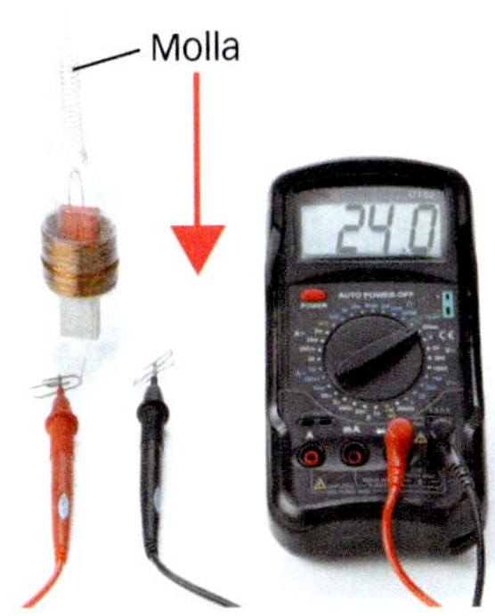

En allunyar l'imant de la bobina s'hi genera corrent elèctric, però en el sentit contrari a l'anterior.

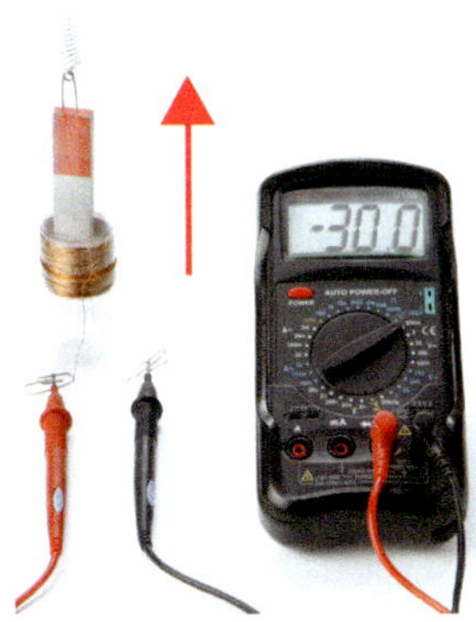

En apropar i allunyar l'imant de forma ininterrompuda de la bobina s'hi genera un corrent altern.

L'alternador

A les centrals elèctriques hi ha grans alternadors que produeixen corrent elèctric. El corrent altern s'aconsegueix fent girar una turbina connectada al generador. Aquest corrent es distribueix després per la línia elèctrica fins que arriba a les llars.

1. **Turbina**
   La turbina es mou impulsada per l'aigua que cau d'un embassament, pel vapor d'alta pressió produït en una central de carbó, gas o gasoli, o per una nuclear, pel vent, etc.
   Mitjançant eixos i engranatges fa girar el rotor.

3. **L'estator**
   És l'element que està fix. En aquest cas es tracta d'una bobina.
   Aquí és on es posen en moviment els electrons, alternant el sentit a causa del gir de l'electroimant (corrent altern).

5. **Transformador**
   El corrent es duu al **transformador**, que eleva la tensió a milers de volts per transportar-lo.

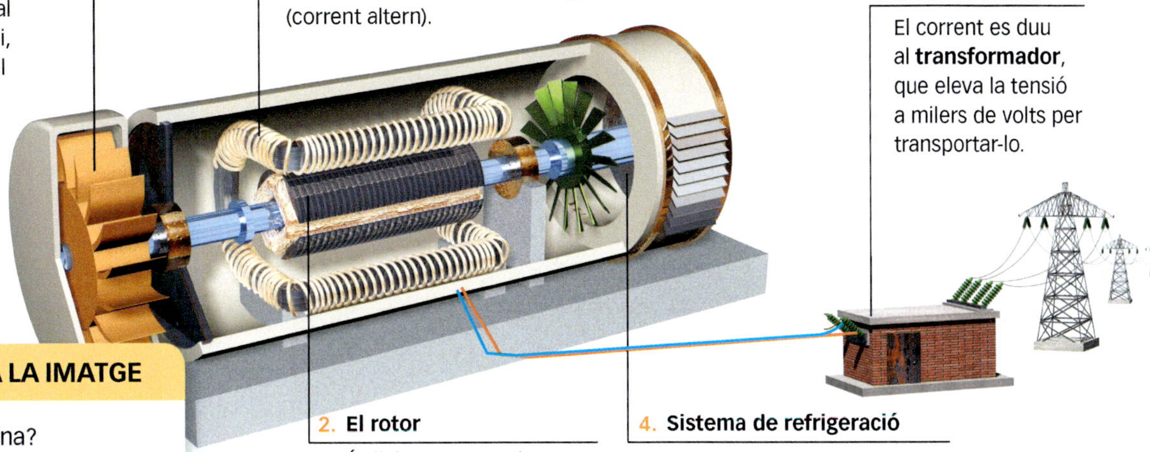

2. **El rotor**
   És l'element que gira. En aquest cas és un **electroimant** que, en girar, indueix un corrent elèctric a la bobina que l'envolta.

4. **Sistema de refrigeració**
   Com que es genera corrent a la bobina, aquesta s'escalfa molt, i per això són necessaris un **ventilador** i diversos sistemes de refrigeració.

? INTERPRETA LA IMATGE

- Què és una bobina?
- Per què s'usa un ventilador?
- Com es genera el corrent elèctric?

2 Mesura de magnituds elèctriques. El polímetre

POSA ATENCIÓ

Vés amb compte de no usar el polímetre en un circuit de corrent altern. Utilitza'l només per a mesures en circuits alimentats per piles o bateries.

El **polímetre** és un aparell de mesura que pot funcionar com a voltímetre, amperímetre o ohmímetre.

Mesurar el voltatge: el polímetre com a voltímetre

Per mesurar la caiguda de **voltatge** en un element del circuit el polímetre s'hi ha de connectar en paral·lel.

SABER FER

Mesurar el voltatge d'una làmpada amb el polímetre

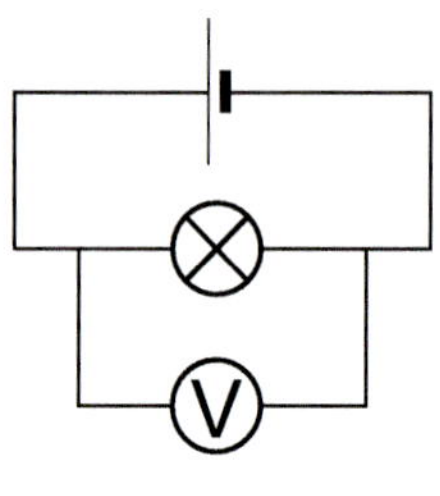

1. Per mesurar el voltatge has de connectar com indica l'esquema.

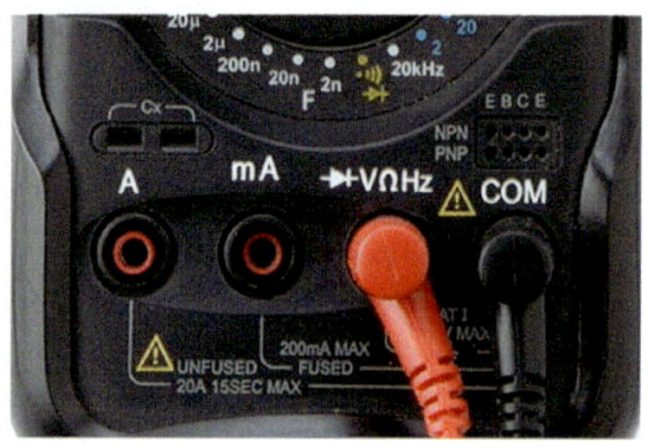

2. Connecta les clavilles vermella i negra. La vermella s'ha de connectar al connector V-Ω-Hz.

3. Situa el selector en l'escala de voltatge adequada. En el cas de circuits alimentats amb una pila de petaca pots triar un valor entorn de 20 V.

4. Fes contacte amb les puntes del polímetre als dos costats de la làmpada per mesurar-ne el voltatge.

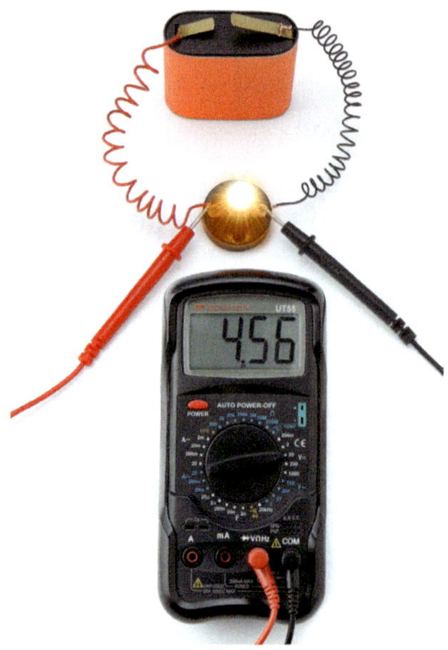

5. La pantalla indica el voltatge de la làmpada.

RECORDA

V és el símbol del volt, la unitat del voltatge en el SI.

ACTIVITATS

3. En el circuit de la imatge indica com hauries de connectar un polímetre per mesurar la caiguda de potencial en els elements assenyalats.

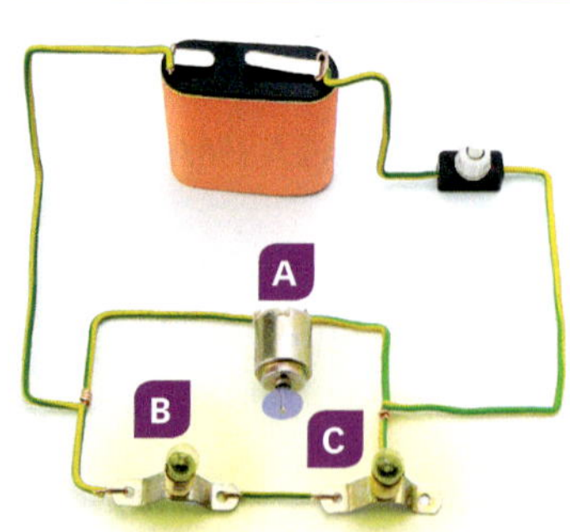

Mesurar la intensitat de corrent: el polímetre com a amperímetre

Per mesurar la **intensitat** de corrent que circula per un element del circuit el polímetre s'hi ha de connectar en sèrie.

SABER FER

Mesurar la intensitat de corrent en una làmpada

1. Per mesurar el voltatge has de connectar el polímetre **en sèrie amb la làmpada**, com indica l'esquema.

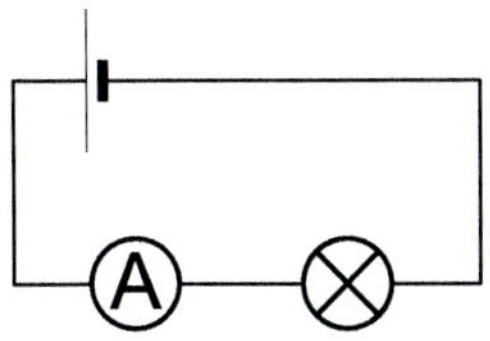

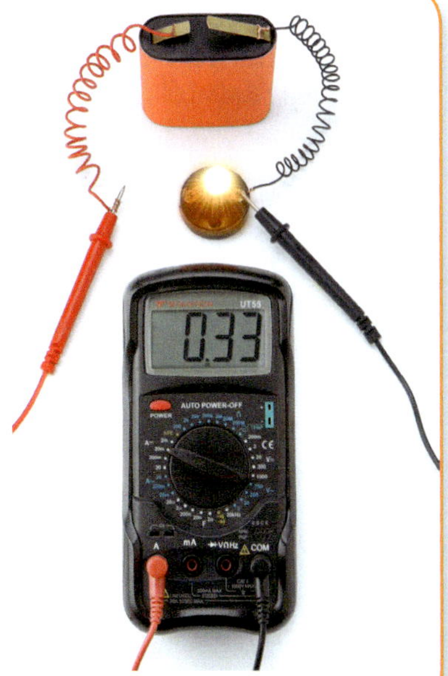

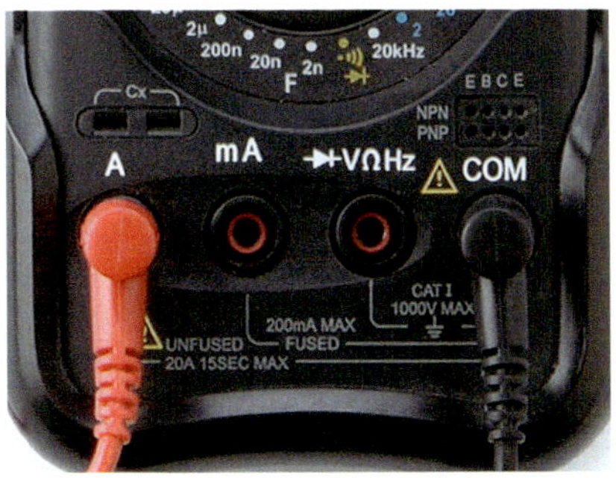

2. Ara has de connectar la clavilla vermella a A. Recorda que A és el símbol de l'ampere, la unitat d'intensitat de corrent al SI.
3. Situa el selector a l'escala d'amperes. Per exemple, a 20 m, que correspon a 20 mA.
4. La pantalla indica la intensitat de corrent que circula per la làmpada.

SABER FER

Mesurar la resistència d'una làmpada

1. Per mesurar la resistència la làmpada ha d'estar **desconnectada de la pila.**

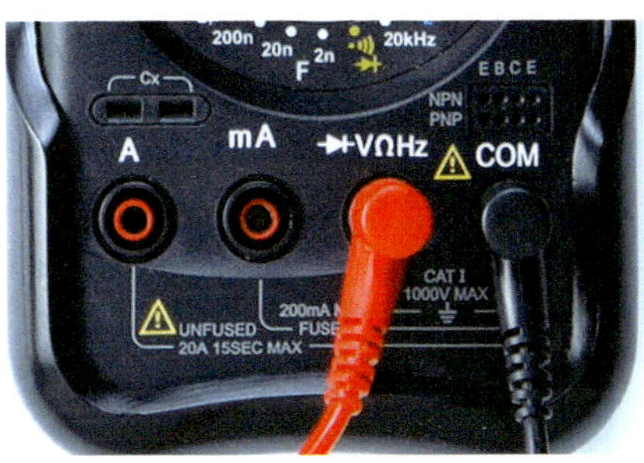

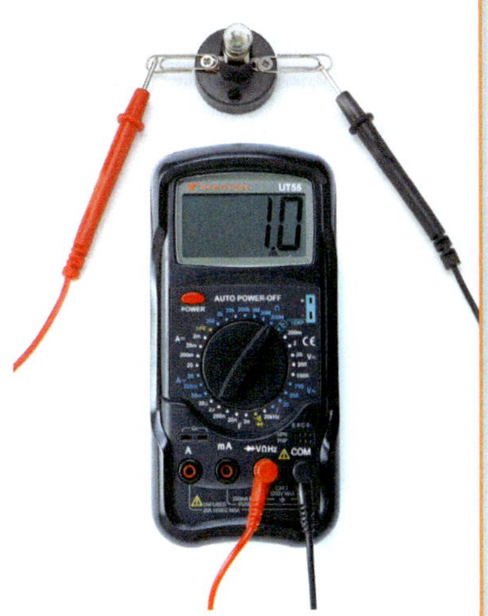

2. Ara has de connectar la clavilla vermella a V-Ω-Hz. Recorda que Ω és el símbol de l'ohm, la unitat de resistència elèctrica al SI.
3. Situa el selector a l'escala d'ohms. Comença situant-lo en el valor més alt i després vés baixant fins que ja no es mostri un 1 a la pantalla.
4. La pantalla indica la resistència de la làmpada.

SABER-NE MÉS

La resistència

La resistència d'un conductor depèn de diversos factors.

- **El material.** Uns materials condueixen millor el corrent que altres.
- **La longitud del fil.** Més longitud implica més resistència.
- **La secció del conductor.** Més gruix implica menys resistència.

3 Aplicació de la llei d'Ohm

Les magnituds que acabes d'estudiar estan relacionades entre elles.

- Per exemple, en un circuit, si augmentes el voltatge de la pila augmenta la intensitat de corrent que hi circula.
- Si augmentes la resistència total del circuit, la intensitat de corrent disminueix.

La **llei d'Ohm** indica la relació entre la intensitat del corrent, el voltatge i la resistència en un circuit elèctric.

$$V = I \cdot R$$

Recorda que en el SI el voltatge es mesura en volts, la intensitat de corrent es mesura en amperes i la resistència es mesura en ohms. Aquestes són les unitats que has d'utilitzar en substituir en la llei d'Ohm.

SABER FER

Comprovar la llei d'Ohm

Per comprovar com es modifica el valor de la intensitat de corrent en variar el voltatge, pots construir dos muntatges semblants a aquests:

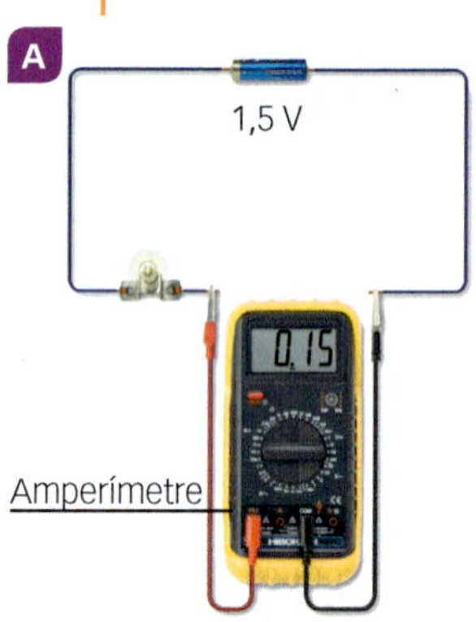

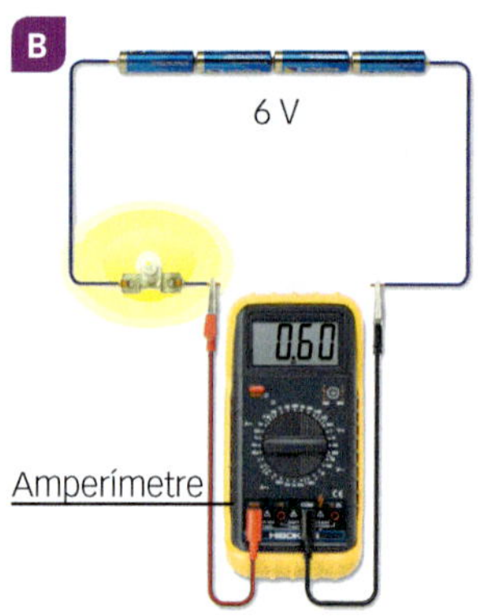

Una brillantor més forta de la làmpada indica que hi circula més intensitat de corrent.

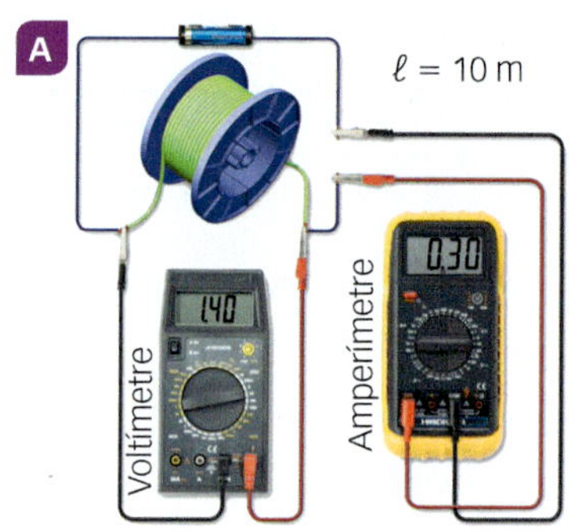

$$\frac{1{,}4\ \text{V}}{0{,}30\ \text{A}} = \mathbf{4{,}67\ \Omega}$$

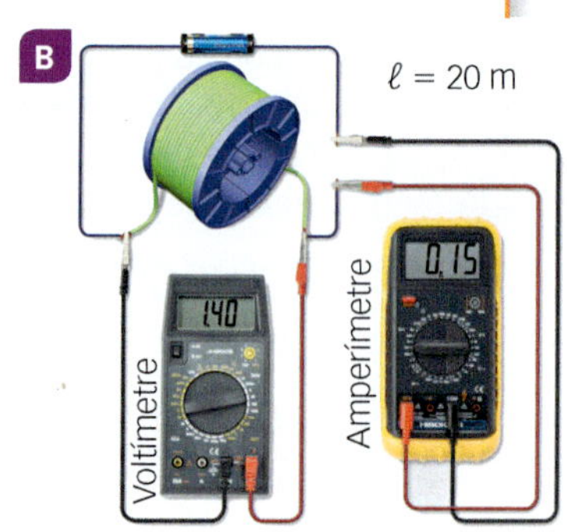

$$\frac{1{,}4\ \text{V}}{0{,}15\ \text{A}} = \mathbf{9{,}33\ \Omega}$$

Una longitud més gran implica més resistència en el circuit.

ACTIVITATS

4 Als esquemes de la dreta assenyala quin serà el valor de la resistència de la làmpada.

5 Utilitza els esquemes d'aquesta pàgina on apareixen làmpades i representa en un gràfic la intensitat de corrent enfront del voltatge.

a) Quin tipus de gràfic apareix?

b) Interpreta el gràfic. Quant val la resistència de la làmpada?

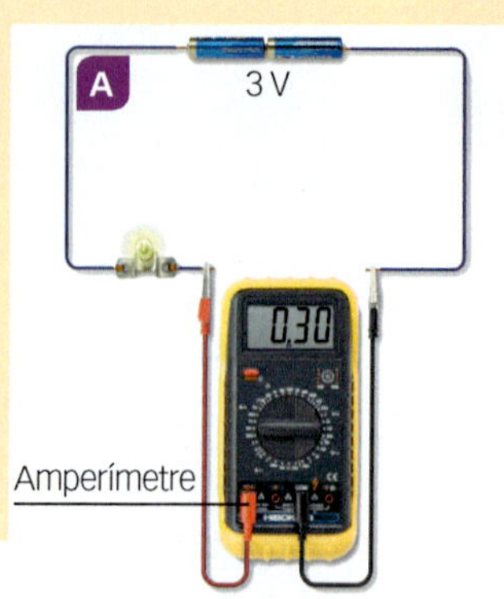

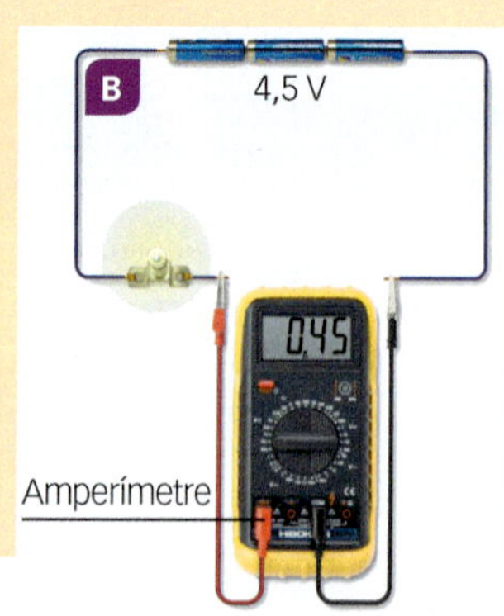

4 Potència elèctrica

Tots els conductors dissipen una certa quantitat d'energia quan hi circula el corrent elèctric.

Anomenem **potència elèctrica (*P*)** la quantitat d'energia que dissipa un component d'un circuit en cada segon.

Matemàticament podem expressar la potència així:

$$\text{Potència} = \frac{\textit{Energia}}{\text{Temps}}; \qquad P = \frac{E}{t}$$

En funció de les càrregues elèctriques que recorren el circuit:

$$\text{Potència} = \frac{\textit{Energia}}{\text{Càrregues}} \cdot \frac{\textit{Càrregues}}{\text{Temps}} \rightarrow \boldsymbol{P = V \cdot I}$$

La unitat de potència en el sistema internacional és el watt (W). Fixa't com dissipa energia una assecadora, que escalfa aire i l'expulsa.

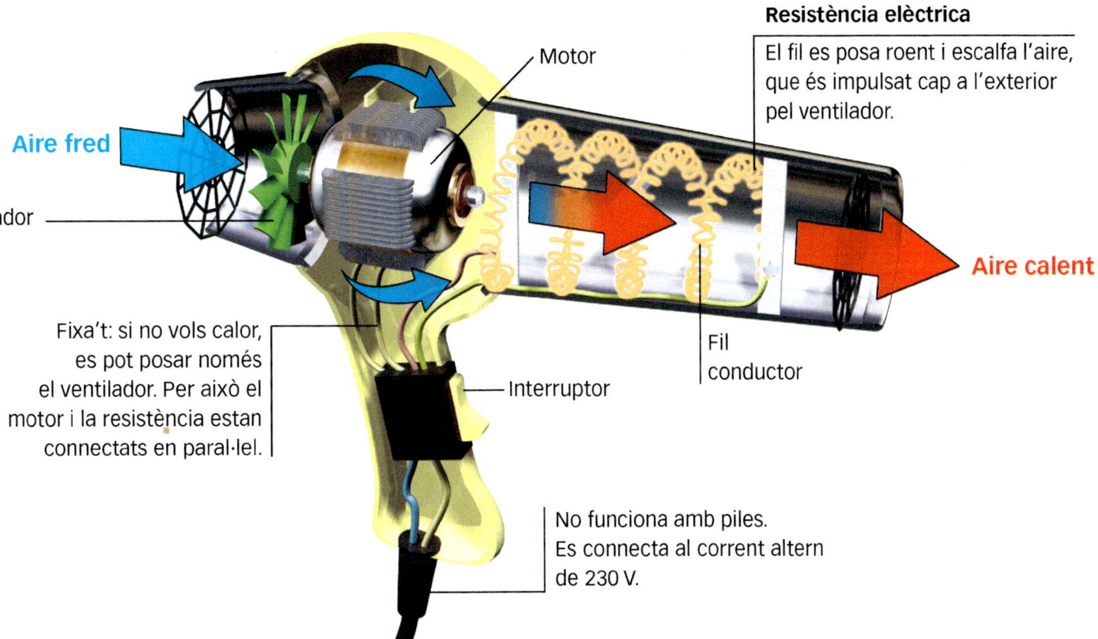

RECORDA

El **quilowatt hora (kWh)** és una unitat d'energia elèctrica. Equival a 3,6 milions de joules. És la unitat que utilitzen les companyies de subministrament elèctric. El cost d'1 kWh és de 0,18 €, aproximadament.

1. EXEMPLE RESOLT

Calcula el cost mensual derivat de l'ús de l'assecadora de la imatge (1.200 W) sabent que es connecta 6 minuts cada dia a la xarxa de 230 V.

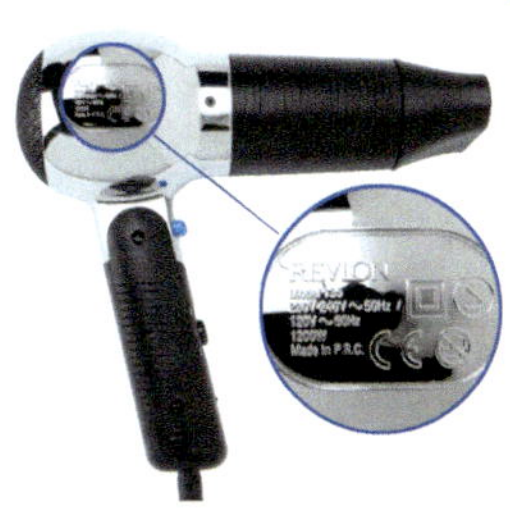

El cost depèn de dos factors: la potència elèctrica i el temps de funcionament.

$$P = \frac{E}{t} \rightarrow E = P \cdot t = 1{,}2 \text{ kW} \cdot 6 \text{ min} \cdot \frac{1 \text{ h}}{60 \text{ min}} = 0{,}12 \text{ kWh}$$

Per tant, el cost mensual (30 dies) és de:

$$\text{Cost} = 0{,}12 \text{ kWh} \cdot \frac{0{,}18\text{ €}}{1 \text{ kWh}} \cdot 30 = \mathbf{0{,}40\text{ €}}$$

ACTIVITATS

6 Calcula quant costa utilitzar una rentadora de 1.800 W sabent que la rentada dura 2 hores.

7 Creus que el microones és l'electrodomèstic que més energia consumeix en una cuina, ja que té una potència elevada? Per què?

5 Connexions en circuits elèctrics

> **RECORDA**
>
> Llei d'Ohm:
>
> $$V = I \cdot R \rightarrow R = \frac{V}{I}$$
>
> Potència elèctrica:
>
> $$P = V \cdot I$$

Observa les imatges. En tots tres casos s'ha fet servir la mateixa pila i les mateixes làmpades. L'únic que canvia en els circuits elèctrics amagats rere la màscara és la forma de connectar els components.

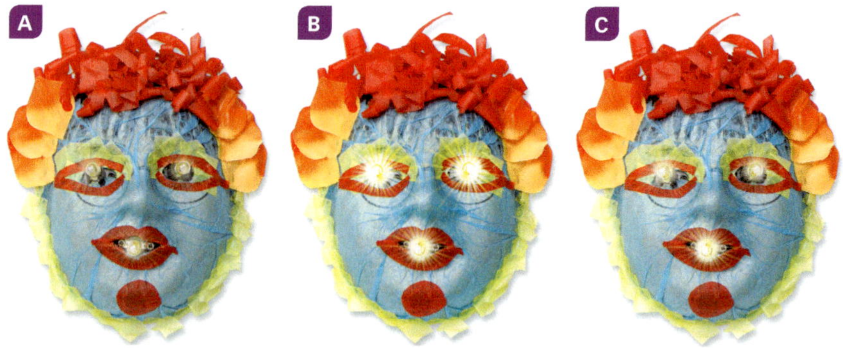

Connexió en sèrie

En la connexió **en sèrie** els elements del circuit es col·loquen l'un rere l'altre, en una sola branca.

SABER FER

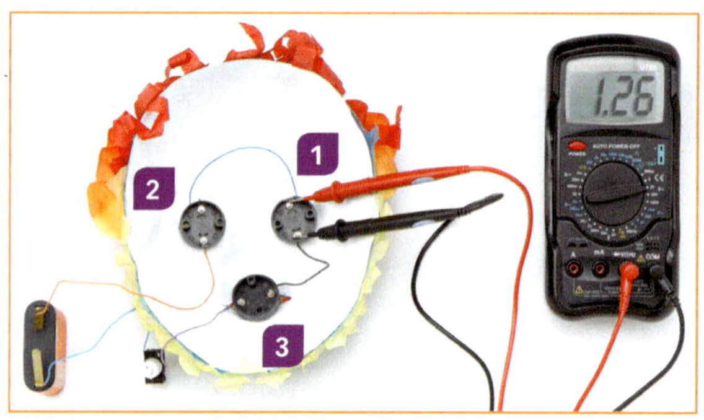

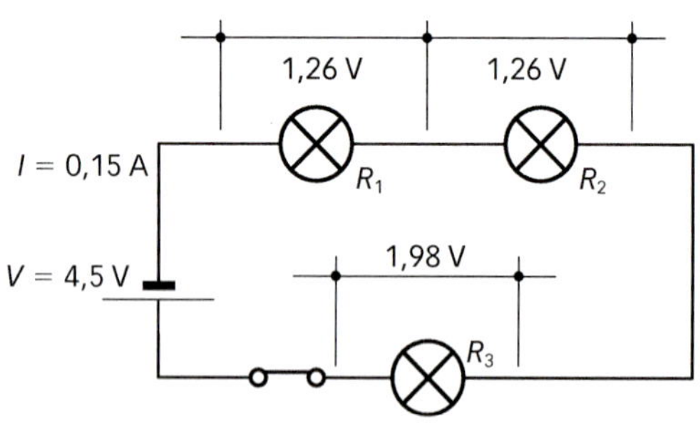

Muntar circuits en sèrie

En el cas **A** la màscara lluеix menys que en els altres. Això té un avantatge: la pila durarà més abans d'esgotar-se.

Utilitza el polímetre per mesurar el valor del voltatge i la intensitat de corrent en cada làmpada.

- La **intensitat** és la mateixa en qualsevol punt del circuit.
- El **voltatge** es reparteix entre les tres làmpades. Tal com observes en l'esquema, el voltatge de les làmpades dels ulls és d'1,26 V, i el de la làmpada de la boca, 1,98 V.
  1,26 V + 1,26 V + 1,98 V = 4,5 V, és a dir, el voltatge de la pila.
- Calcula així la **resistència equivalent ($R_{eq.}$)** del circuit. Com que les resistències estan connectades en sèrie:

$$R_{eq.} = R_1 + R_2 + R_3$$

Aplica la llei d'Ohm i l'expressió de la potència per calcular la potència de cada làmpada. Expressa el voltatge en V i la intensitat en A. Una potència major indica que la làmpada lluеix més.

	Resistència	Potència	Observacions
Bombeta 1 (ull dret)	R_1 = 1,26 V / 0,15 A = 8,4 Ω	P_1 = 1,26 V · 0,15 A = 0,19 W	Són les que menys llueixen.
Bombeta 2 (ull esquerre)	R_2 = 1,26 V / 0,15 A = 8,4 Ω	P_2 = 1,26 V · 0,15 A = 0,19 W	
Bombeta 3 (boca)	R_3 = 1,98 V / 0,15 A = **13,2 Ω**	P_3 = 1,98 V · 0,15 A = **0,30 W**	És la que més lluеix.
	$R_{eq.}$ = 8,4 Ω + 8,4 Ω + 13,2 Ω = 30 Ω	P = 0,19 W + 0,19 W + 0,30 W = 0,68 W	

Connexió en paral·lel

En la connexió **en paral·lel** els elements del circuit es col·loquen en diferents branques.

SABER FER

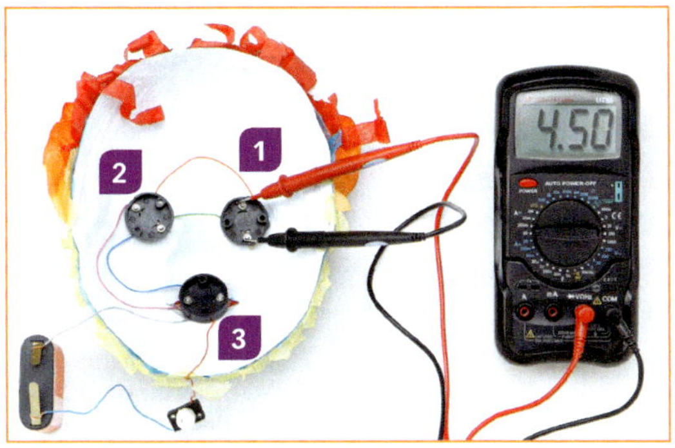

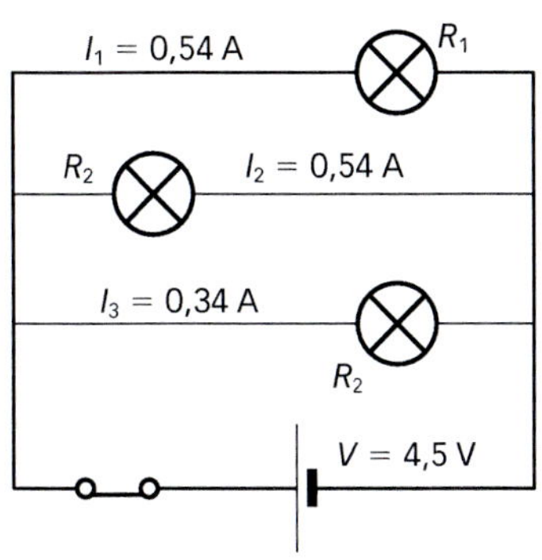

Muntar circuits en paral·lel

En el cas **B** la màscara llueix més. Això té els seus avantatges, però també té un inconvenient: la pila connectada al circuit s'esgotarà en menys temps.

Utilitza el polímetre per mesurar el valor del voltatge i la intensitat de corrent en cada làmpada.

- La **intensitat** de corrent per cada branca depèn de la resistència en aquella branca.
- El **voltatge** serà el mateix en les diferents branques del circuit.
- La **resistència equivalent** del circuit es calcula mitjançant l'expressió següent:

$$\frac{1}{R_{eq.}} = \frac{1}{R_1} + \frac{1}{R_2} + \frac{1}{R_3}$$

És a dir, en aquest cas la resistència equivalent del circuit és menor que la resistència més petita de les resistències que es connecten en paral·lel.

Aplica la llei d'Ohm i l'expressió de la potència elèctrica per calcular la potència de cada làmpada. Una potència major indica que la làmpada llueix més. Expressa el voltatge en V i la intensitat en A.

	Resistència	Potència	Observacions
Bombeta 1 (ull dret)	R_1 = 4,5 V / 0,54 A = **8,4 Ω**	P_1 = 4,5 V · 0,54 A = **2,43 W**	Són les que més llueixen.
Bombeta 2 (ull esquerre)	R_2 = 4,5 V / 0,54 A = **8,4 Ω**	P_2 = 4,5 V · 0,54 A = **2,43 W**	
Bombeta 3 (boca)	R_3 = 4,5 V / 0,34 A = 13,2 Ω	P_3 = 4,5 V · 0,34 A = 1,53 W	És la que menys llueix.
	$R_{eq.} = \dfrac{1}{\dfrac{1}{8{,}4\ \Omega} + \dfrac{1}{8{,}4\ \Omega} + \dfrac{1}{13{,}2\ \Omega}} = 3{,}2\ \Omega$	P = 2,43 W + 2,43 W + 1,53 W = 6,39 W	

ACTIVITATS

8 En el muntatge de les làmpades en sèrie:

a) Per què no llueixen igual les tres làmpades encara que estiguin connectades en sèrie?

b) Com haurien de ser les làmpades per aconseguir que totes lluïssin igual?

9 En el muntatge de les làmpades en paral·lel:

a) Per què no llueixen igual les tres làmpades si estan col·locades en paral·lel?

b) Quin hauria de ser el valor de R_3 perquè les tres làmpades lluïssin igual?

Connexió mixta

En la connexió **mixta** uns elements estan connectats en sèrie entre ells i altres en paral·lel.

SABER FER

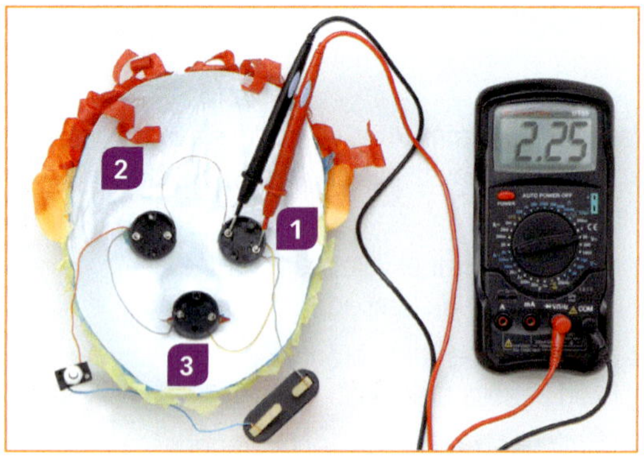

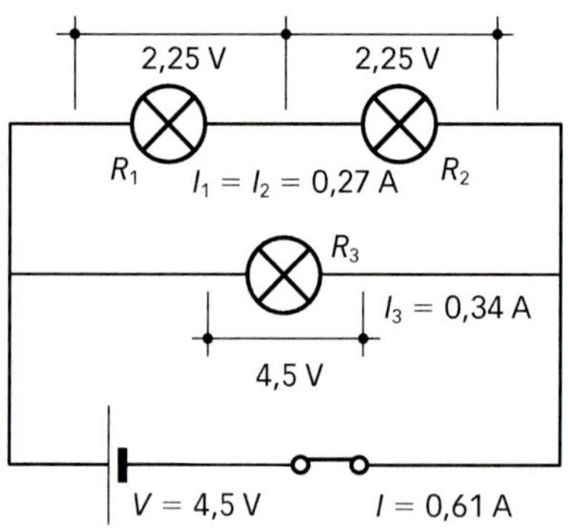

Muntar circuits mixtos

En el cas **C** les làmpades de la màscara llueixen més que en el muntatge en sèrie i menys que en el muntatge en paral·lel. Aleshores la pila durarà menys que en el muntatge en sèrie, però més que en el muntatge en paral·lel.

Utilitza el polímetre per mesurar el valor del voltatge i la intensitat de corrent en cada làmpada.

- La **intensitat** de corrent per cada branca depèn de la resistència total en aquella branca. Com que les làmpades 1 i 2 estan connectades en sèrie hi circularà la mateixa intensitat de corrent. Però la intensitat per la làmpada 3 serà diferent.
- El **voltatge** serà el mateix en les diferents branques del circuit.
- La **resistència equivalent** del circuit es calcula mitjançant l'expressió següent:

$$\frac{1}{R_{eq.}} = \frac{1}{R_1 + R_2} + \frac{1}{R_3}$$

Aplica la llei d'Ohm i l'expressió de la potència elèctrica per calcular la potència de cada làmpada. Una major potència indica que la làmpada llueix més. Expressa el voltatge en V i la intensitat en A.

	Resistència	Potència	Observacions
Bombetes 1 i 2	$R_1 = R_2 = 2,25\ \text{V} / 0,27\ \text{A} = 8,3\ \Omega$	$P_1 = P_2 = 2,25\ \text{V} \cdot 0,27\ \text{A} = 0,61\ \text{W}$	Són les que menys llueixen.
Bombeta 3 (boca)	$R_3 = 4,5\ \text{V} / 0,34\ \text{A} = \mathbf{13,2\ \Omega}$	$P_3 = 4,5\ \text{V} \cdot 0,34\ \text{A} = \mathbf{1,53\ W}$	És la que més llueix.
	$R_{eq.} = \dfrac{1}{\dfrac{1}{16,6\ \Omega} + \dfrac{1}{13,2\ \Omega}} = 7,4\ \Omega$	$P = 0,61\ \text{W} + 0,61\ \text{W} + 1,53\ \text{W} = 2,75\ \text{W}$	

ACTIVITATS

10 Calcula la intensitat de corrent per cada làmpada del circuit de la dreta.

a) Lluiran igual totes les làmpades? Tingues en compte que totes tenen la mateixa resistència.

b) Circularà la mateixa intensitat per les làmpades 1 i 2?

c) I per les làmpades 1 i 4?

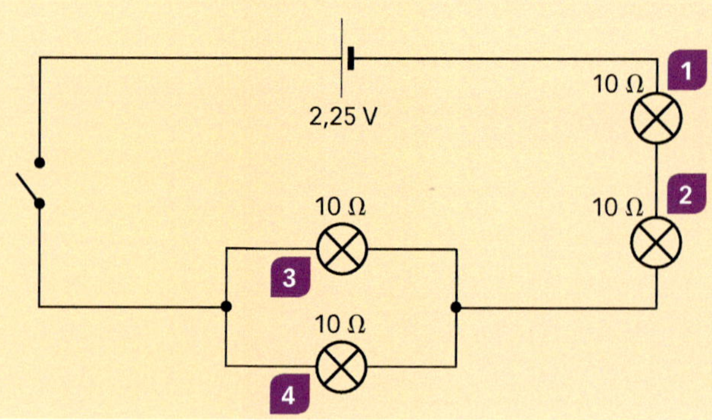

11 Quina és la caiguda de potencial en cada làmpada?

6 Control del corrent elèctric

Interruptors

Permeten obrir o tancar un circuit de manera permanent fins que es tornen a accionar. S'usen, per exemple, per controlar la il·luminació d'una estança des d'un sol punt (clau del llum).

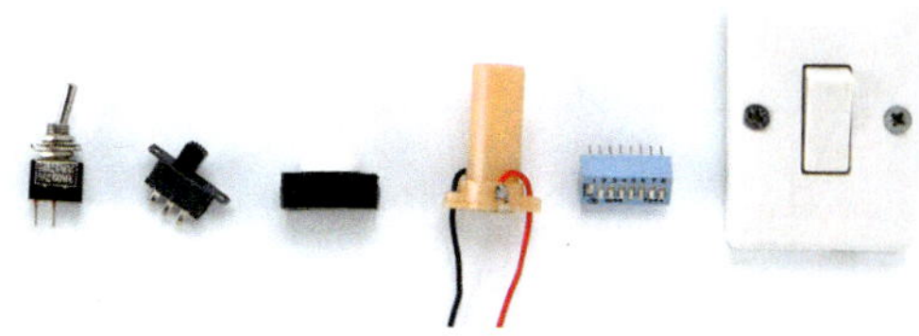

Interruptors

Polsadors

Obren o tanquen un circuit el temps que els tinguem premuts.

Polsadors

Elements de control en un circuit.

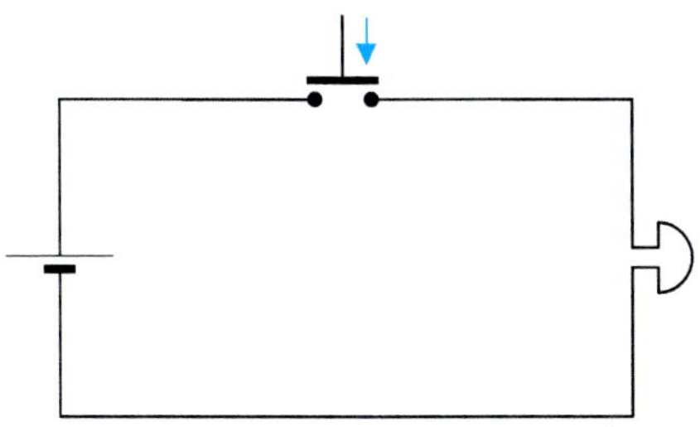

Els polsadors **normalment oberts, NO,** són aquells que no actuen en el circuit fins que el polsem. Exemple: timbre. En actuar sobre el polsador el timbre comença a sonar.

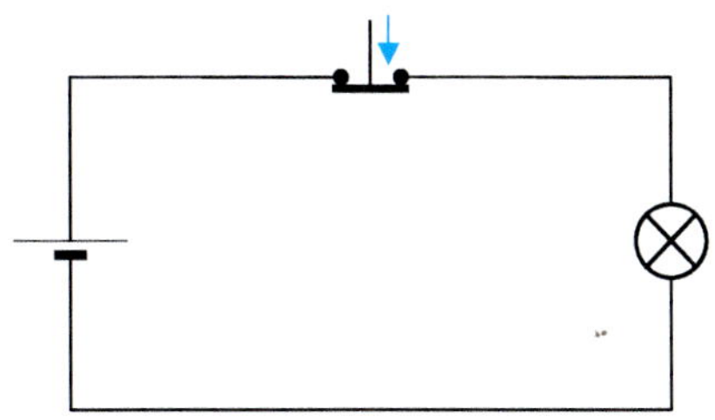

Els polsadors **normalment tancats, NT**, són aquells que actuen en el circuit fins que els polsem. Exemple: bombeta d'un frigorífic. En tancar la porta s'acciona el polsador i la bombeta deixa de lluir.

En tecnologia són molt útils, a més a més, els polsadors **finals de cursa**, que s'accionen amb una palanca mòbil. Es poden fer servir, per exemple, per aturar la porta d'un garatge quan hi ha un obstacle.

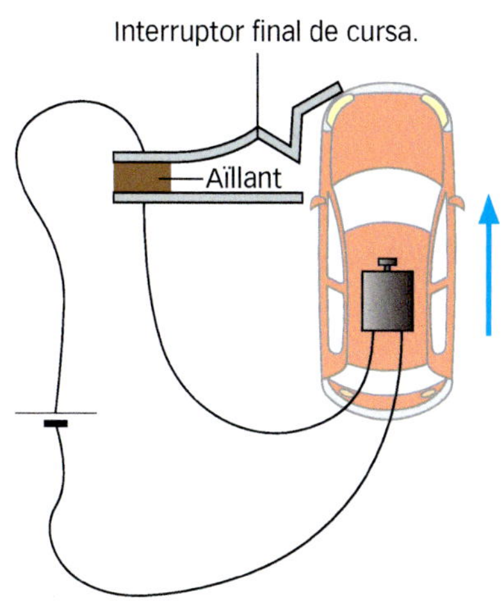

Interruptor **final de cursa**. Quan el mòbil arriba fins a l'interruptor, aquest s'obre i el motor s'atura.

Commutadors

Permeten controlar per quines branques d'un circuit circula el corrent. Amb ells es controla la il·luminació d'una estança des de dos punts diferents (entrada i sortida, per exemple).

SABER FER

Controlar la il·luminació d'una habitació des de dos punts

Els commutadors es fan servir en molts circuits per connectar-los o desconnectar-los.

Per exemple, en les llars algunes habitacions disposen d'una o més làmpades controlades des de diferents punts.

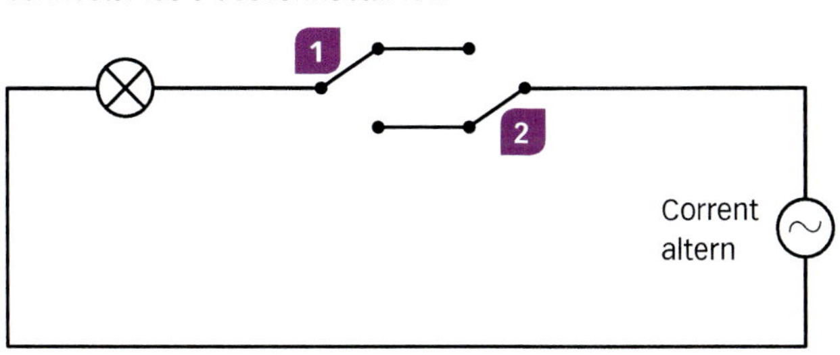

En aquesta posició dels commutadors 1 i 2 el circuit és obert i la làmpada no lleuix.

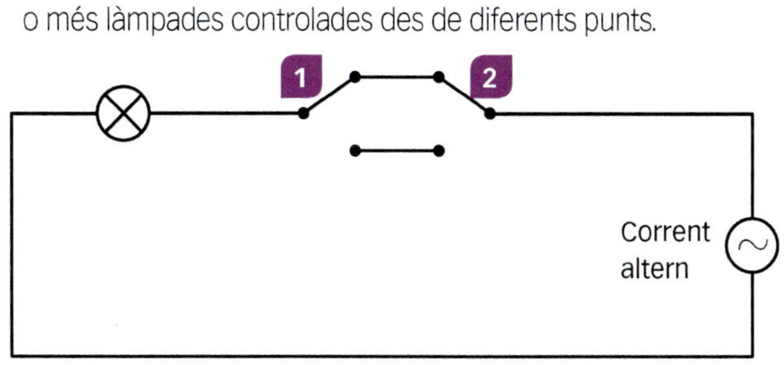

En polsar 1 o 2 el circuit es tanca. I si tornem a polsar tot seguit 1 o 2 el circuit es torna a obrir.

El relé

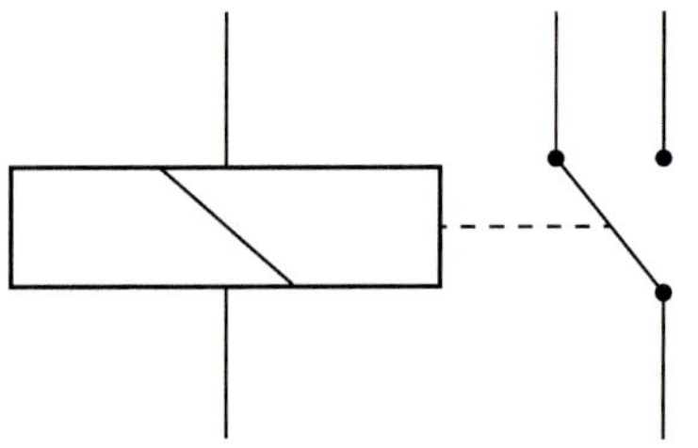

Símbol del **relé** amb un contacte mòbil i dos contactes fixos. La línia puntejada representa la palanca que mou els contactes.

> Un **relé** és un component emprat com a interruptor o com a commutador per controlar circuits elèctrics gràcies a un electroimant.

Cada relé té unes característiques tècniques que es mostren en una placa, així com en altres aparells elèctrics.

- El voltatge màxim admès per l'electroimant en corrent continu. Pot ser de 6 V.
- La resistència elèctrica. Per exemple, 75 Ω.
- La intensitat màxima que suporta. Per exemple, 6 A. La intensitat que passa pels contactes és molt més gran que la que circula per la bobina.
- El voltatge admès pels interruptors. Per exemple, 250 V.

Parts d'un **relé**.

? INTERPRETA LA IMATGE

- Què passa en el contacte mòbil quan circula corrent per la bobina?

SABER FER

Usar un relé com a interruptor

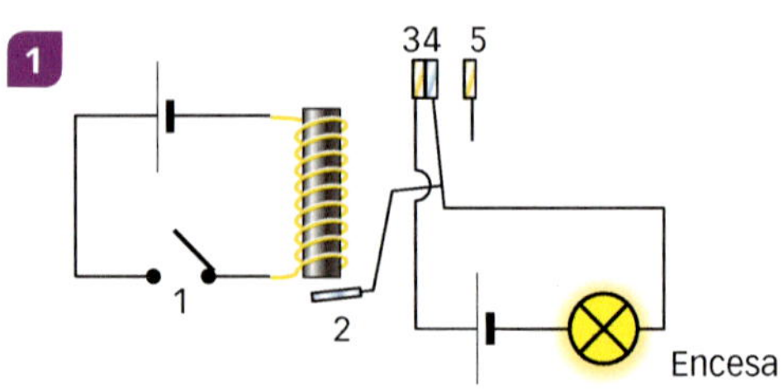

Amb l'interruptor 1 obert, no circula corrent per l'electroimant i aquest no atrau la petita xapa metàl·lica 2.

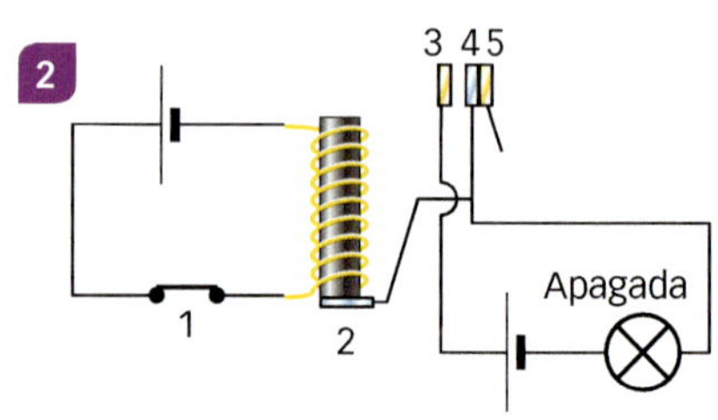

En tancar 1, la palanca de la petita xapa empeny el contacte 4 i el separa del contacte 3. Així s'interromp el corrent en el circuit de la bombeta i aquesta no llueix.

SABER FER

Usar un relé com a commutador

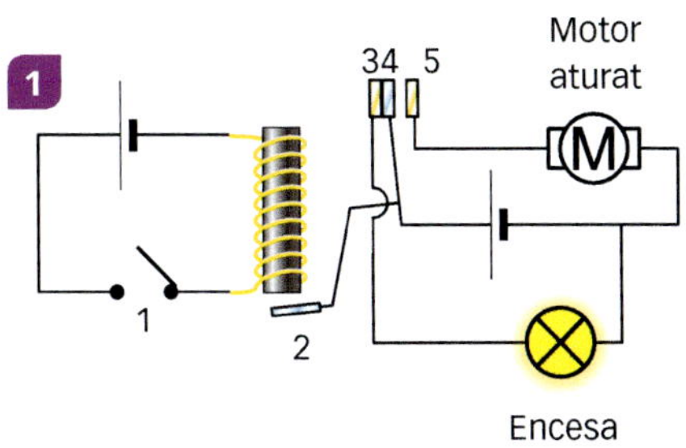

Amb l'interruptor 1 obert, l'electroimant del relé no atrau la petita xapa metàl·lica 2.

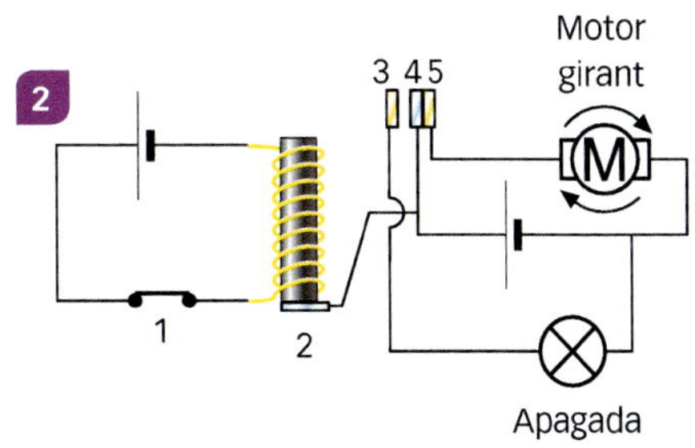

Tot i això, el contacte 4 arriba fins al 5, així que el motor es posa en funcionament.

En tancar 1 la palanca de la petita xapa empeny el contacte 4 i el separa del 3, per tant s'interromp el corrent en el circuit de la bombeta.

SABER FER

Usar un relé per controlar el sentit de gir d'un motor

Amb un relé és molt senzill controlar el sentit de gir d'un motor. Observa com funciona fent servir un polsador NO per canviar-ne el sentit de gir.

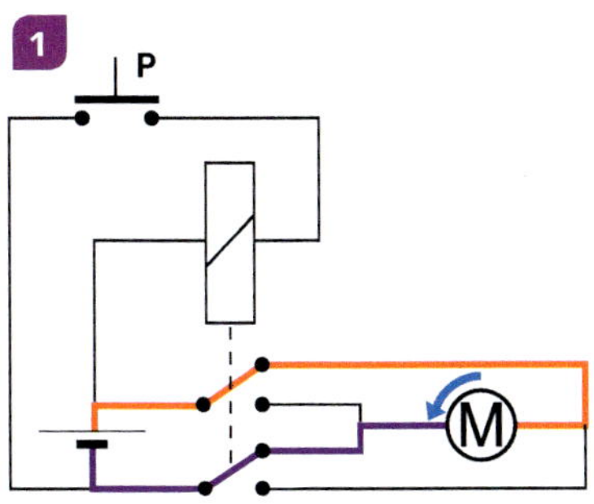

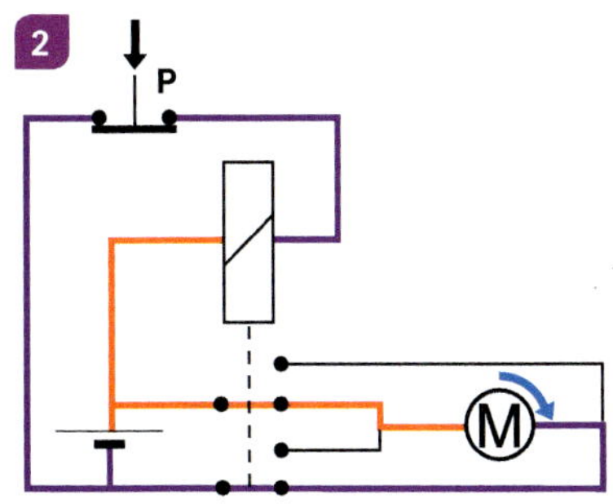

1. Amb el polsador P inactiu el motor gira en el sentit que indica la fletxa. Tot i que la bobina del relé està connectada a la pila, P impedeix que hi circuli el corrent.
2. En polsar P circula el corrent per la bobina del relé. Aleshores es mouen els dos contactes mòbils del relé i el corrent discorre pel motor en el sentit oposat a l'anterior, així que el motor girarà en sentit contrari, tal com indica la fletxa en el segon esquema. Si es deixa anar P, el circuit torna a l'estat 1.

OBSERVA

Un electroimant està format per una peça de ferro envoltada per cable de coure enrotllat. Quan circula corrent per la bobina, aquesta es comporta com un imant, per la qual cosa pot atraure objectes metàl·lics.

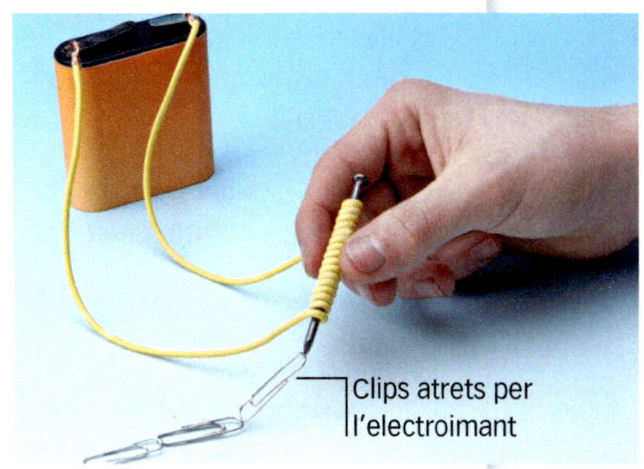

Quan s'atura el corrent, l'electroimant deixa de comportar-se com un imant.

ACTIVITATS

12 Per què se sent atreta la petita xapa per l'electroimant en un relé?

13 En l'esquema d'aquesta pàgina, que mostra l'ús del relé per controlar un motor, què passa si actuem sobre el polsador NC? Troba alguna aplicació pràctica d'aquest circuit.

14 Quin avantatge té l'ús d'un relé per controlar un circuit enfront de l'ús d'un simple commutador?

15 Dissenya un circuit capaç de controlar el sentit de gir d'un motor utilitzant commutadors en lloc d'un relé.

ACTIVITATS FINALS

REPASSA EL QUE ÉS ESSENCIAL

16 En què es diferencia el corrent continu del corrent altern?

17 Classifica els aparells següents en funció de si usen corrent continu o altern.

a) Llanterna.
b) Frigorífic.
c) Batedora.
d) Torradora.
e) Lector de llibres electrònics.
f) Ordinador de sobretaula.
g) Telèfon mòbil.
h) Maquineta de fer punta automàtica.
i) Tauleta (desconnectada).
j) Tauleta (connectada a la xarxa).

Corrent continu	Corrent altern

18 Completa les frases al teu quadern.

a) Per mesurar la intensitat de corrent cal connectar el polímetre com un ______________, a ______________ amb l'element escollit.

b) Per mesurar el voltatge cal connectar el polímetre com un ______________, a ______________ amb l'element escollit.

c) Per mesurar la ______________ d'una làmpada amb el polímetre cal desconnectar la làmpada del circuit.

19 Observa l'esquema. Indica com connectaries un polímetre per mesurar:

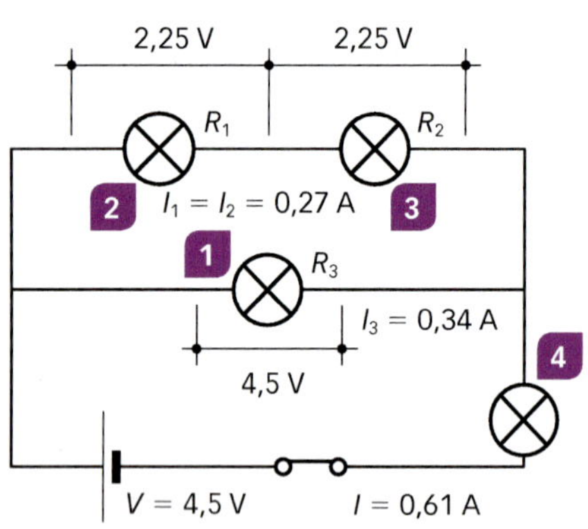

a) La intensitat de corrent que circula per la làmpada 1.
b) La intensitat de corrent que circula per la làmpada 2.
c) La intensitat de corrent que circula per la làmpada 3.
d) La intensitat de corrent que circula per la làmpada 4.
e) El voltatge a la làmpada 1.
f) El voltatge a la làmpada 2.
g) El voltatge a la làmpada 4.

20 Completa la taula al teu quadern aplicant la llei d'Ohm.

V (V)	*I* (A)	*R* (Ω)
18		90
18	0,5	
36		90

21 Completa les frases al teu quadern.

a) En un circuit en ______________ circula la mateixa intensitat de corrent per tots els components.

b) En un circuit en ______________ la intensitat de corrent que circula per cada element pot variar.

c) En un circuit en ______________ el voltatge a cada component és el mateix.

d) En un circuit en ______________ el voltatge a cada component és diferent.

22 Calcula la resistència equivalent en cada circuit.

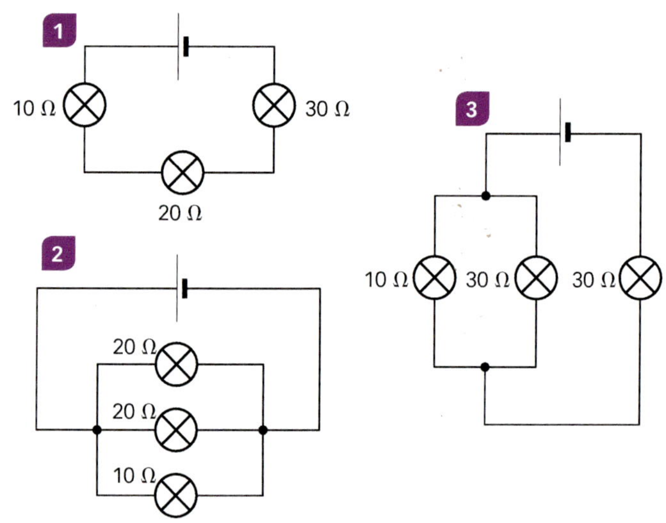

a) Quina és la intensitat que circula per la branca principal de cada circuit si totes les piles són de 9 V?

b) Quines làmpades lluiran més? Quines lluiran menys?

23 Una làmpada de baix consum té una potència d'11 W i es connecta a la xarxa elèctrica de 230 V.

a) Quina és la intensitat que hi circula?
b) Quina és la resistència de la làmpada?
c) Calcula l'energia consumida cada mes per la làmpada si funciona durant 6 hores diàries.

24 Explica breument com funciona un relé.

PRACTICA

25 En els circuits següents totes les piles i bombetes són iguals.

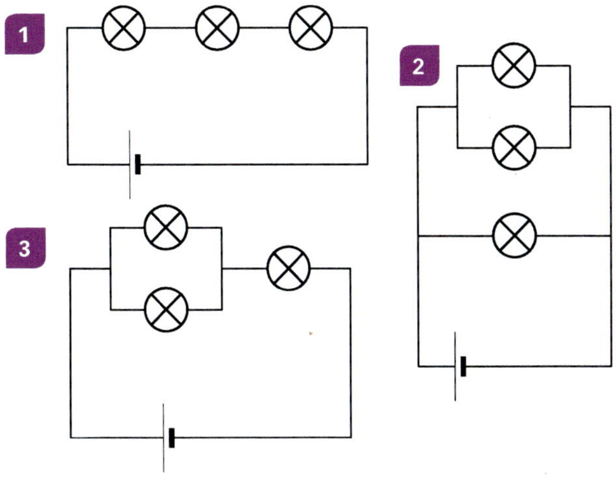

a) Quina làmpada lluirà més en cada circuit?

b) De totes les làmpades, quina lluirà més?

c) Quina consumirà més energia?

26 Observa la imatge i respon.

a) Com està connectat el polímetre amb la làmpada, en sèrie o en paral·lel?

b) Quina magnitud està mesurant?

c) Podries saber el valor de la intensitat de corrent que circula per la bombeta? Quina dada necessitaries?

27 •• Observa l'esquema i indica què passa quan es duen a terme les accions següents.

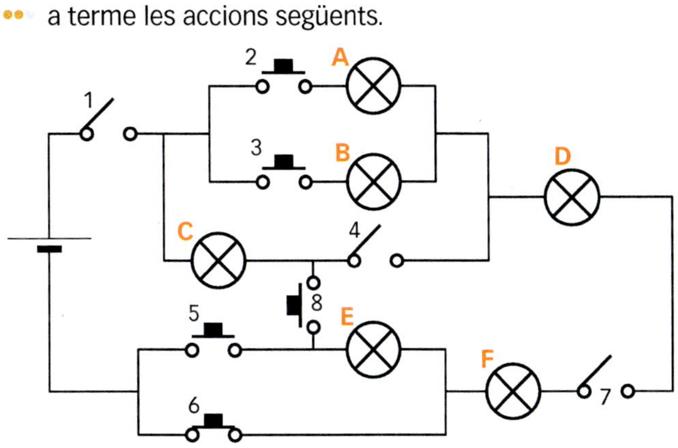

a) Activar 1 i 2.

b) Activar 4 i 7.

c) Activar 1 i 8.

d) Activar 1, 2 i 7.

e) Activar 1, 4 i 7.

f) Activar 1, 5 i 8.

28 •• Una pila de petaca està formada per tres piles d'1,5 V. Observa les imatges i explica els valors obtinguts pel polímetre.

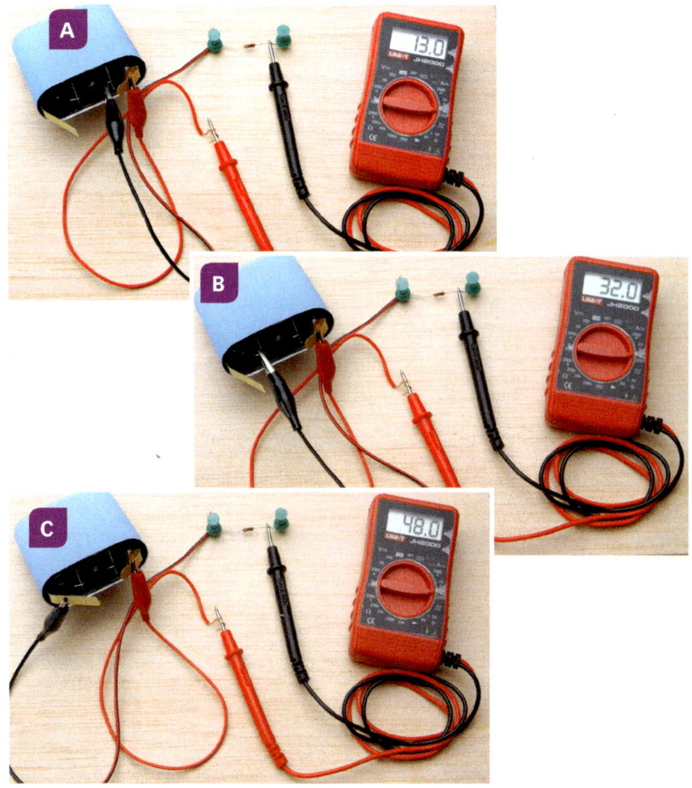

AMPLIA

29 ••• Dissenya un circuit d'alarma antirobatori que connecti una alarma quan s'obri una porta i desconnecti l'alarma quan es tanqui.

30 ••• Observa el circuit i indica què passa en fer successivament les accions indicades.

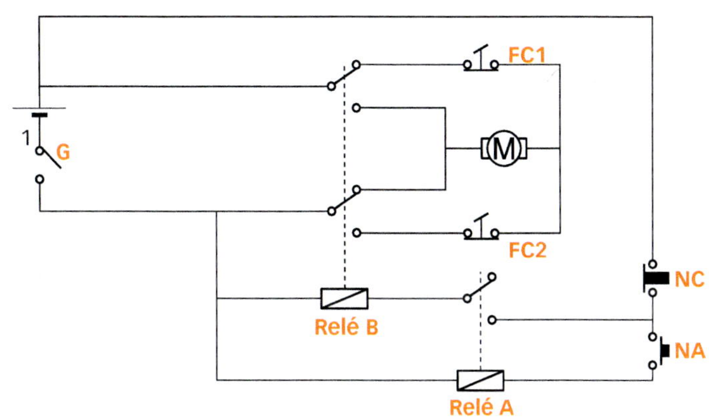

a) Tancar l'interruptor 1.

b) Polsar el final de cursa FC1.

c) Activar el polsador NO.

d) Accionar el final de cursa FC2.

e) Polsar el polsador NT.

TÈCNICA. Estalviar energia a casa

A l'Estat espanyol cada llar consumeix uns 4.000 kWh l'any de mitjana. Com és lògic, uns electrodomèstics consumeixen més energia que altres, sigui perquè tenen més potència elètrica o bé perquè estan connectats més temps. Per saber l'eficiència energètica dels electrodomèstics s'utilitzen etiquetes, com has pogut veure en altres unitats.

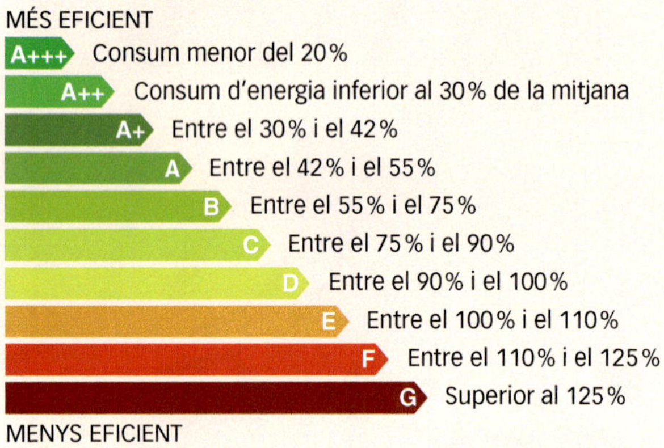

L'esquema mostra com es reparteix aquesta despesa en una llar que disposa de tots els aparells mencionats. (Font: IDAE).

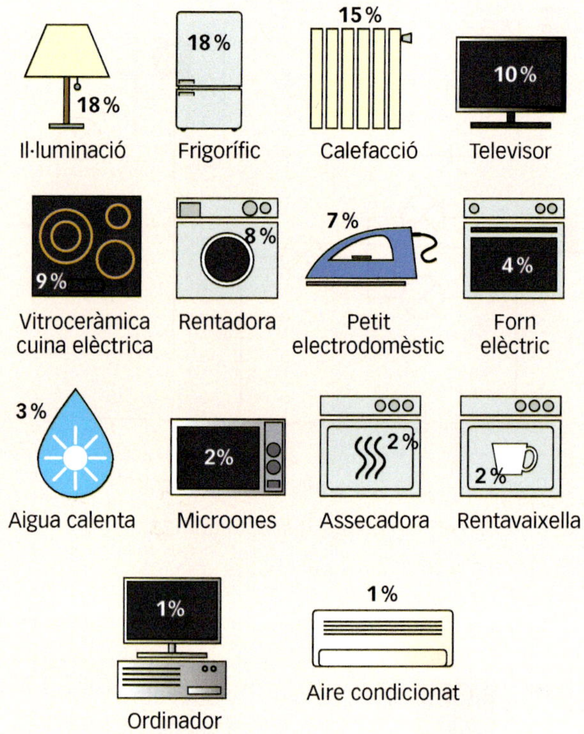

31 Quants tipus d'electrodomèstics hi ha ara en funció de la seva eficiència energètica?

32 Compara el consum d'aparells en funció de la seva etiqueta energètica.

a) Quina relació hi ha entre el consum d'un aparell de classe A amb un de classe D?

b) Si un aparell de classe E consumeix 80 kWh setmanals, quant consumeix, aproximadament, un de classe A?

c) Si el quilowatt hora costa 0,18 €, quant s'estalvia amb l'electrodomèstic de classe A de l'apartat anterior?

33 Marca quines de les mesures següents contribueixen a estalviar energia a la llar.

a) Usar electrodomèstics més grans del necessari.

b) Utilitzar olles ultraràpides.

c) Deixar els televisors en mode d'espera.

d) Elevar la temperatura en equips d'aire condicionat.

e) Obrir el frigorífic de tant en tant perquè es refredi l'estança en què es troba.

f) Fer revisions periòdiques i el manteniment adequat de les calderes.

34 En quins electrodomèstics hem de centrar la nostra atenció per estalviar energia elèctrica?

35 En la taula següent es compara l'ús d'electrodomèstics de diferent classe energètica.

Classe energètica	Consum en 15 anys (kWh)	Cost en 15 anys (€)	Estalvi en usar un de classe A (€)
A	3.011	542	–
B	3.561	641	99
C	4.517	813	271
D	5.478	986	444
E	5.750	1.035	493
F	6.433	1.158	616
G	6.844	1.232	690

a) Quant val cada kWh, segons la taula? Completa una taula per a cada classe energètica amb la quantitat d'energia consumida en un any i el cost anual.

b) A què fa referència l'última columna?

c) En quant de temps s'amortitza la compra d'un electrodomèstic de classe A que val 800 € respecte d'un de classe C, que tan sols costa 600 €?

d) Quin electrodomèstic compraries tu, el de classe A (800 €) o el de classe C (600 €)? Per què?

UN CAS PRÀCTIC. Prohibiries la venda d'electrodomèstics poc eficients?

El Parlament Europeu aprova un nou etiquetatge energètic per als electrodomèstics

[...] El nou etiquetatge garantirà que els consumidors disposin de tota la informació necessària per poder prendre decisions amb ple coneixement de causa. Aquesta legislació s'aplicarà als frigorífics, congeladors, rentadores, assecadores, rentavaixelles, forns i aparells d'aire condicionat. Els fabricants estaran obligats a indicar el consum energètic anual en una escala de colors i lletres de la A verda fosca a la G vermella [...].

El nou etiquetatge energètic permet tres classes addicionals superiors a la A, que indicaran els nivells màxims d'eficiència energètica A+, A++ i A+++, i s'utilitzaran «quan els avenços tecnològics ho exigeixin». [...]

[...] Aquesta normativa obliga que consti a l'etiqueta energètica en tota la publicitat d'electrodomèstics en què s'ofereixi informació relacionada amb l'energia que consumeixen o el seu preu.

La proposta del Parlament d'incloure en el material promocional tècnic, tant imprès com publicat a Internet, la informació sobre el consum d'energia, també ha estat recollida en la nova norma.

La directiva també estipula que els òrgans nacionals de contractació procuraran adquirir únicament productes que pertanyin a la classe d'eficiència energètica més elevada. Així mateix, les autoritats nacionals podran incentivar els consumidors i la indústria perquè optin per productes eficients energèticament.

Font: *http://www.europarl.es*. 19 de maig de 2010.

36 COMPRENSIÓ LECTORA. **Respon.**

a) Fes una llista d'aparells utilitzats a la llar que es vegin afectats per aquesta normativa.

b) Què vol dir l'últim paràgraf?

37 El gràfic mostra la distribució del consum d'energia elèctrica en el sector residencial dels 27 països de la Unió Europea el 2009.

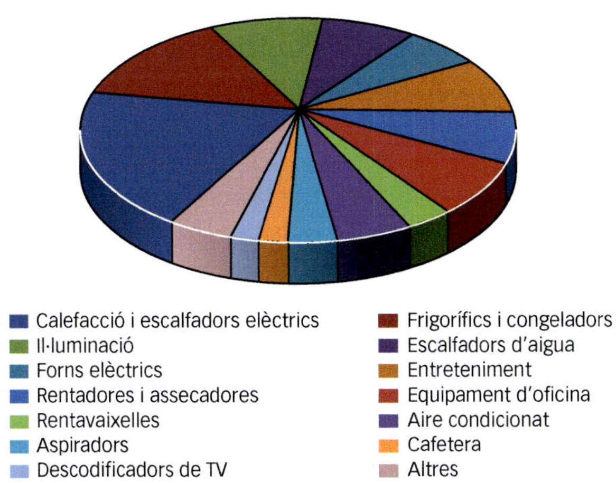

Font: *Electricity Consumption and Efficiency Trends in European Union* (2009).

a) Quins sistemes consumeixen més energia elèctrica?

b) Per als sistemes que més consumeixen, cita algun hàbit que en reduís el consum. Per exemple, aïllar bé portes i finestres reduiria el consum a causa dels sistemes de calefacció.

38 Aquest gràfic mostra l'evolució de l'energia elèctrica consumida en el sector residencial a l'Estat espanyol (1 TWh = 10^9 kWh).

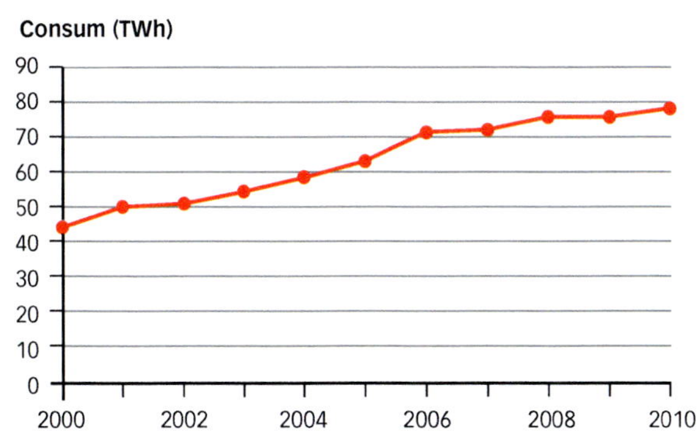

Font: *Electricity Consumption and Efficiency Trends in European Union* (2009).

a) Quina tendència s'observa al gràfic? Quin percentatge ha estat major, el de 2000 a 2005 o el de 2005 a 2010?

b) Quins aparells creus que són els màxims responsables d'aquest consum?

c) Posa exemples de mesures que tu prendries per reduir el consum d'energia elèctrica a la teva llar.

39 Com pot fomentar l'Administració l'ús d'electrodomèstics molt eficients? Fes una llista de les possibles mesures.

40 PREN LA INICIATIVA. **Et sembla una bona idea permetre només la venda d'electrodomèstics eficients, encara que siguin més cars?**

PROJECTE D'UNITAT

El duel

Les possibilitats a l'hora de muntar un circuit elèctric són molt variades, tantes com necessitats vulguem cobrir. En aquest projecte utilitzarem dos dels components més versàtils que tenim a l'abast, com el relé i els finals de cursa.

On trobar els materials?

En establiments de bricolatge i botigues d'electrònica.

Què necessites?

Materials

- Fusta DM o contraplacat de 50 x 70 x 0,8 cm.
- 2 llistons de 70 x 4 x 2 cm.
- 2 finals de cursa.
- 2 relés d'1 circuit.
- 2 bombetes i portalàmpades.
- 2 piles de 4,5 V.
- Rivet de finestres.
- 2 peces de contraplacat de 10 x 15 cm.
- Cable i cinta aïllant.

Eines

- Trepant i broques per a fusta.
- Paper de vidre i llimes.
- Arc de serra.
- Pistola de cola.
- Brotxes.
- Pinzells.
- Tornavís.
- Soldador i estany.

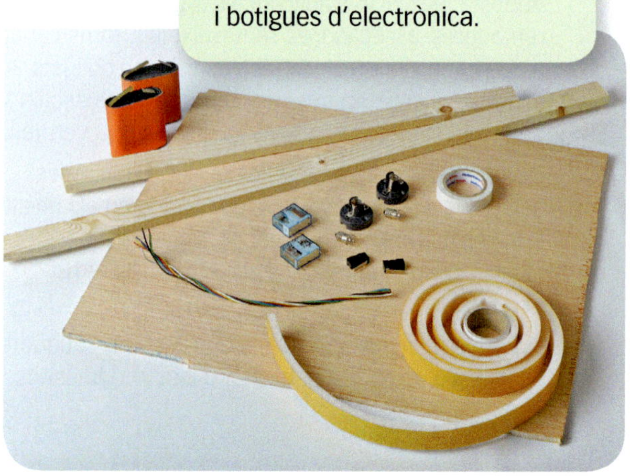

El circuit

Muntaràs el circuit de la figura. Observa que hi ha dos relés interconnectats entre ells, de manera que si es prem un dels dos polsadors i es manté així, la bombeta corresponent s'encén i, encara que es premi l'altre, no pot encendre la seva bombeta. Analitza-ho amb molta cura.

Utilitzaràs aquest circuit per muntar un joc que serveixi per decidir quin és el més ràpid a respondre una pregunta.

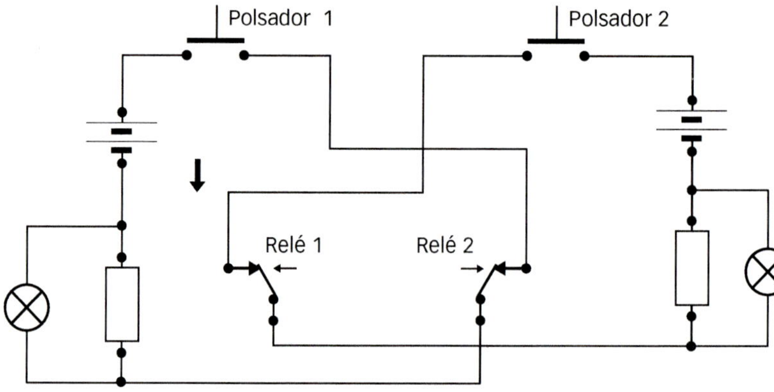

El suport

1. Es tracta de muntar una mena de taula de joc on col·locaràs els polsadors i les bombetes. L'única dificultat rau a fer dos forats per inserir els finals de cursa. Han de ser molt ajustats perquè no es moguin en polsar.
2. Faràs servir una broca de 6 mm de diàmetre i després li donaràs forma rectangular al forat amb una llima plana. Aprofitaràs també per fer un forat pel qual passaràs els cables de les bombetes.
3. Per poder cablejar per sota la superfície de joc, alça el tauler col·locant enganxats dos trossos de llistó al llarg d'aquest.
4. Perquè el joc quedi maco convé pintar les fustes. Si vols, pots dibuixar la silueta de les mans com a punt de partida inicial.

POSA ATENCIÓ

Màxima concentració! Compte amb les cremades!

Muntar el circuit

1. Abans de muntar el circuit has d'estanyar els components i soldar els cables al relé i als finals de cursa.
2. Munta el circuit fixant-te en l'esquema. Posa molta atenció en el cablejat dels relés (el commutador d'un amb la bobina de l'altre, i viceversa) i comprova que funciona correctament.

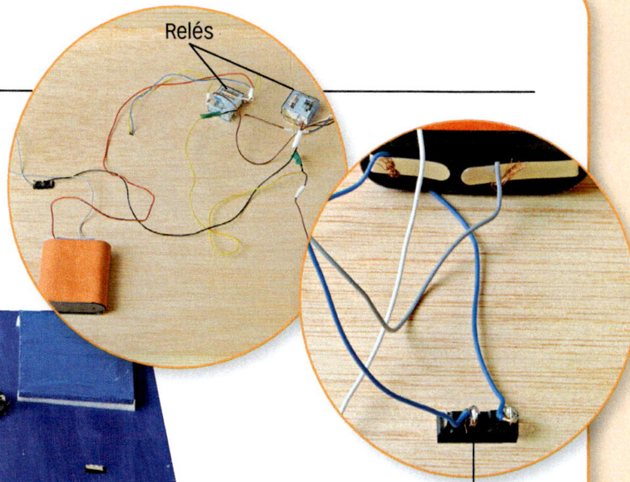

Els polsadors

Col·loca els finals de cursa al seu lloc. La idea és que sobresurti només la platina, de manera que quan el contraplacat baixi, accioni el polsador. El contraplacat torna al seu lloc gràcies al rivet de goma escuma que hi ha col·locat.

El final

Només queda subjectar els components del circuit al tauler per la part de sota i començar a pensar preguntes...

OBSERVA

Només s'il·lumina la làmpada del jugador que polsa el primer.

EL PROCÉS TECNOLÒGIC	
Identificació del problema	Determinar amb exactitud qui prem primer un polsador.
Exploració d'idees	Investigar entorns d'aplicació, com ara concursos de televisió. Investigar circuits elèctrics que compleixin aquesta funció.
Disseny i construcció	Fases explicades en la unitat.
Comprovació	Fases explicades en la unitat.

PLANIFICACIÓ

Activitat	Temps (sessions)*: 0–½	½–1	1–1½	1½–2	2–2½	2½–3	3–3½	3½–4
1. Encaixos per als polsadors.	■	■						
2. Col·locar llistons.		■						
3. Pintar.			■	■				
4. Soldar.					■	■		
5. Muntar el circuit.						■	■	
6. Col·locar els polsadors.							■	
7. Assajos.								■

*Sessions de 50 minuts treballant per parelles.

ACTIVITATS

41 En el projecte has utilitzat dos relés. Un relé és un commutador accionat per un electroimant. Series capaç de fabricar el teu propi electroimant? Necessitaràs fil de coure, un carret o bobina de fil, un nucli de ferro (pot ser un clau) i una font d'alimentació.

42 USA LES TIC. Pots generar un banc de preguntes amb el programari de la PDI, eines per a presentacions, o eines d'autor que incloguin àudios i vídeos. Per exemple, d'un tema determinat d'una altra assignatura. I ja pots jugar amb el teu dispositiu!

3 Electrònica bàsica

SABER

- Electricitat i electrònica.
- Resistències.
- Condensadors.
- Semiconductors i díodes.
- Transistors.
- Circuits integrats.
- Una aplicació de l'electrònica: els robots.
- Simuladors de circuits.

SABER FER

- Identificar els elements d'un circuit electrònic.
- Muntar circuits electrònics senzills.

Diverses **cèl·lules solars** (o diverses **piles**) proveeixen la màquina d'energia elèctrica.

La **pantalla** és de cristall líquid (LCD). Consumeix molt poca energia, i per això les piles de la calculadora poden durar mesos o anys.

Cada **tecla** està connectada a un element del circuit. En polsar s'activa alguna de les connexions de la calculadora.

COM SUMA LA CALCULADORA 7 + 12

1. Polsem la tecla **7**.
2. La xifra 7 apareix a la pantalla i s'emmagatzema a la memòria.
3. Polsem la tecla **+**.
4. L'ordre de sumar s'emmagatzema a la memòria.
5. Polsem la tecla **1**.
6. La xifra 1 apareix a la pantalla i s'emmagatzema a la memòria.
7. Polsem la tecla **2**.
8. La xifra 2 apareix a la pantalla i s'emmagatzema a la memòria. L'1 es desplaça.
9. Polsem la tecla **=**.
10. Els circuits de la calculadora fan la suma i a la pantalla apareix el resultat: **19**.

INVENTS QUOTIDIANS. **La calculadora**

Els primers ordinadors eren enormes màquines que s'utilitzaven per fer càlculs senzills: sumes i multiplicacions. Avui dia, per contra, les calculadores de butxaca poden fer les operacions bàsiques, càlculs estadístics, resoldre equacions o fins i tot representar gràficament una funció matemàtica.

T'imagines la vida de dependents, estudiants o investigadors sense calculadores?

En les calculadores solars una **pila** proporciona l'energia necessària quan no hi ha prou llum.

El **circuit imprès** té línies anomenades *pistes* que connecten uns elements amb altres. Per exemple, per representar a la pantalla els nombres polsats.

Les calculadores treballen en **sistema binari**; és a dir, fent servir únicament uns i zeros.

- 1: amb corrent.
- 0: sense corrent.

La **memòria** de la calculadora permet emmagatzemar dades introduïdes per accedir-hi quan calgui.

En un circuit electrònic hi ha components minúsculs, com ara els **condensadors** i les **resistències**.

Les calculadores inclouen **circuits integrats** o **xips** que fan els càlculs.

INTERPRETA LA IMATGE

- Quins tipus de components formen el circuit electrònic d'una calculadora?
- Per a què serveixen les línies o pistes que podem identificar en els circuits electrònics?

CLAUS PER COMENÇAR

- En què es diferencien els aparells electrònics d'altres aparells elèctrics?
- Quins avantatges té utilitzar components de mida petita en calculadores i ordinadors?

1 Electricitat i electrònica

Diferència entre circuits elèctrics i electrònics

L'electrònica fa possible que funcionin televisors, equips de música, calculadores, telèfons mòbils, comandaments a distància i molts altres aparells. Ara bé, en què es diferencien l'electricitat i l'electrònica? En un circuit elèctric les càrregues sempre es mouen per materials conductors de l'electricitat. Però en un circuit electrònic no sempre passa això.

L'**electrònica** és una branca de la tecnologia que estudia el moviment de càrregues elèctriques per materials conductors, semiconductors i el buit.

Per exemple, un díode LED està format per materials semiconductors, com ara el silici, de manera que condueix el corrent elèctric, o no, en funció de com es connecti a un circuit.

També podem diferenciar l'electricitat de l'electrònica per les seves aplicacions.

ACTIVITATS

1. Hi ha circuits elèctrics en un ordinador? Justifica la teva resposta.
2. Cita el nom d'alguns aparells que utilitzes diàriament que incloguin circuits electrònics en el seu interior. Per a què es fan servir?

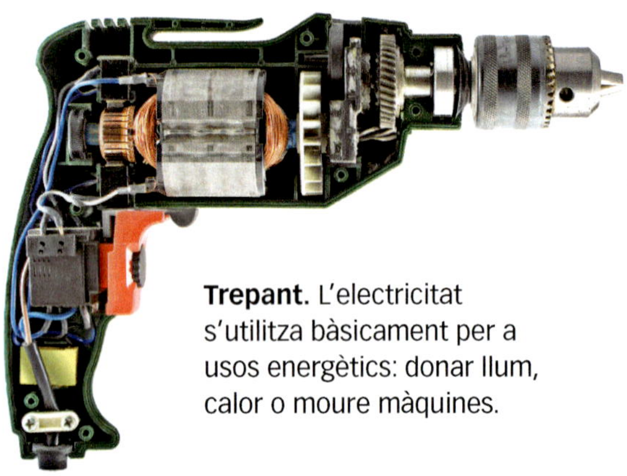

Trepant. L'electricitat s'utilitza bàsicament per a usos energètics: donar llum, calor o moure màquines.

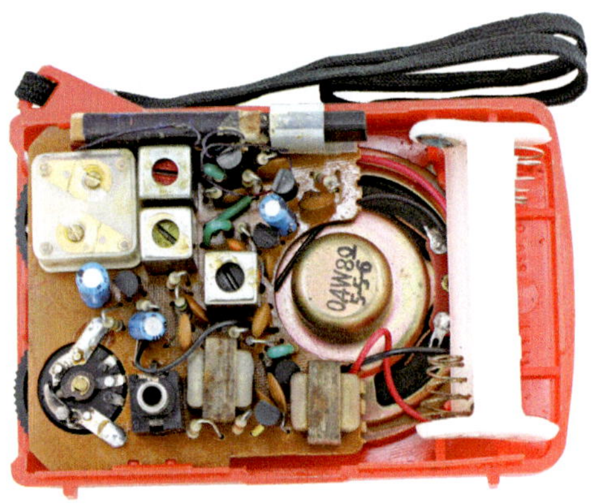

Aparell de ràdio. L'electrònica s'utilitza sobretot per controlar aparells i processar informació.

Components dels circuits electrònics

En els circuits electrònics trobem components que ja has estudiat quan s'ha fet referència als circuits elèctrics: generadors, cables, làmpades, interruptors, motors, etc. Però també s'utilitzen altres components. En les pàgines següents n'estudiarem alguns.

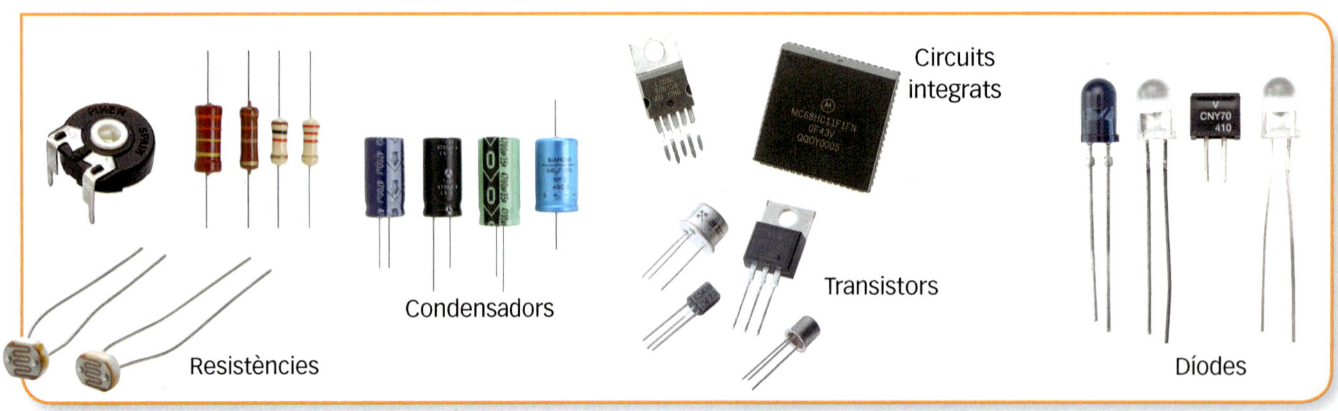

2 Resistències

La **resistència** elèctrica és la dificultat que presenten els materials al pas del corrent elèctric.

En electrònica fem servir la paraula **resistència** o **resistor** per referir-nos a un component usat per:

- **Limitar** o regular la intensitat de corrent que circula per un circuit.
- **Protegir** altres components del circuit pels quals no hi ha de circular una intensitat de corrent elevada.

Resistències de valor fix

Les **resistències de valor fix** són components amb un valor de resistència elèctrica que roman constant, sense alterar-se per les condicions ambientals en què es troba el circuit.

RECORDA

La **llei d'Ohm** indica la relació existent entre intensitat de corrent, voltatge i resistència en un circuit:

$$V = I \cdot R$$

Recorda que en el sistema internacional el voltatge s'expressa en volts (V), la intensitat s'expressa en amperes (A) i la resistència, en ohms (Ω).

OBSERVA

La tolerància és la desviació màxima expressada en tant per cent sobre el valor que indiquen les tres primeres franges.

Codi de colors	1r color: 1a xifra	2n color: 2a xifra	3r color: factor multiplicador	4t color: tolerància
Negre	0	0	× 1	
Marró	1	1	× 10	± 1%
Vermell	2	2	× 100	± 2%
Taronja	3	3	× 1.000	
Groc	4	4	× 10.000	
Verd	5	5	× 100.000	
Blau	6	6	× 1.000.000	
Violeta	7	7	× 10.000.000	
Gris	8	8	× 100.000.000	
Blanc	9	9		
Or				± 5%
Plata				± 10%

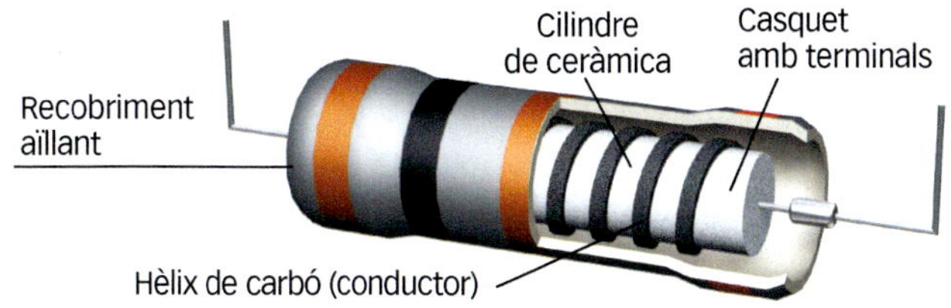

Esquema d'una resistència ceràmica.

Per identificar el valor en ohms (Ω) d'una resistència fem servir un **codi de quatre franges de colors**. La taula indica el valor associat a cada color.

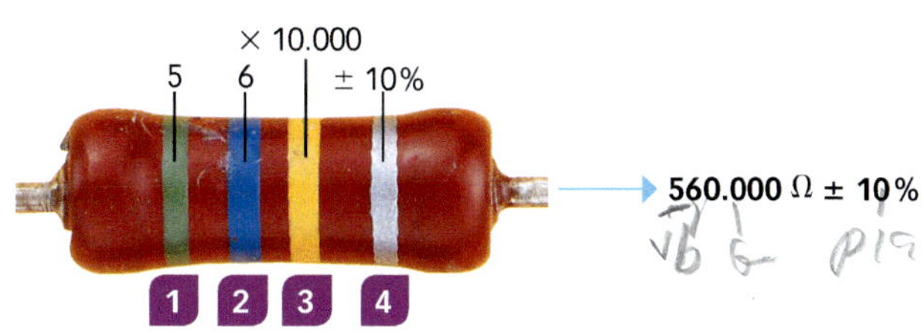

SABER FER

Muntar un circuit amb una resistència fixa

Si connectes una làmpada de 3 V a una pila de 9 V, la làmpada es fon. Per evitar-ho pots incloure una resistència en sèrie amb la bombeta perquè «es quedi» amb els 6 V que «sobren». Així, només arribaran 3 V a la làmpada.

Quin valor ha de tenir aquesta resistència? Com que la intensitat que circula per la làmpada és de 0,2 A, en ser un circuit en sèrie, la intensitat per la resistència també serà de 0,2 A. Aplicant la llei d'Ohm:

$$R = \frac{V}{I} \rightarrow R = \frac{6\ \text{V}}{0{,}2\ \text{A}} = 30\ \Omega$$

Comprova amb un polímetre que el voltatge a la làmpada no excedeix els 3 V després de col·locar en sèrie la resistència.

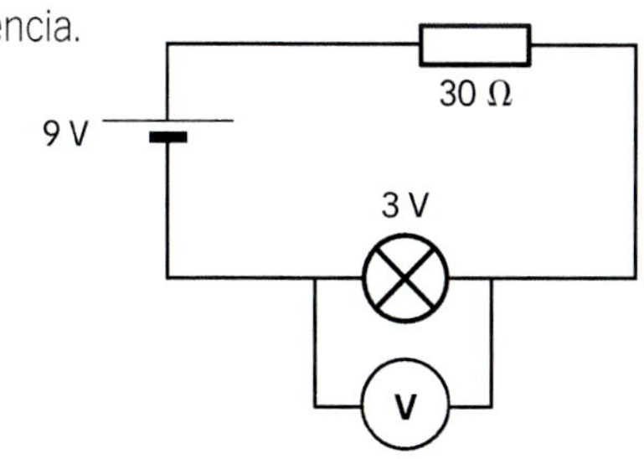

Resistències variables

Les **resistències variables** son resistents amb un valor que no és fix, sinó que pot variar entre certs valors. Hi ha diferents tipus de resistències variables. Vegem-ne la utilitat d'algunes.

Potenciòmetres o reòstats

Símbol d'un **potenciòmetre**.

Un **potenciòmetre** o **reòstat** és una resistència el valor de la qual podem modificar de forma senzilla. Per exemple, mitjançant una clavilla.

El valor de la resistència oscil·la entre un valor pròxim a 0 Ω i un valor màxim que apareix reflectit en el component.

SABER FER

Controlar la quantitat de llum emesa per una làmpada amb un potenciòmetre

Munta el circuit següent i observa com varia la quantitat de llum emesa per la bombeta en moure el potenciòmetre (reòstat).

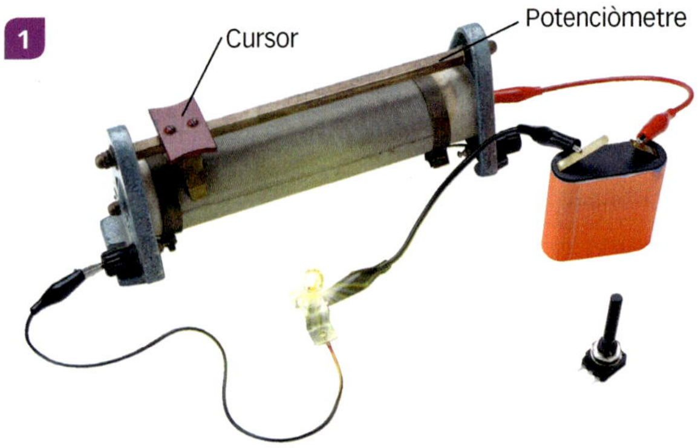

Quan selecciones la mínima resistència en el potenciòmetre circula la màxima intensitat de corrent pel circuit i la làmpada **lluïx molt**.

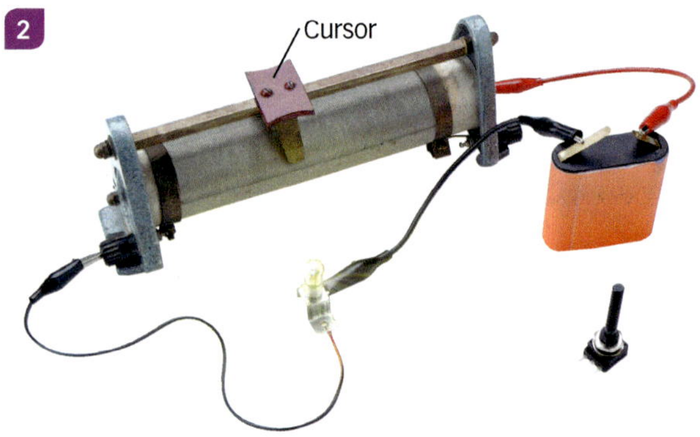

Si desplaces el cursor del potenciòmetre, augmenta la seva resistència i la intensitat que circula per la làmpada disminueix, per tant **lluïx menys**. Què passaria si continuessis desplaçant el cursor?

ACTIVITATS

3 Determina el valor en ohms de les resistències de la dreta en funció dels seus codis de colors.

4 Quins són els colors de les franges de les resistències següents si la seva tolerància és del 55 %?

a) 120 Ω. c) 820 Ω. e) 1,8 MΩ.

b) 470 Ω. d) 1 kΩ. f) 8,2 MΩ.

5 Quant val una resistència amb els colors marró-negre-verd-marró?

6 Connecta una pila en sèrie amb un potenciòmetre i un amperímetre i mesura la intensitat de corrent que circula en diverses posicions del potenciòmetre.

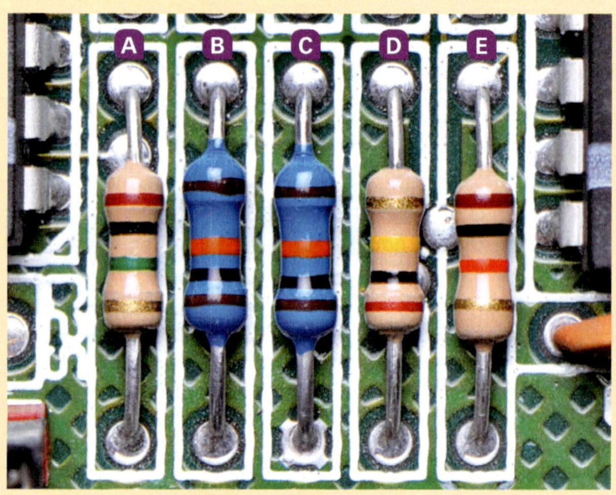

Resistències variables amb la llum: LDR

Una **resistència LDR** és una resistència el valor de la qual depèn de la quantitat de llum que li arriba.

El valor de les resistències LDR disminueix notablement quan augmenta la quantitat de llum que reben. Passa de milers d'ohms a tan sols unes desenes. Per aquest motiu s'utilitzen com a sensors o detectors de llum. Observa el dibuix.

- **De dia**, amb llum, la resistència LDR disminueix i augmenta la intensitat, cosa que activa el relé que obre el circuit i s'apaga el fanal.
- **De nit** succeeix el contrari: la resistència LDR augmenta, el relé està inactiu i el circuit de la làmpada es tanca.

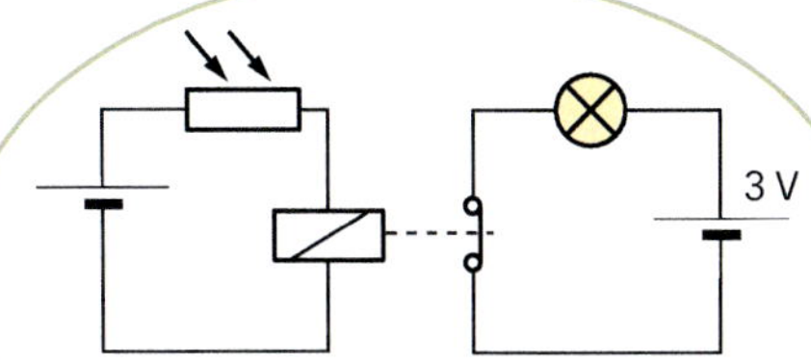

De nit. El circuit és tancat. La làmpada llueix.

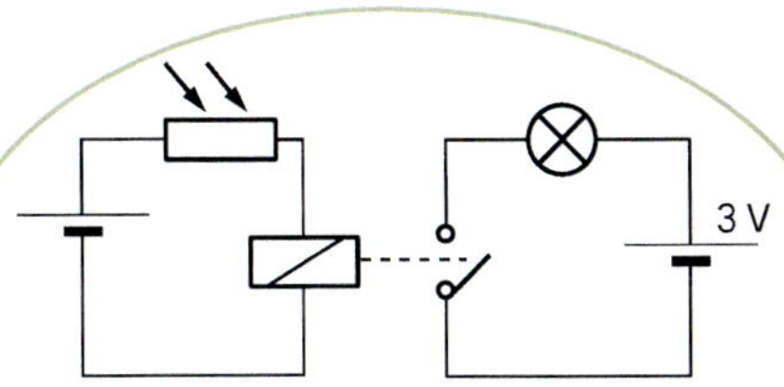

De dia. El circuit és obert. La làmpada no llueix.

? INTERPRETA LA IMATGE

- Per què s'encén el fanal on hi ha la gavina si és de dia?
- Et sembla lògic col·locar una resistència LDR en cada fanal?

Resistències variables amb la temperatura: NTC i PTC.

- **NTC**: si la temperatura **augmenta**, la resistència **disminueix**. $T\uparrow, R\downarrow$
- **PTC**: si la temperatura **augmenta**, la resistència **augmenta**. $T\uparrow, R\uparrow$

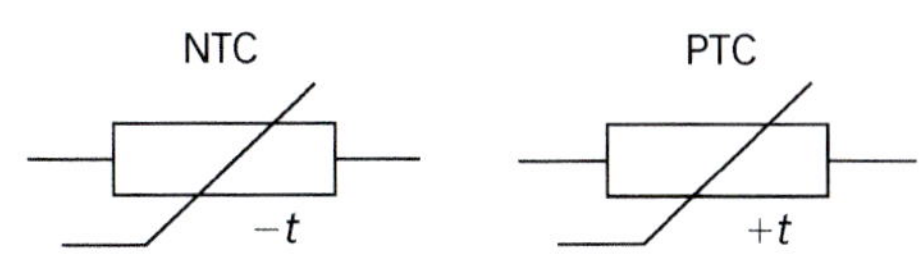

Símbols de resistències **NTC** i **PTC**.

Les resistències NTC i PTC s'utilitzen en sistemes automàtics de regulació de la temperatura. Són conegudes amb el nom de **termistors** perquè són sensibles als canvis de temperatura.

? INTERPRETA LA IMATGE

- Quin tipus de resistència és la de la fotografia, NTC o PTC?

SABER FER

Identificar resistències variables amb la temperatura

Comprova el valor d'una resistència variable amb la temperatura amb un polímetre.

1. Connecta la resistència als extrems d'un polímetre. Observa el que marca.
2. Després toca la resistència amb un soldador elèctric calent. Observa què passa.

Fes el mateix experiment amb un glaçó en comptes d'un soldador. Què passa?

1

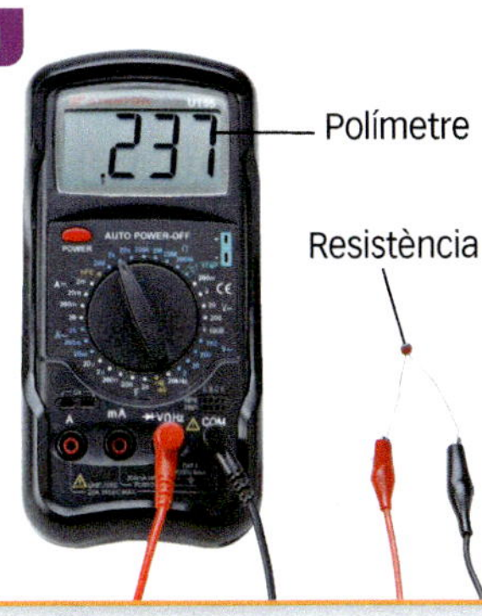

2

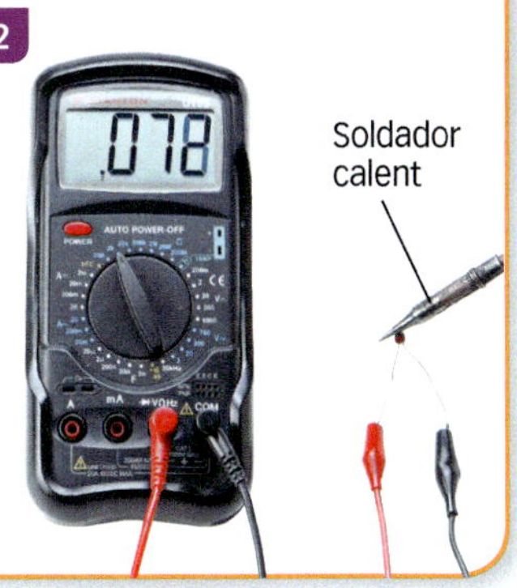

SABER FER

Soldar components d'un circuit

Observa en aquesta pàgina com soldar els components d'un circuit electrònic en una placa de circuit imprès.

1. En primer lloc introdueix els terminals dels components als forats.

2. Tot seguit preescalfa el terminal uns segons amb la punta del soldador.

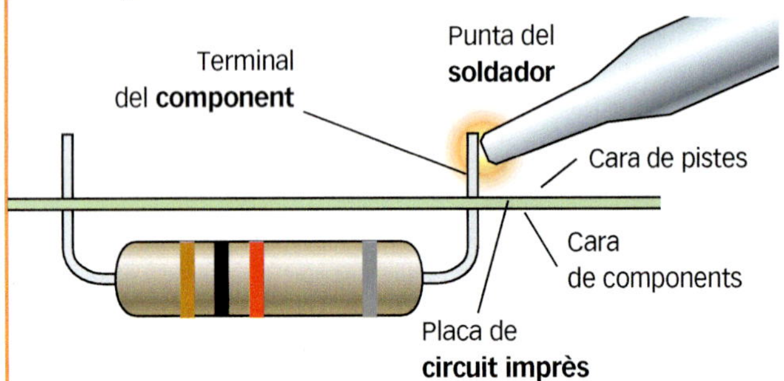

3. Apropa la bobina d'estany sense que toqui la punta del soldador. Amb la calor, el metall es fon ràpidament.

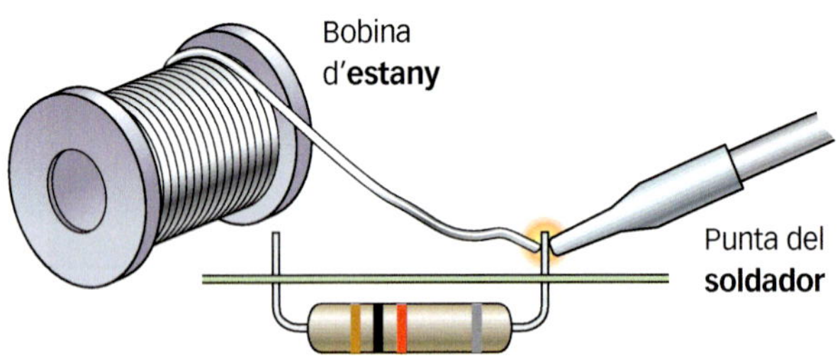

POSA ATENCIÓ

- El soldador treballa connectat a una tensió de 230 V.
- La punta del soldador assoleix uns 240 °C. Compte amb les cremades!
- Diposita el soldador en un suport estable sempre que no el facis servir.

4. Procura que la soldadura sigui més gruixuda per la base, és a dir, que tingui forma de **con**.

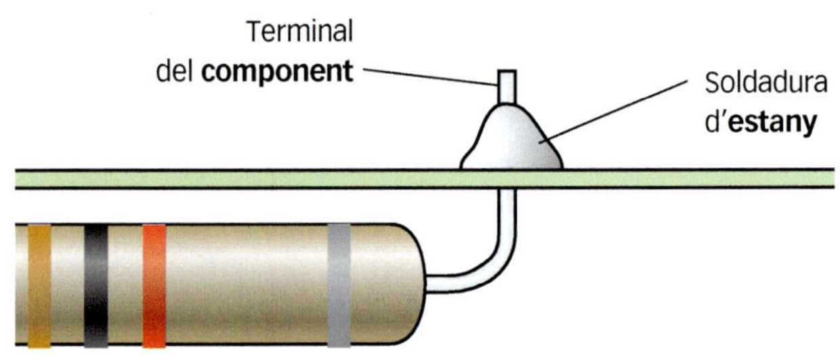

5. Quan la soldadura es refredi ha de quedar brillant (feta en calent). Si és mat, la soldadura és de mala qualitat i pot ocasionar errors en el funcionament del circuit.

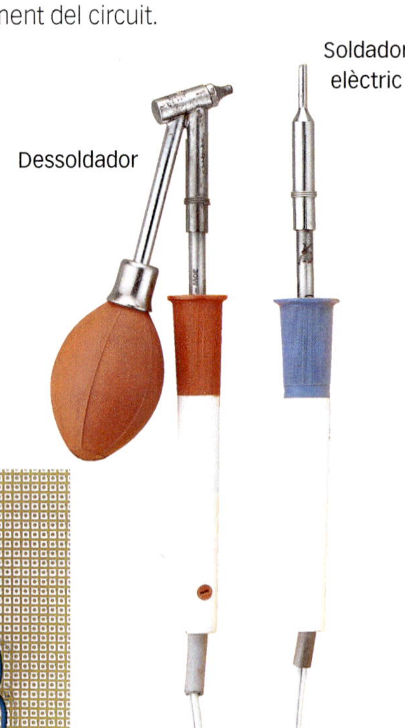

Muntar un circuit electrònic

Al taller es poden utilitzar les **plaques perforades** o **Protoboard**. S'insereixen els terminals dels cables i les gafes dels components als forats.

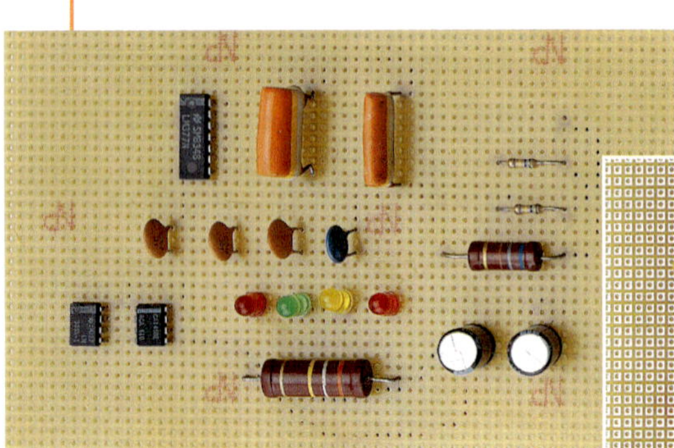

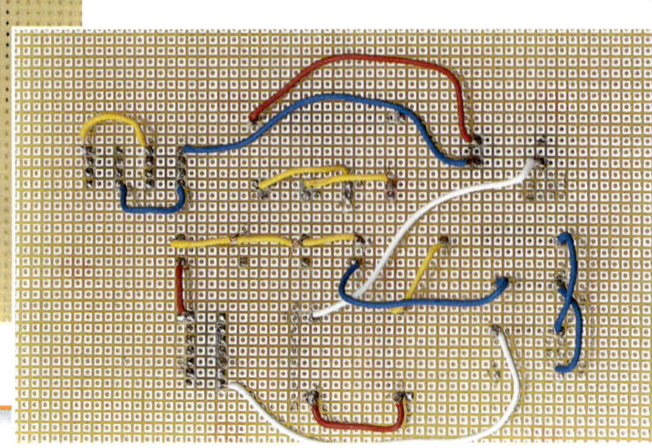

3 Condensadors

Els **condensadors** permeten emmagatzemar càrregues elèctriques i utilitzar-les quan calgui.

Estan formats per dues plaques metàl·liques enfrontades que estan separades per un material aïllant (dielèctric). A cada placa se li uneix un terminal per a la connexió del circuit.

La relació entre la càrrega elèctrica que emmagatzema un condensador i el voltatge a què està sotmès s'anomena **capacitat**.

$$C = \frac{q}{V}$$

- C: capacitat. Es mesura en farads (F).
- q: càrrega. Es mesura en coulombs (C).
- V: voltatge. Es mesura en volts (V).

En el SI la unitat de capacitat és el farad (F). Altres unitats de capacitat són:

- Milifarad → 1 mF = 10^{-3} F.
- Microfarad → 1μF = 10^{-6} F.
- Nanofarad → 1 nF = 10^{-9} F.
- Picofarad → 1 pF = 10^{-12} F.

Bàsicament s'utilitzen dos tipus de condensadors: els ceràmics i els electrolítics. Sobre la seva superfície els condensadors hi porten indicat la capacitat i el voltatge màxims que poden suportar.

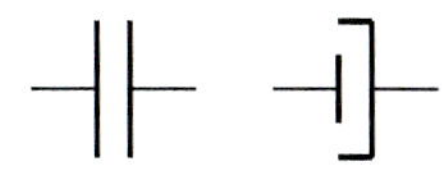

Símbols de condensadors. El símbol de la dreta és d'un condensador electrolític. El pol positiu de la pila s'ha d'unir amb el pol positiu del condensador, i el negatiu de la pila, amb el negatiu del condensador.

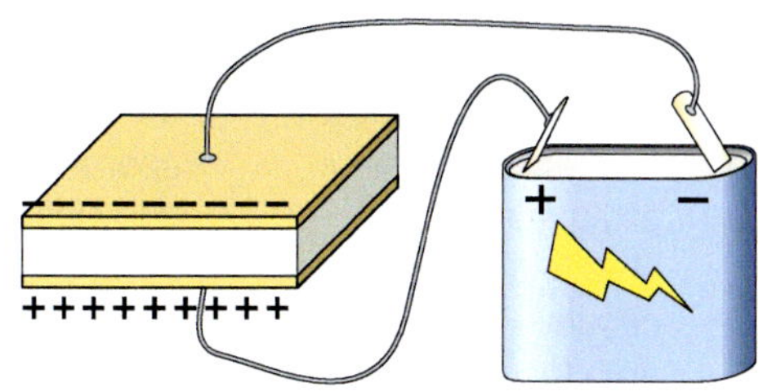

Connexió d'un condensador a una pila. Cada placa metàl·lica es connecta a un born o pol de la pila.

SABER FER

Usar condensadors en joguines

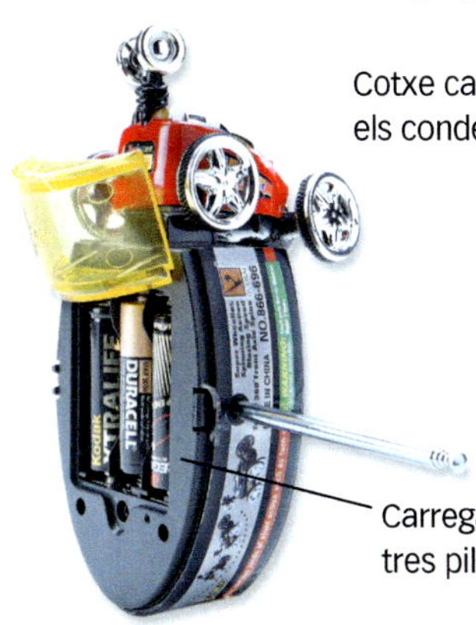

Quan les joguines són petites, les piles ocupen massa espai. En aquest cas és molt útil l'ús de condensadors.

Les piles carreguen els condensadors del cotxe i aquests proporcionen l'energia suficient perquè es mogui.

ACTIVITATS

7 Observa la imatge del condensador de la dreta i respon.

a) Quina és la capacitat?

b) Quina és la càrrega màxima que pot emmagatzemar si es connecta a una pila de 4,5 V?

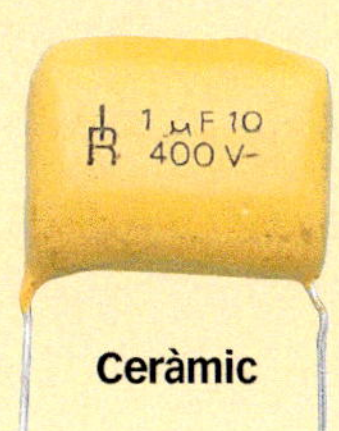

Ceràmic

POSA ATENCIÓ

No toquis mai els terminals d'un condensador. Si està carregat, pots rebre una forta descàrrega.

4 Semiconductors i díodes

SABER-NE MÉS

Semiconductors de tipus P i de tipus N

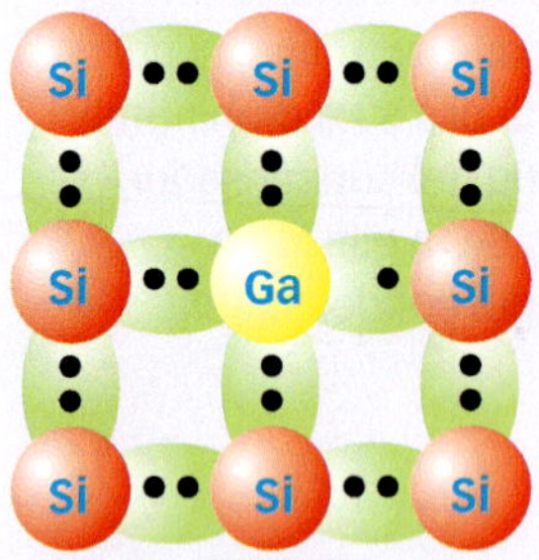

Semiconductor de tipus P. Al dopant li falten electrons, així que es creen «buits» que permeten circular els electrons amb facilitat (solen ser bor, gal·li, indi).

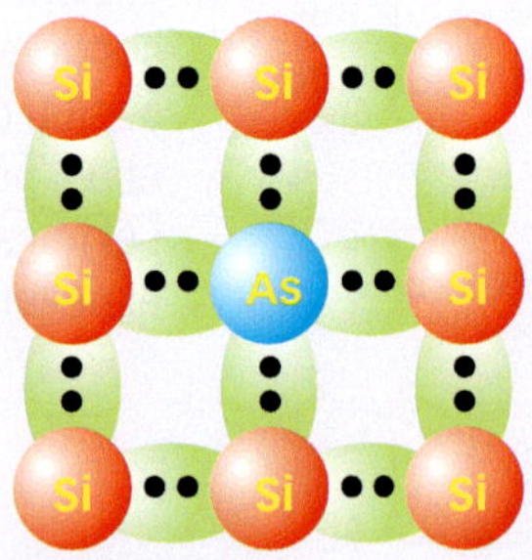

Semiconductor de tipus N. El dopant aporta electrons que ajuden a millorar la conducció elèctrica (solen ser fòsfor, arsènic o antimoni).

Semiconductors

Els metalls com el coure o l'alumini són bons conductors del corrent elèctric. Altres materials, com la fusta, no condueixen el corrent. Hi ha, però, casos intermedis: els materials semiconductors.

Un **material semiconductor** és aquell que pot conduir el corrent elèctric en determinades condicions.

El silici i el germani són dos semiconductors. Normalment els semiconductors són aïllants, però si apliquem un voltatge entre els seus extrems o n'augmentem la temperatura, comencen a conduir l'electricitat.

Per millorar les propietats dels semiconductors aquests són sotmesos a un procés d'impurificació o **dopatge**, afegint-los àtoms d'altres substàncies. Segons la impuresa, els semiconductors poden ser de tipus P o de tipus N.

Díodes

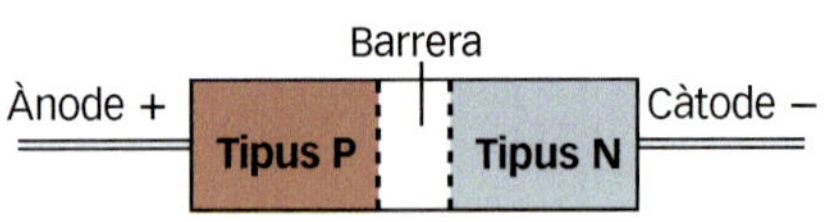

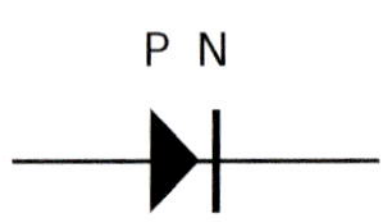

Símbol d'un díode.

Un **díode** és un component que s'obté en unir un semiconductor P amb un N.

Anomenem **ànode** el terminal connectat al material P, i **càtode** el connectat al material N. En unir aquests dos materials, alguns electrons del material N salten als buits del material P i creen una barrera que impedeix que altres electrons vagin de N a P. Com es pot eliminar aquesta barrera? Fixa-t'hi:

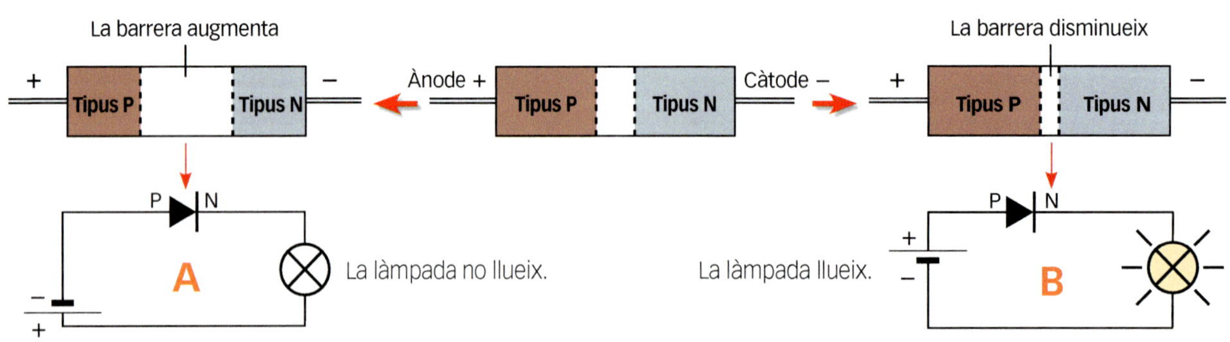

Si connectem el pol negatiu de la pila al semiconductor P i el positiu de la pila al semiconductor N, la barrera augmenta i el díode no condueix. Es comporta com un aïllant. **La làmpada no lluieix**.

Si connectem el pol positiu d'una pila al semiconductor P i el negatiu al semiconductor N, la barrera es redueix i el díode esdevé conductor. **La làmpada lluieix**.

El díode LED

Un **díode LED** és un díode que emet una petita quantitat de llum quan el corrent elèctric hi circula.

El díode LED agafa el seu nom de l'expressió ***L**ight **E**mitting **D**iode*, que significa díode **emissor de llum**. El seu comportament és el mateix que el dels díodes, és a dir, esdevé conductor quan està directament polaritzat.

El voltatge necessari perquè esdevingui conductor és més gran que en un díode normal, aproximadament d'uns 2 V. La intensitat de corrent que hi circula sol ser d'uns 20 mA.

La seva potència és molt petita. En aquest cas:

$$P = V \cdot I = 2\ \text{V} \cdot 0{,}02\ \text{A} = 0{,}04\ \text{W}$$

Els díodes LED tenen múltiples aplicacions a causa del seu baix consum energètic. S'utilitzen en equips de música, televisors, ordinadors i altres aparells electrònics. En els darrers anys s'han començat a usar làmpades LED, molt més eficients que les làmpades d'incandescència i que les fluorescents de baix consum. A mesura que en vagi disminuint el preu, el seu ús s'anirà generalitzant.

Com que els díodes LED consumeixen molt poca energia, sovint els aparells electrònics mostren algun LED il·luminat (vermell, verd o blau) encara que l'aparell no estigui en funcionament (mode repòs o *standby*). No obstant això, molts aparells en repòs durant moltes hores sí que ocasionen un consum apreciable d'energia. Per això és aconsellable apagar per complet els aparells electrònics usant un interruptor o desconnectant-los de la xarxa elèctrica.

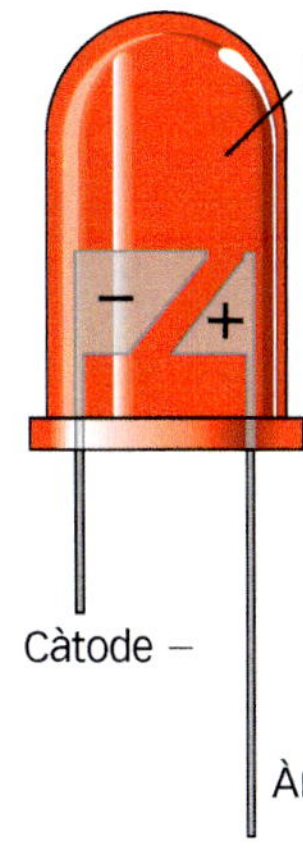

Esquema d'un díode LED.

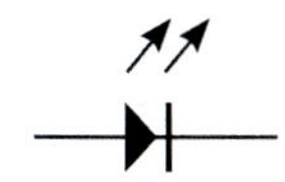
Símbol d'un díode LED.

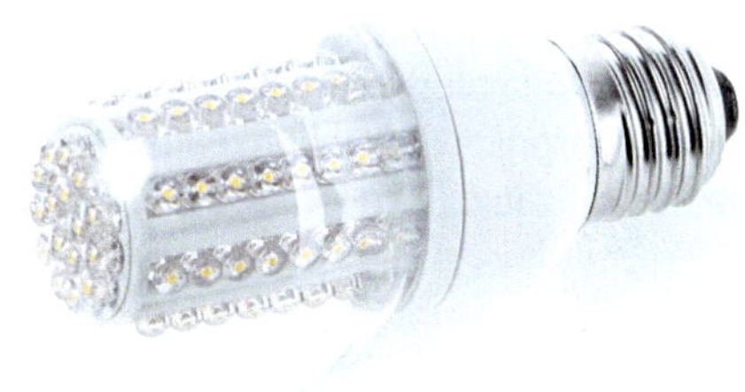
Les **làmpades de LED** són molt més eficients que les de fluorescents de baix consum, però també són més cares.

SABER FER

Muntar un circuit amb un díode LED i una resistència

Un circuit elèctric senzill pot estar format per una pila, un díode LED i un interruptor. Tot i això, quan connectis un díode LED a un circuit sempre cal afegir una **resistència en sèrie amb el díode**. Per què? Perquè la resistència provoca una disminució en la intensitat que recorre el circuit i evita així que el díode s'espatlli.

El valor de la resistència depèn de la tensió del circuit i de les característiques del díode LED. Per calcular-lo aplica la llei d'Ohm al circuit. En el circuit de la figura:

- El voltatge de la pila és $V = 6$ V.
- La intensitat de funcionament del díode LED és $I = 20$ mA $= 0{,}02$ A.
- La tensió del díode LED és $V = 2$ V.

Has de calcular el valor de la resistència, anomenada **resistència de polarització**, R. Com que es tracta d'un circuit en sèrie, el voltatge a la resistència serà:

$$V_R = V - V_D = 6\ \text{V} - 2\ \text{V} = 4\ \text{V}$$

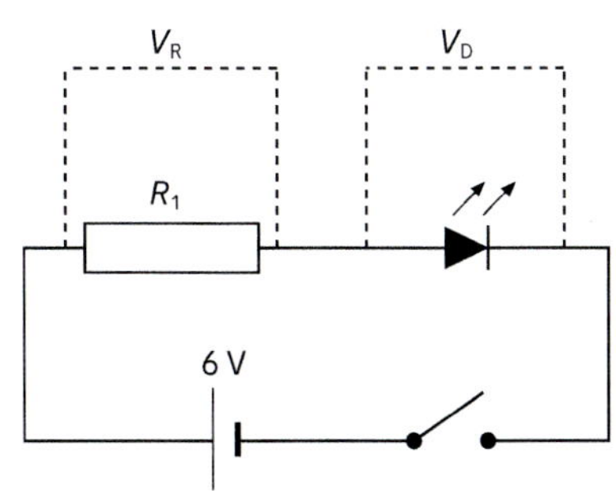

En un circuit en sèrie la intensitat que circula pel díode és la mateixa que la que circula per la resistència, R; per tant:

$$I = 0{,}02\ \text{A}$$

Si apliques la llei d'Ohm a la resistència, tens:

$$R = \frac{V_R}{I} = \frac{4\ \text{V}}{0{,}02\ \text{A}} = 200\ \Omega$$

Com que en el mercat no es poden trobar resistències de qualsevol valor, has d'escollir la resistència més propera a la calculada, que és de 220 Ω.

El transistor va ser inventat el 1947 per **John Bardeen** (dreta), **Walter Houser Brattain** (esquerra) i **William Bradford Shockley**, treballadors que volien augmentar la fiabilitat i la qualitat de la veu en les trucades de llarga distància. No s'imaginaven l'enorme transcendència que va tenir per al desenvolupament posterior de l'electrònica i les tecnologies de la comunicació.

5 Transistors

El senyal rebut per una antena de televisió o ràdio és molt feble. I no és capaç de fer funcionar un altaveu o produir una imatge. Per arreglar-ho i amplificar el senyal es van utilitzar vàlvules durant la primera meitat del segle XX. Són components d'aspecte semblant a una làmpada amb un filament. Però consumien molta energia, el filament es cremava al cap de cert temps i ocupaven molt espai. El transistor va solucionar tots aquests problemes.

Un **transistor** és un component emprat per controlar i amplificar el pas del corrent per un circuit electrònic.

El transistor és, sens dubte, el component electrònic més important i el més utilitzat. Es fa servir en gairebé tots els aparells electrònics. Està format per tres capes de material semiconductor en què es col·loquen tres terminals i després s'encapsulen perquè es puguin muntar en un circuit. Els terminals en els transistors s'anomenen **col·lector**, **base** i **emissor**.

Segons les capes de semiconductor que s'utilitzin podem obtenir dos tipus diferents de transistors: **transistor NPN** i **transistor PNP**.

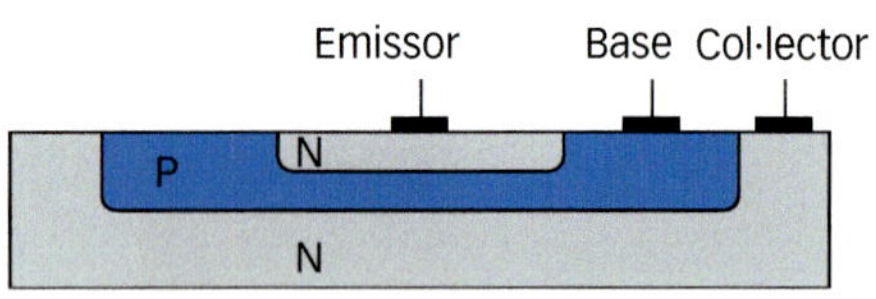

Estructura d'un transistor NPN. Podem considerar un transistor com la **unió de dos díodes**: l'un format per la unió emissor-base i l'altre format per la unió col·lector-base.

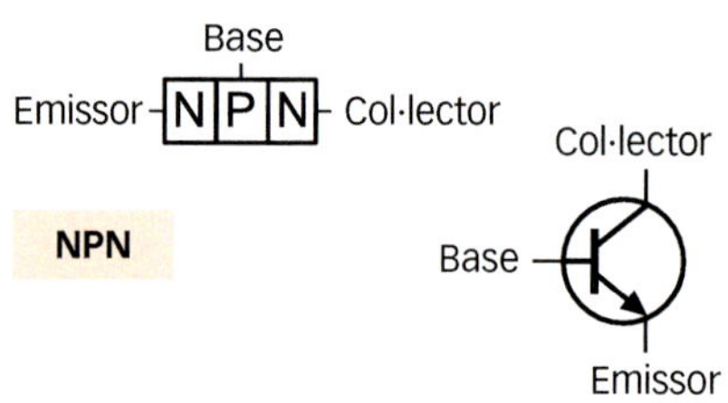

Símbol d'un transistor NPN.

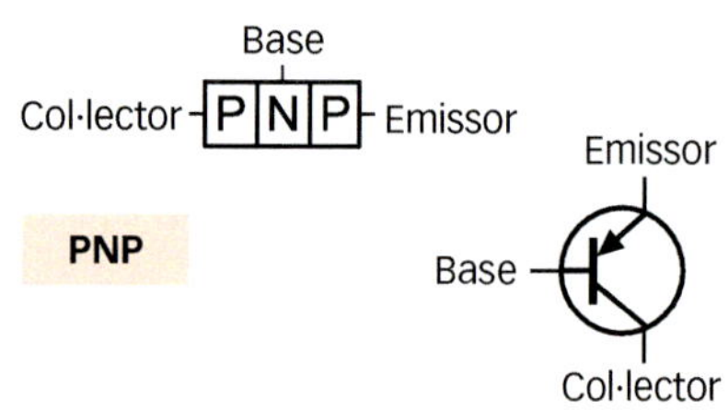

Símbol d'un transistor PNP.

Observa a l'esquema com circula el corrent elèctric pels terminals d'un transistor NPN:

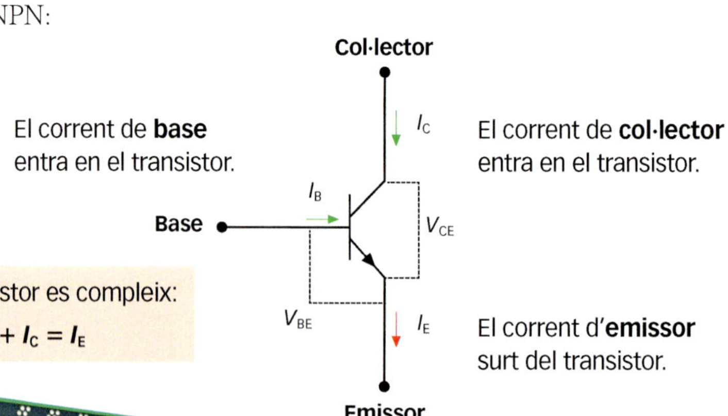

En el transistor es compleix:

$$I_B + I_C = I_E$$

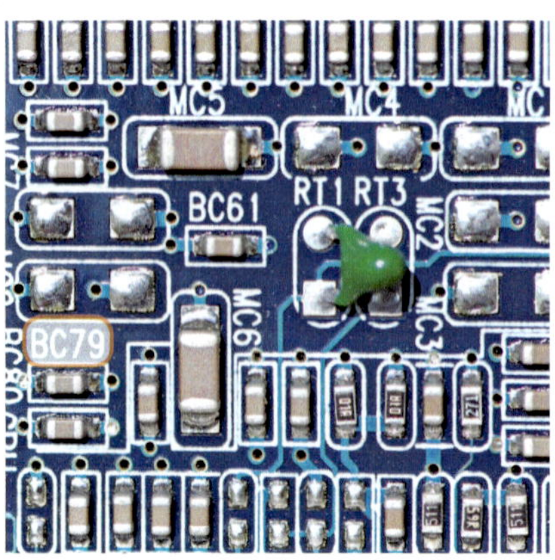

En alguns circuits els transistors s'identifiquen amb el nom.

En molts components electrònics hi ha minúsculs transistors. En un **microprocessador** modern, per exemple, hi ha més de 1.000 milions de transistors.

Funcionament d'un transistor com a interruptor

Perquè un transistor funcioni com un interruptor obert o tancat cal que circuli o no circuli corrent entre el col·lector i l'emissor.

En tots dos casos s'intercalen dues resistències per limitar la quantitat de corrent que circula per la base i el col·lector, i que s'anomenen:

- R_B: resistència de base.
- R_C: resistència de càrrega.

Com a interruptor obert (zona de tall)

Zona de tall.
Si R_B és molt gran, $I_B = 0 \rightarrow$ no deixa passar corrent entre col·lector i emissor. No hi circula corrent, per la base.

El transistor es comporta com un interruptor obert.

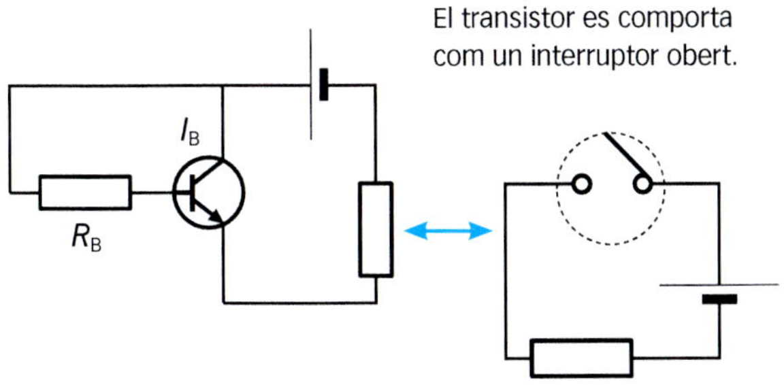

Model hidràulic

Zona de tall.
Si no cau aigua per la base, el circuit és obert i no hi circula aigua.

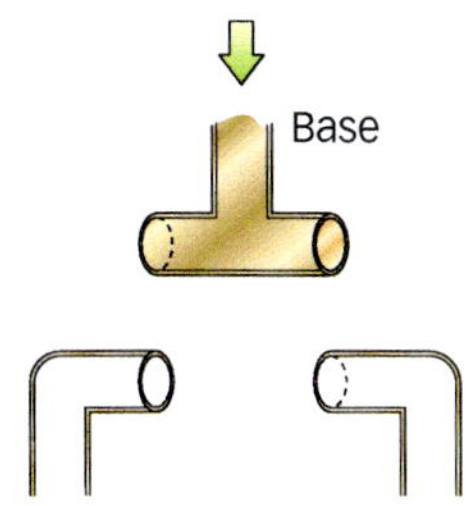

Com a interruptor tancat (zona activa)

Zona activa. Si R_B disminueix, I_B augmenta i permet passar corrent entre col·lector i emissor. El corrent al col·lector serà:

$$I_C = \beta \cdot I_B$$

El transistor es comporta com un interruptor tancat.

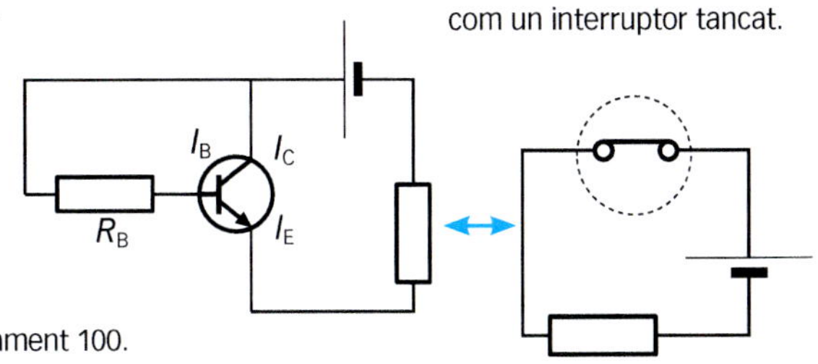

β: **guany de corrent**.
El seu valor és d'aproximadament 100.

Zona de saturació. Si augmentem progressivament el valor d'intensitat a la base, arriba un moment en què la intensitat del col·lector no continua augmentant. El transistor es comporta aleshores com un interruptor tancat.

Model hidràulic

Zona activa. Entra una mica d'aigua per la zona base, aquesta «cau» i permet passar part del cabal del col·lector a l'emissor.

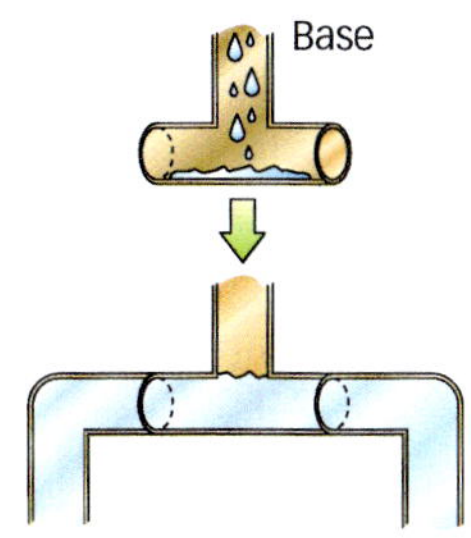

Característiques tècniques d'alguns transistors NPN

	BC549	BD135	2N3055
$I_{C\ màx.}$ (A)	0,1	0,5	15
β	240	40-250	20-70
Preu (€)	0,05	0,25	0,90

Al taller de Tecnologia és habitual usar el transistor **BD135**. Suporta una intensitat de col·lector de 0,5 A sense cremar-se i admet pics d'intensitat de fins a 1,5 A. El **2N3055** pot suportar intensitats més grans, però és més car.

El transistor (esquerra) va substituir les vàlvules de tub (dreta) en els circuits.

ACTIVITATS

8 Explica amb les teves paraules com funciona un transistor.

9 Per què creus que els aparells de ràdio petits s'anomenen transistors?

? INTERPRETA LA IMATGE

- Quins avantatges presenta l'ús de transistors enfront de les vàlvules?
- Quins aparells s'han desenvolupat gràcies a aquests avantatges?

SABER FER

Usar un transistor com a interruptor per a una alarma d'incendis

Observa com pots construir una senzilla **alarma d'incendis**. El circuit inclou:

- Una pila.
- Una resistència de 1.000 Ω = 1 kΩ.
- Un transistor NPN.
- Un potenciòmetre.
- Una làmpada.
- Una resistència NTC (el seu valor disminueix si la temperatura augmenta).

Observa ara què passa en el circuit. A temperatura ambient el corrent per la base del transistor és pràcticament nul i el transistor es troba **en tall**; per tant, no condueix corrent i la làmpada no llueix. Actua com un **interruptor obert**.

Circuit 1

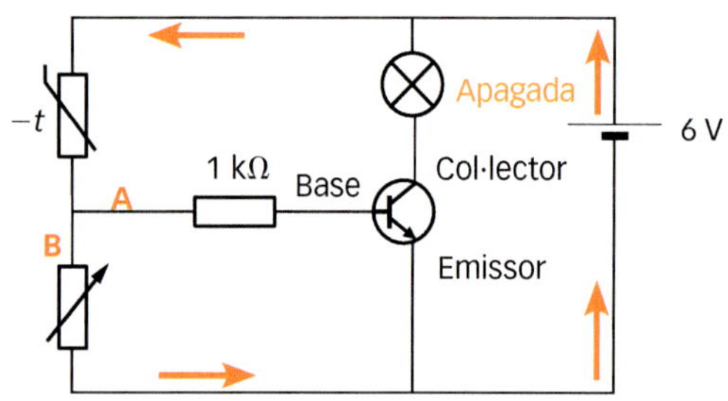

A mesura que augmenta la temperatura a la NTC, la seva resistència disminueix. Com a conseqüència, augmenta el corrent en el circuit emissor-col·lector i el transistor permet el pas de corrent com si fos un **interruptor tancat**: la làmpada llueix.

Circuit 2

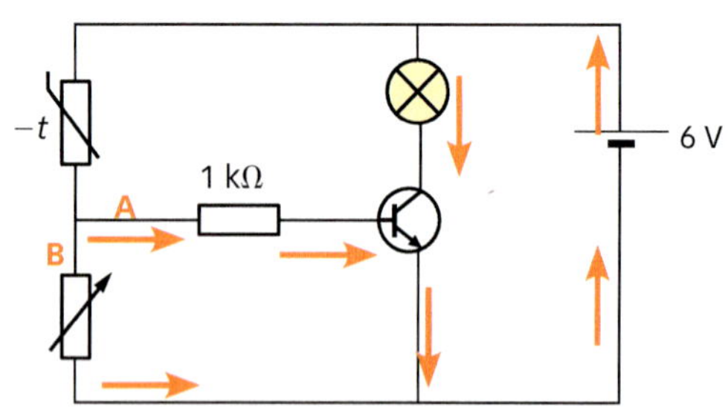

Si mires les propietats dels transistors, veuràs que comencen a conduir quan el voltatge entre la base i l'emissor és d'uns 0,7 V.

Per a què serveix el potenciòmetre?

La resposta és senzilla. Observa la bifurcació entre el potenciòmetre i la resistència d'1 kΩ.

Per quin camí intenta anar el corrent, per A o per B? Sempre per aquell que li resulti més fàcil.

Si la resistència del potenciòmetre és propera a 0 Ω, la major part del corrent travessarà el potenciòmetre, per tant gairebé no arribarà corrent a la base i no s'encendrà la làmpada. És a dir, el corrent anirà pel camí B.

Circuit 3

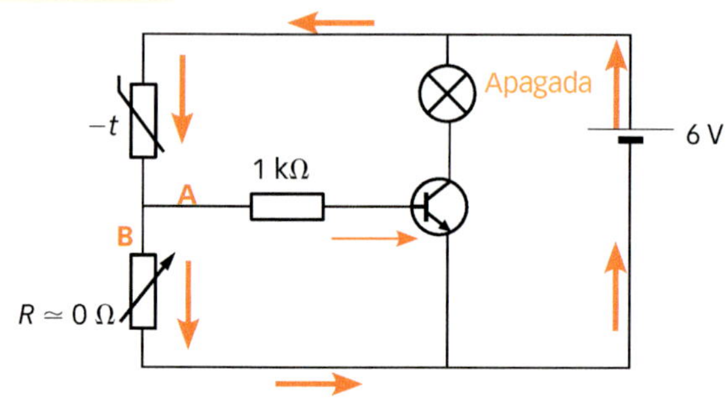

Però si la resistència en el potenciòmetre és molt elevada, gairebé tot el corrent anirà cap a la base (camí A) i s'encendrà la làmpada. D'aquesta manera podem regular la temperatura a la qual volem que ens avisi la nostra alarma.

Circuit 4

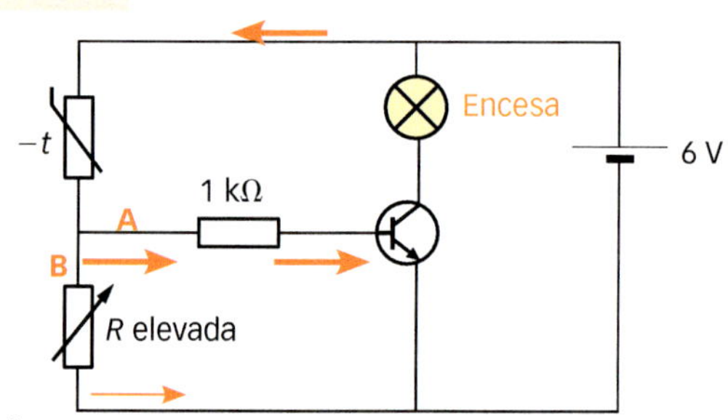

És a dir:

- Si $R_{\text{Potenciòmetre}}$ es troba propera a 0 la làmpada no s'encendrà.
- En elevar $R_{\text{Potenciòmetre}}$ s'encendrà en funció de la temperatura. Com més alta sigui $R_{\text{Potenciòmetre}}$, més baixa serà la temperatura a la qual s'encengui la làmpada.

Per què hi ha una resistència d'1 kΩ al circuit?

Si la intensitat de corrent a la base fos molt alta, es destruiria el transistor. Aquesta resistència el protegeix.

Si busquem al full de característiques (*datasheet*) de qualsevol model de transistor, hi trobarem els corrents i voltatges màxims que poden circular per les seves gafes sense que es trenquin.

6 Circuits integrats

Els circuits que has vist fins ara són discrets. Què vol dir això? Doncs que s'utilitzen components separats: resistències, díodes o transistors i es connecten entre ells.

> El circuit **integrat** o **xip** és un circuit en què tots els seus components es connecten els uns amb els altres durant el procés de fabricació del circuit.

El primer circuit integrat va ser desenvolupat el 1958 per **Jack Kilby**. Va suposar un avenç tan important que, tal com havia passat amb els inventors del transistor, a Kilby li van concedir el **Premi Nobel de Física**, tot i que amb un cert retard, l'any 2000.

Aquest circuit integrat tenia un únic transistor juntament amb altres components passius, d'una mida similar al d'una moneda d'euro. No obstant això, els xips actuals incorporen milions de transistors en una mida similar. Això obliga a treballar cada vegada amb mides més petites, fins i tot inferiors a una mil·lèsima de mil·límetre (unes vint vegades més fi que un cabell). Per consegüent, per fabricar els actuals circuits integrats calen equips especials. T'imagines quantes pistes podrien quedar en curtcircuit per un bri de pols?

En els circuits integrats s'hi agrupen molts components electrònics que compleixen una funció, com ara amplificar un senyal, en un espai molt més petit que el que ocupa un circuit discret. Per això és permesa la fabricació d'aparells electrònics de mida reduïda, com ara un telèfon mòbil.

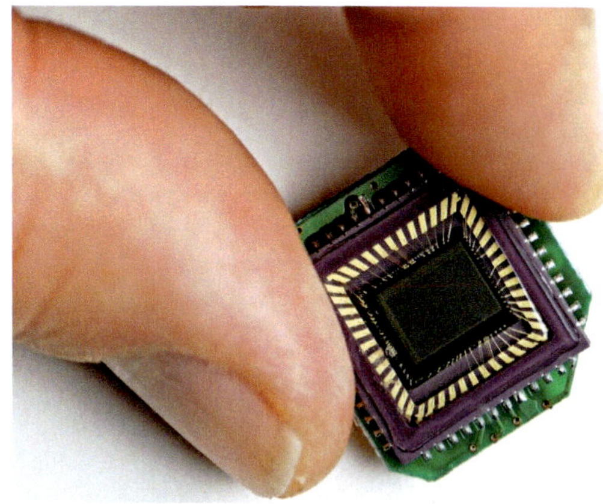

Circuit integrat que forma el sensor d'una càmera fotogràfica. La mida reduïda del circuit permet elaborar aparells electrònics «de butxaca».

Fabricació d'un circuit integrat.

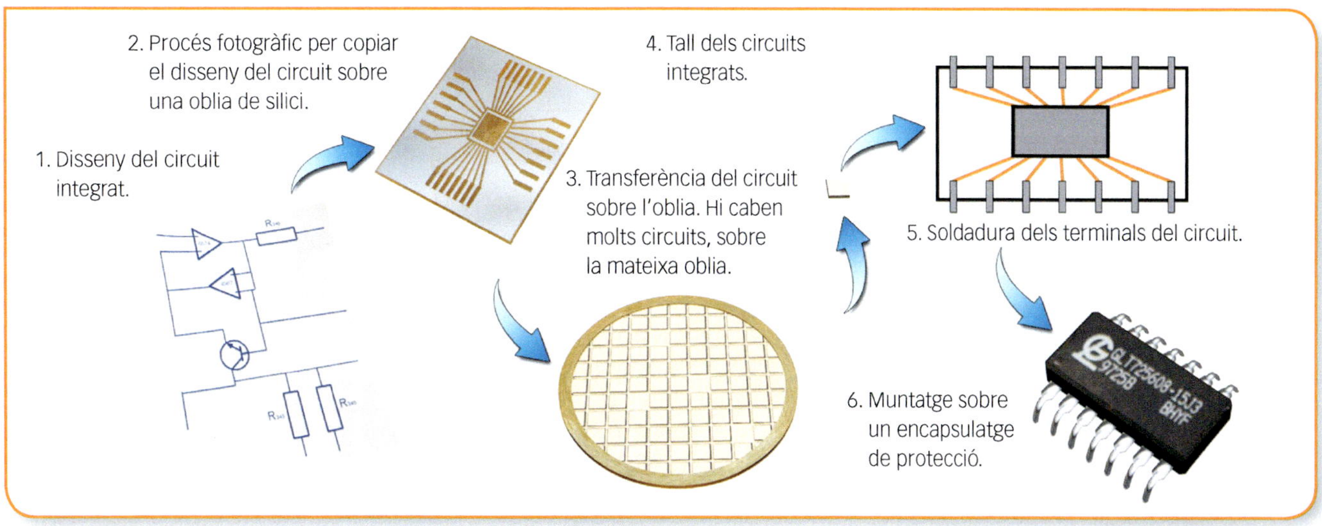

ACTIVITATS

10 Quina és la principal diferència respecte al procés de fabricació entre un circuit electrònic discret i un circuit integrat?

11 Per què calen equips molt sofisticats per elaborar els circuits integrats?

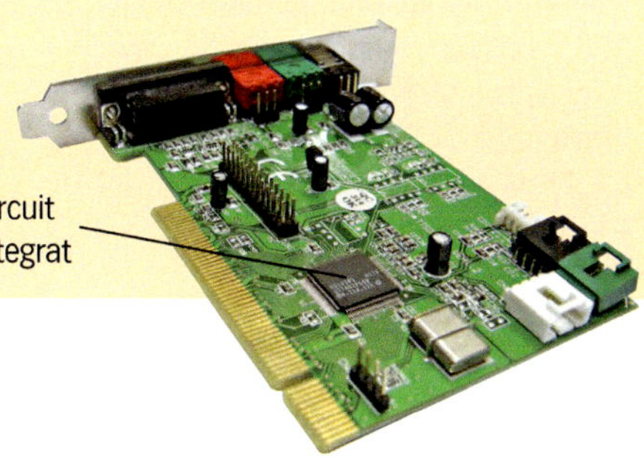

7 Una aplicació de l'electrònica: els robots

Un **robot** és una màquina capaç de captar informació del seu entorn i actuar en funció de les dades que rep.

L'ús de robots controlats mitjançant programari és essencial en la indústria. Hi ha nombrosos processos en què la intervenció humana és molt arriscada o en què es requereix una precisió extrema. Per això s'utilitzen mecanismes robotitzats que realitzen les tasques en lloc de les persones.

Centrals nuclears. La càrrega d'urani enriquit que s'hi duu a terme es fa mitjançant la seva manipulació amb mecanismes robotitzats.

Enginyeria de precisió. Cap ésser humà, per més hàbil que fos, podria fer a mà les soldadures microscòpiques dels circuits impresos.

Exploració espacial. S'han enviat sondes i robots per explorar altres planetes.

Els components d'un robot

La missió del **sistema mecànic** és moure les diferents parts del robot en funció de les ordres rebudes del sistema de control.

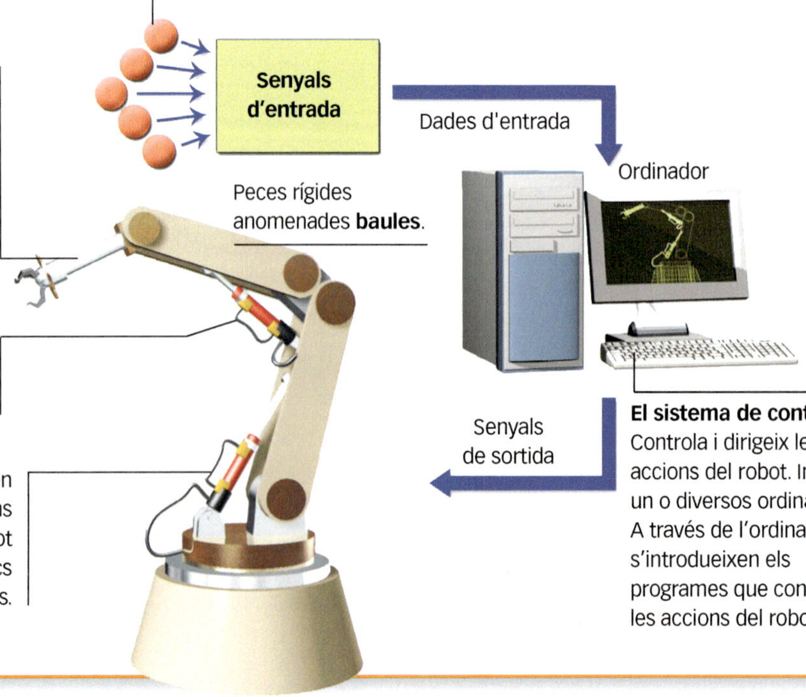

Sensors. Obtenen informació de l'entorn i proporcionen les dades al sistema de control. Poden ser càmeres, detectors acústics, de temperatura, d'humitat, de moviment...

Eina. És la part del robot encarregada finalment de fer la feina. Per exemple, en una cadena de muntatge d'automòbils, l'eina pot ser un tornavís, un soldador, una pistola amb pintura...

Articulacions. Són els elements que serveixen d'unió entre dues peces rígides.

Actuadors. Transmeten el moviment a les articulacions del robot. El moviment del robot pot estar produït per cilindres pneumàtics o hidràulics, o per motors elèctrics.

El sistema de control. Controla i dirigeix les accions del robot. Inclou un o diversos ordinadors. A través de l'ordinador s'introdueixen els programes que controlen les accions del robot.

8 Simuladors de circuits

L'electrònica també s'ha beneficiat de l'arribada dels ordinadors. Els **simuladors de circuits** són aplicacions que permeten comprovar el funcionament d'un circuit elèctric o electrònic sense muntar-lo prèviament. Tenen molts avantatges. Amb ells:

- Augmentem la rapidesa a l'hora de dissenyar un circuit. Si algun component no està ben connectat, ho sabrem abans de muntar-lo.
- Evitem el deteriorament d'alguns components. Si muntem un circuit que fondrà una bombeta, ho sabrem abans de cremar-la.
- Resulta molt fàcil modificar el disseny d'un circuit.
- Podem generar gràfics que mostren com varia alguna magnitud física quan accionem un interruptor, per exemple.

SABER-NE MÉS

Yenka Electronics

És un excel·lent simulador de circuits.

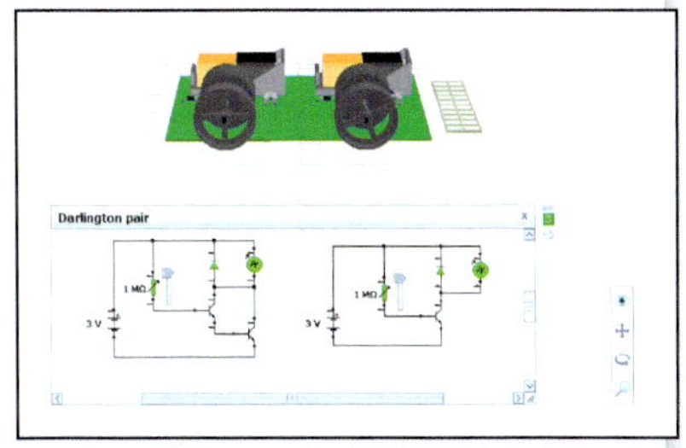

Per baixar-ne una versió de prova: http://www.yenka.com

SABER FER

Muntar un circuit amb un simulador

Per simular el comportament d'un circuit:

1. Tria els components i arrossega'ls fins a l'àrea de treball.
2. Rota els elements de manera que quedin tal com es connectaran en el circuit.
3. Uneix els components amb fils conductors. N'hi ha prou de fer clic en un dels seus contactes i després fer clic en una altra part del circuit (un altre contacte d'un altre component, per exemple).
4. Tria els valors per a cada component.
   - Voltatge del generador.
   - Resistència, capacitat, etc. Posa atenció a les unitats.
   - Tipus de díode, transistor, etc.

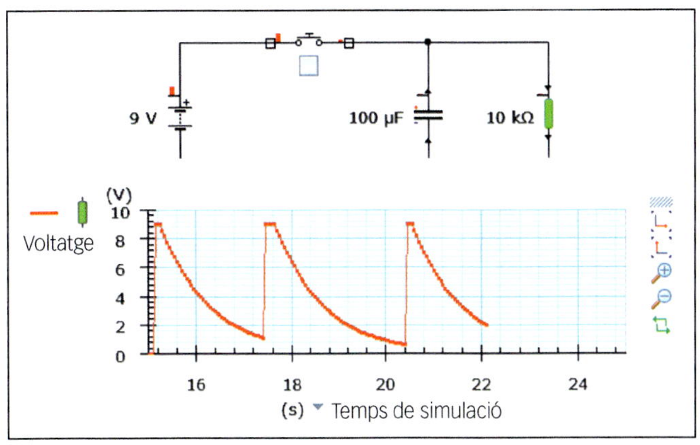

5. Acciona l'interruptor. Si hi ha aparells de mesura, mostraran el valor corresponent. Les làmpades lluiran, els motors giraran, etc.

ACTIVITATS

12 Utilitza un simulador per muntar aquests circuits. Què passa en accionar l'interruptor del circuit A prement-hi damunt amb el ratolí? I en variar la resistència del potenciòmetre a B?

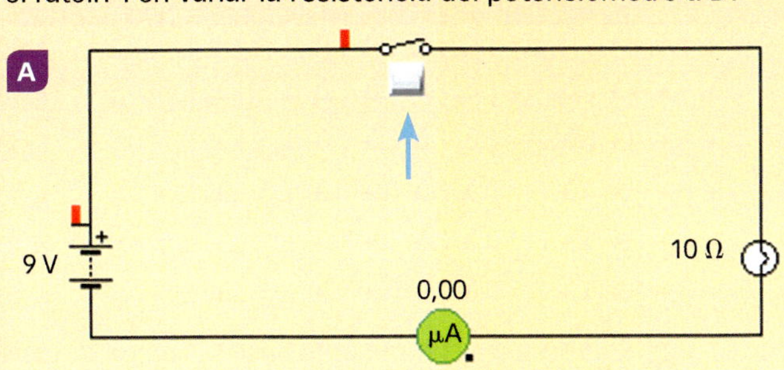

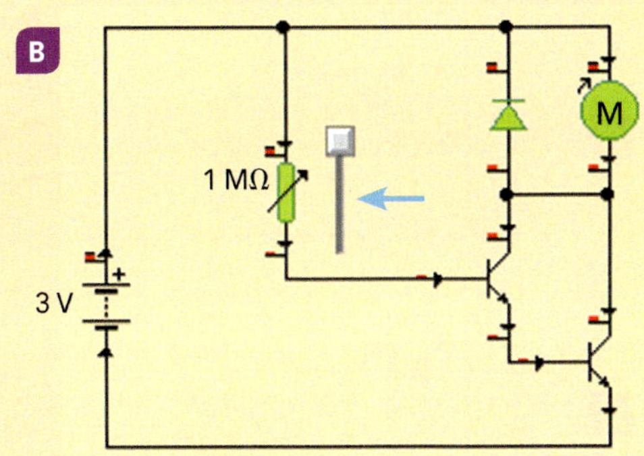

REPASSA EL QUE ÉS ESSENCIAL

13 Fes un dibuix dels components que tens al quadern i escriu el nom al costat de cadascun.

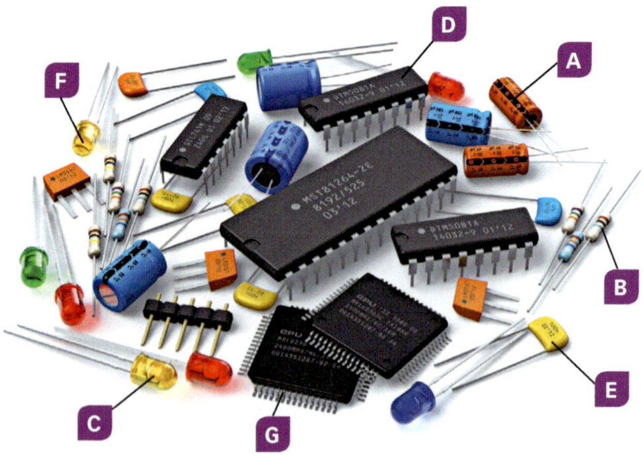

14 Observa la il·lustració i indica el valor de cadascuna de les resistències representades.

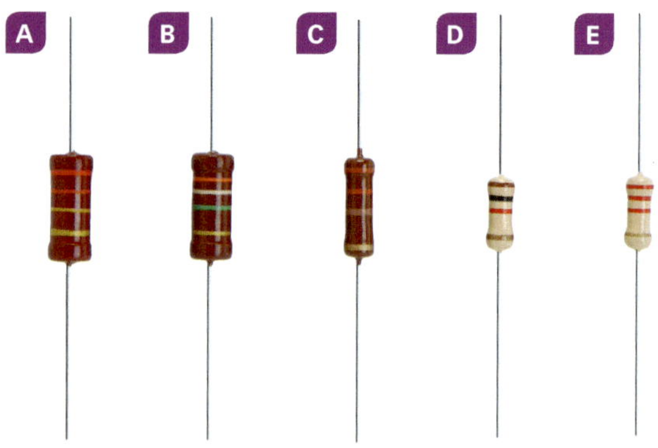

15 Copia i completa les frases al teu quadern.

a) El valor d'una resistència ______________ canvia quan es modifica la quantitat de llum que incideix sobre aquesta.

b) El valor d'una resistència ______________ augmenta quan augmenta la temperatura.

c) El valor d'una resistència ______________ disminueix quan augmenta la temperatura.

16 Explica la diferència entre aquests dos circuits.

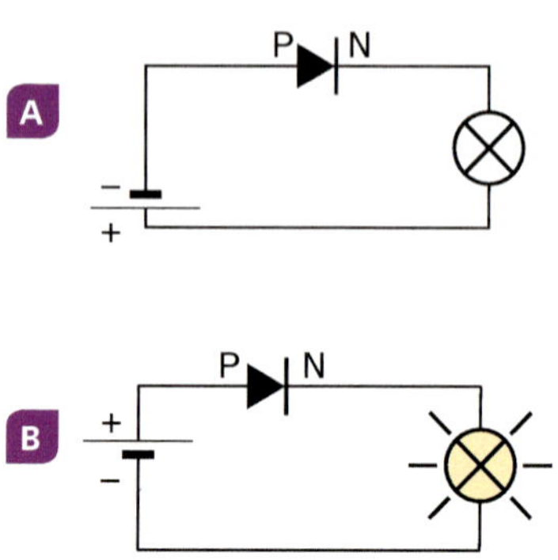

17 Assenyala el sentit del corrent pel transistor quan aquest es troba en la zona activa funcionant com a interruptor tancat.

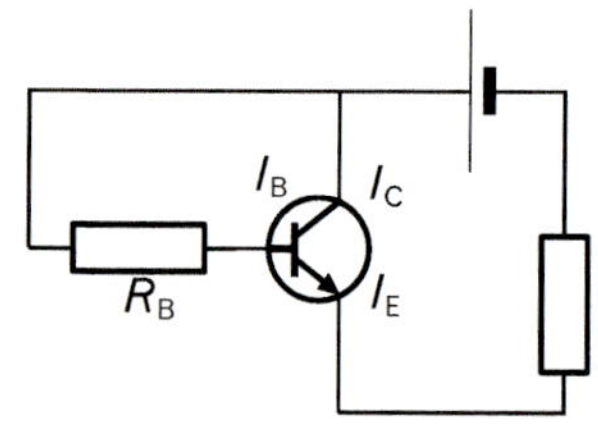

18 Identifica la fotografia que correspon a cada component.

- Resistències.
- Condensadors.
- Transistors.
- Díodes.
- Xips.

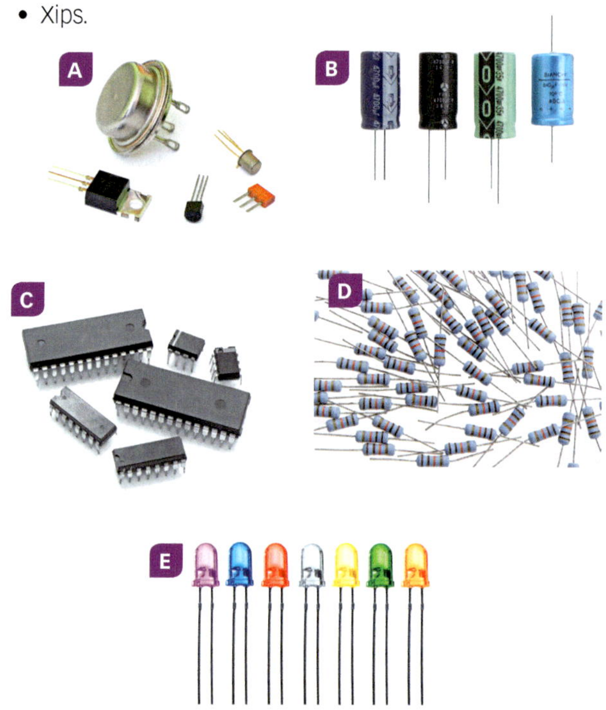

19 Associa cada imatge de l'activitat anterior amb la funció que compleix el component en un circuit.

a) S'il·lumina amb el pas del corrent elèctric.

b) Pot funcionar com a interruptor obert o tancat en un circuit.

c) Permet el pas del corrent únicament en un sentit.

d) Pot emmagatzemar càrrega elèctrica.

e) Està format per molts components units durant el procés de fabricació.

20 Enumera els components bàsics d'un robot i la seva funció.

PRACTICA

21 Quina resistència té el potenciòmetre de la figura A si la intensitat que circula pel circuit és de 0,5 A?

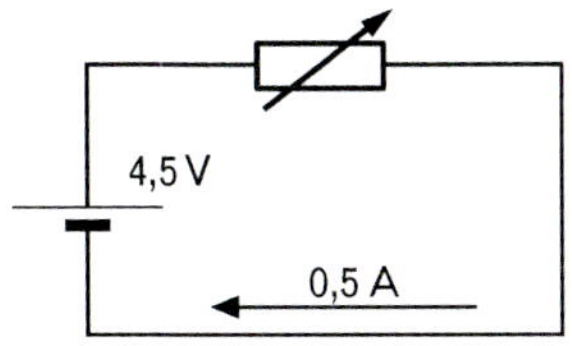

22 Per al circuit de la figura indica quan circularà més intensitat a través de la LDR, de dia o de nit.

a) **Nit**

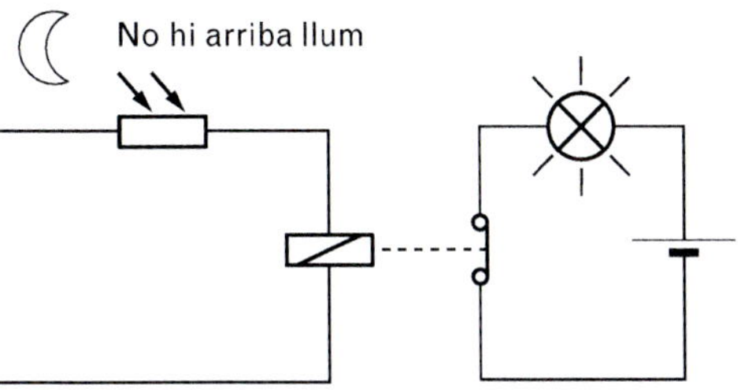

b) **Dia**

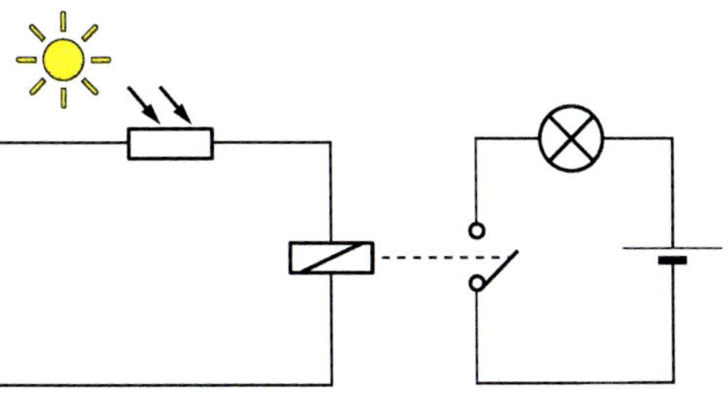

23 Volem connectar una pila de 4,5 V a un díode LED que té una tensió de treball de 2 V. Calcula quin ha de ser el valor de la resistència introduïda en el circuit perquè la intensitat no excedeixi de 20 mA.

24 Observa les imatges i respon.

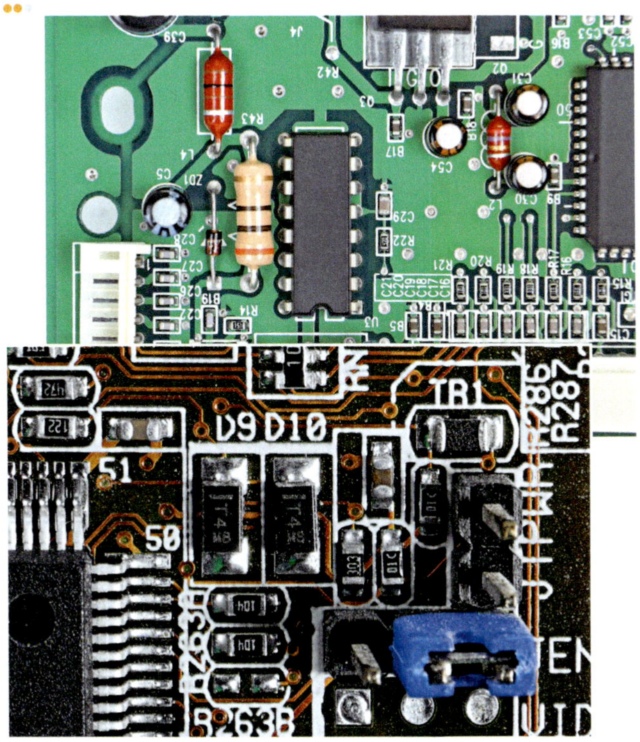

a) Com s'identifiquen les resistències?

b) Com s'identifiquen els condensadors?

c) Com s'identifiquen els díodes?

d) Com s'identifiquen els transistors en un circuit?

25 Indica quins díodes s'il·luminaran en el circuit següent.

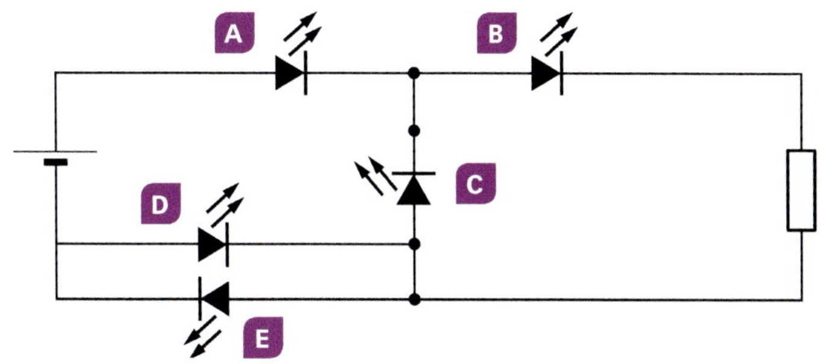

26 Per què es diu que un transistor equival a la unió de dos díodes?

27 Pot un circuit integrat formar part d'un circuit electrònic discret? Explica la teva resposta.

28 Relaciona la imatge següent amb l'evolució en la mida de molts aparells electrònics.

AMPLIA

29 Observa la imatge corresponent a una targeta de memòria i respon.

a) Pots apreciar les pistes en la imatge?

b) Per a què serveixen les pistes en els circuits electrònics?

c) Quina part serveix de connexió entre la targeta de memòria i l'aparell en què s'inclou?

30 PREN LA INICIATIVA. Dissenya un circuit que permeti posar en marxa un motor quan la temperatura és inferior a 30 °C.

TÈCNICA. Analitzar un circuit electrònic

Quan observem molts circuits electrònics hi podem identificar elements que aparentment no compleixen cap funció. Per exemple, si volem incloure un díode LED que mostri quan s'activa un interruptor, en principi n'hi hauria prou d'incloure una font d'alimentació (pila), un interruptor i el díode LED.

Però si observem un circuit electrònic d'aquest tipus veurem que també inclou una resistència associada al díode. Per què? Doncs simplement per limitar el corrent màxim que travessa el díode, ja que amb un corrent massa intens el díode s'espatllaria.

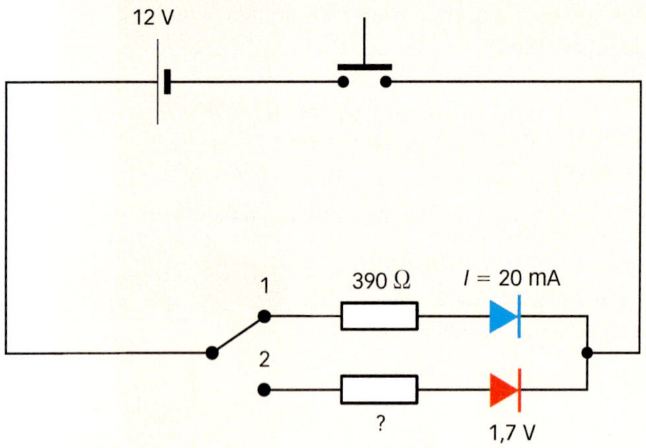

Així, l'ús de resistències permet controlar la intensitat que recorrerà una determinada branca del circuit. En el circuit inferior apareix un sistema que encén un llum blau o vermell en funció de la posició del commutador:

- 1 → S'encén el LED blau.
- 2 → S'encén el LED vermell.

La taula mostra els valors (en Ω) de les resistències que es comercialitzen, ja que no existeixen resistències de qualsevol valor.

Resistències comercials							
1	10	100	1000	10 000	100 000	1 000 000	10 000 000
1,2	12	120	1200	12 000	120 000	1 200 000	
1,5	15	150	1500	15 000	150 000	1 500 000	
1,8	18	180	1800	18 000	180 000	1 800 000	
2,2	22	220	2200	22 000	220 000	2 200 000	
2,7	27	270	2700	27 000	270 000	2 700 000	
3,3	33	330	3300	33 000	330 000	3 300 000	
3,9	39	390	3900	39 000	390 000	3 900 000	
4,7	47	470	4700	47 000	470 000	4 700 000	
5,6	56	560	5600	56 000	560 000	4 600 000	
6,8	68	680	6800	68 000	680 000	6 800 000	
8,2	82	820	8200	82 000	820 000	8 200 000	

31 Observa el circuit i respon.

a) Com està connectada cada resistència amb el seu díode?

b) Com estan connectats tots dos díodes?

c) Poden romandre encesos els dos díodes alhora? Per què?

d) Quina missió compleix la resistència associada al díode blau, de valor conegut?

e) Quina és la intensitat de corrent màxim que suporten els díodes?

32 Quin és el valor de la resistència associada al díode blau?

33 A la vista dels voltatges dels dos díodes, pots dir si la resistència associada al díode vermell ha de ser més gran o més petita que la resistència associada al díode blau?

34 Amb les dades que tens, calcula el valor de la intensitat que recorre el díode blau (suposa que la resistència interna del díode és nul·la). Quin seria el valor mínim que hauria de tenir la resistència associada al díode blau?

35 Ara calcula el valor de la resistència que és necessari acoblar al díode vermell. De quin color serien les seves bandes?

36 A partir de la taula, dedueix quin valor ha de tenir la resistència comercial associada al díode vermell.

37 Imagina't que únicament disposes de diverses resistències de 150 Ω, 270 Ω i 330 Ω.

a) Podries muntar el circuit proposat? Com?

b) Elabora un esquema del circuit que inclogui el codi de color associat a cada resistència utilitzada.

UN CAS PRÀCTIC. Com es pot reduir el consum fantasma?

Electrovampirs: el consum fantasma d'electricitat a examen

Què és el consum fantasma?

És el consum d'electricitat dels aparells elèctrics o electrònics quan no s'estan utilitzant (quan estan apagats, però connectats al corrent elèctric) o quan romanen en l'anomenat «mode d'espera» o *standby*.

A què es deu el consum fantasma?

La major part del consum fantasma es deu al funcionament de la font d'alimentació dels aparells. Pràcticament tots els aparells elèctrics i electrònics porten una font d'alimentació o adaptador de corrent que converteix el corrent altern en continu i després el transforma a la intensitat i tensió adequades a cada aparell. Generalment, aquesta font d'alimentació no es desconnecta en apagar l'aparell i continua consumint electricitat. La seva potència va des de mig watt a més de 20 W. L'energia consumida també s'utilitza en certs casos per:

- Alimentar sistemes d'encesa ràpida (antigues pantalles de televisió o de tub [...] o CRT).
- Alimentar un sistema de control remot, que permet encendre els aparells utilitzant un comandament a distància.
- Alimentar un *display*, un rellotge...
- Mantenir totalment carregats aparells que tenen bateries (per exemple, un raspall de dents elèctric).

Quant ens costa el consum fantasma?

Amb els preus actuals de l'electricitat, 1 W de consum fantasma es tradueix, aproximadament, en 1,5 €/any. D'aquesta manera, una innocent cafetera que mantinguem engegada a la cuina de casa pot significar 9 € anuals de despesa inútil. I un ordinador de sobretaula, 30 €.

Què podem fer per evitar el consum fantasma?

La solució és simple: desconnectar del corrent l'aparell que no estiguem utilitzant. Ho podem fer desendollant directament l'aparell o connectant-lo a una regleta amb interruptor que mantindrem apagada. I si comprem un aparell nou, hem d'exigir que el seu consum fantasma no superi 1 W.

Quines iniciatives públiques existeixen per arreglar el problema?

L'Agència Internacional de l'Energia va llençar fa anys el programa «Un watt com a màxim el 2010» orientat a limitar el consum fantasma dels nous aparells elèctrics i electrònics. En l'àmbit de la Unió Europea, el 2010 va entrar en vigor la normativa que limita el consum a 1 W (0,5 W el 2013) per a una llarga llista d'electrodomèstics. Malauradament, només una part dels que actualment es venen a l'Estat espanyol compleix aquesta condició.

Font: Paco Heras Hernández, *http://hogares-verdes.blogspot.com.es*.

38 COMPRENSIÓ LECTORA. De què parla el text? Elabora un resum i justifica'n el títol.

39 Observa el gràfic i respon.

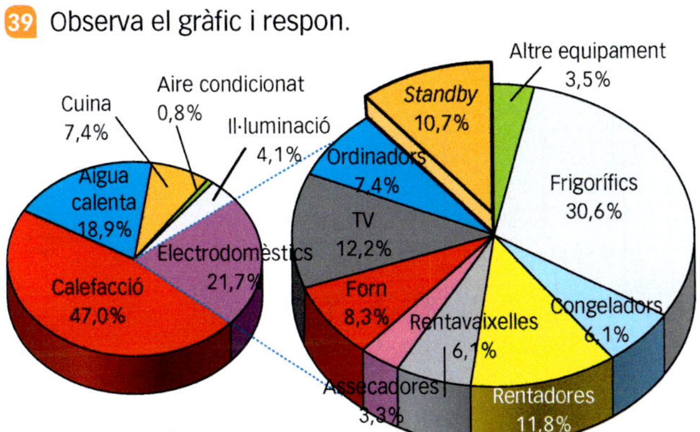

Font: IDAE, 2011.

a) Quin percentatge de l'energia total consumida en una llar es deu al consum fantasma?

b) Compara aquest valor amb el consum conjunt d'ordinador + televisor.

40 Estaries disposat a prescindir d'algunes comoditats per tal de reduir el consum fantasma?

a) A aixecar-te cada vegada que vulguis encendre o apagar el televisor, el vídeo o la videoconsola?

b) A polsar un botó per comprovar l'hora en un rellotge, un descodificador o un altre aparell?

c) A prescindir de la informació proporcionada per un frigorífic sobre la temperatura de treball?

41 Quines mesures se t'acuden per limitar el consum fantasma? Contrasta la teva resposta amb les dels teus companys i justifica-les adequadament.

42 PREN LA INICIATIVA. Elabora una llista amb les mesures que es poden adoptar per reduir al màxim el consum fantasma dels aparells electrònics.

Alarma

Actualment els sistemes de vigilància són el nostre pa de cada dia, i la seva sofisticació està en consonància amb la revolució tecnològica a què assistim. Dins les teves possibilitats faràs servir els nostres coneixements bàsics d'electrònica analògica per construir una alarma «anticuriosos» per al calaix on deses les coses importants.

Què necessites?

Materials

- 2 relés.
- 2 piles.
- 1 resistència de 1 kΩ.
- 1 transistor BD135.
- 1 resistència LDR.
- 1 potenciòmetre.
- 1 polsador.
- Capsa de plàstic (opcional).
- Cinta aïllant i velcro (opcional).
- Borns i cable.

Eines

- Pistola de cola.
- Tisores i pelacables.
- Tornavís.
- Soldador i estany.

On trobar els materials?

En botigues de subministrament de components electrònics. Material escolar específic.

OBSERVA

Pots enganxar els components a la base amb una pistola termofusible.

El circuit

El circuit que muntaràs està representat més a baix. Analitza'l minuciosament. Fabricaràs una alarma per a un calaix de la teva habitació.

- **Mentre el calaix és tancat**, la LDR no rep llum i el sistema estarà en silenci.
- **En el moment en què el calaix s'obri** i la resistència rebi llum, el relé s'activarà i posarà en marxa la sirena, que continuarà sonant (encara que es tanqui el calaix) fins que no la desactivis amb el polsador normalment tancat i cobreixis la LDR perquè no li doni la llum.

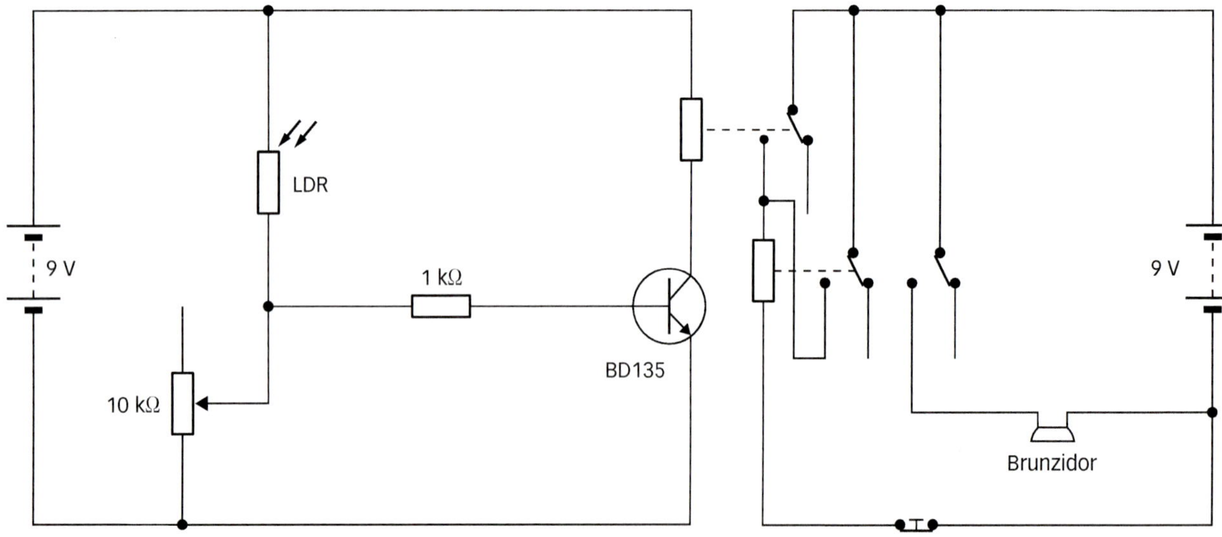

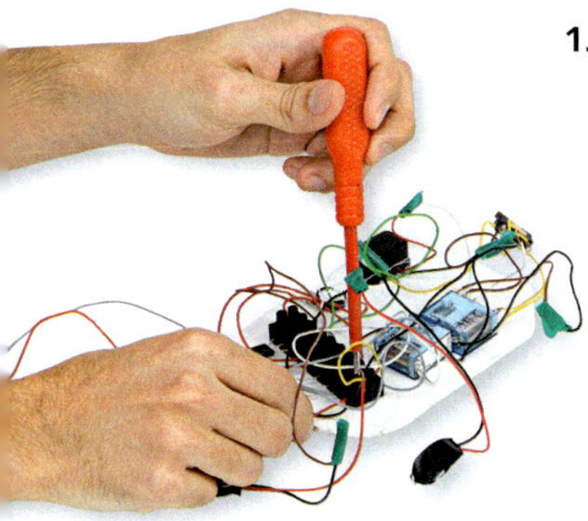

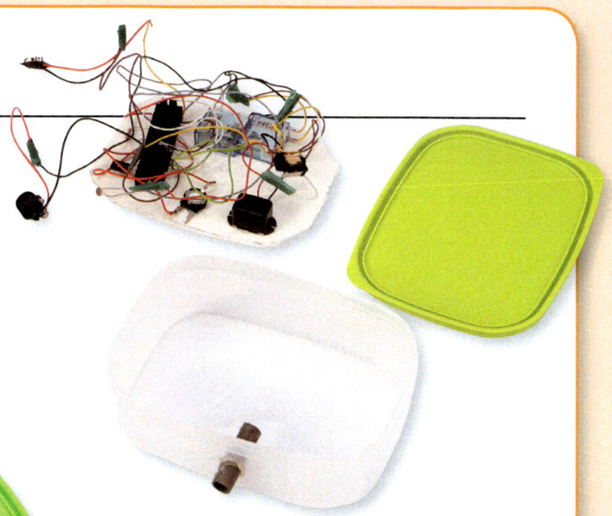

1. Muntatge del circuit

1. Abans de començar a muntar el circuit solda els cables als relés i als diferents components.
2. Després connecta'ls utilitzant el born.
3. Munta el circuit sobre un cartró ploma que anirà ficat dins la capsa de plàstic.
4. Quan acabis tindràs alguna cosa semblant al que veus en les imatges.

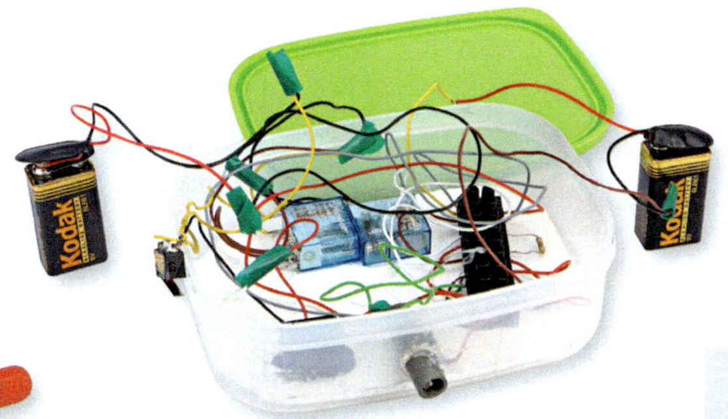

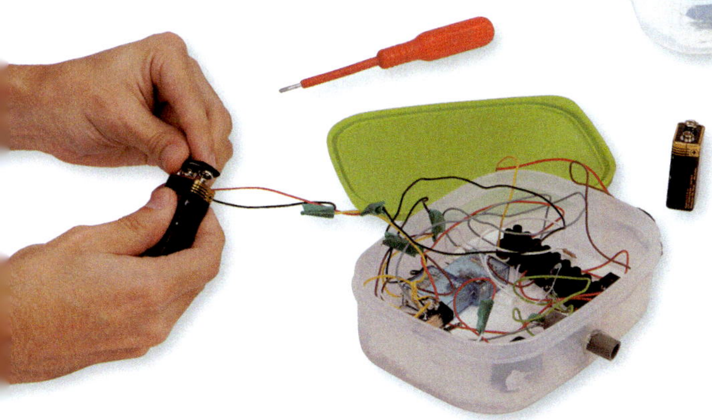

2. Instal·lació

1. Per fixar l'alarma utilitza unes tires de velcro adhesiu a la capsa i al lateral del calaix.
2. Comprova'n el funcionament.

EL PROCÉS TECNOLÒGIC	
Identificació del problema	Alarma antiobertura per a un calaix.
Exploració d'idees	Quins tipus d'alarmes hi ha? Investigació sobre components elèctrics i electrònics.
Disseny i construcció	Fases explicades en la unitat.
Comprovació	Fases explicades en la unitat.

PLANIFICACIÓ

Activitat	Temps (sessions)* 0–1		1–2		2–3	
1. Soldar components.	■	■				
2. Muntar el circuit.			■	■		
3. Acabar la capsa.				■		
4. Assajos.					■	■

*Sessions de 50 minuts treballant per parelles.

ACTIVITATS

43 En el circuit s'utilitzen dos relés.

a) Sabries explicar-ne la funció?

b) L'alarma es posa en marxa quan la LDR rep llum. Series capaç de fer que el seu funcionament fos el contrari, és a dir, que saltés quan es quedés a les fosques?

44 USA LES TIC. Elabora un anunci, per intentar vendre la teva alarma, amb algun programa d'edició de dibuixos animats. Suggeriments:

- Go! Animate *(http://goanimate.com)*.
- Pivot Animator *(http://pivotanimator.net)*.

4 Processos i transformacions tecnològiques de la vida quotidiana

SABER

- Matèries primeres i materials transformats.
- La comercialització.
- Les indústries.
- Exemples de transformacions tecnològiques de la vida quotidiana.

SABER FER

- Reconèixer tècniques, processos i transformacions industrials aplicades a matèries primeres fins que es converteixen en productes elaborats.
- Analitzar els processos de fabricació amb tecnologies digitals: la impressió en 3D.
- Comprendre el funcionament de les empreses virtuals.

Una trentena de satèl·lits giren al voltant de la Terra i emeten senyals GPS.

Hi ha com a mínim quatre satèl·lits visibles des de qualsevol posició de la Terra. Per determinar una posició exacta, en són necessaris tres.

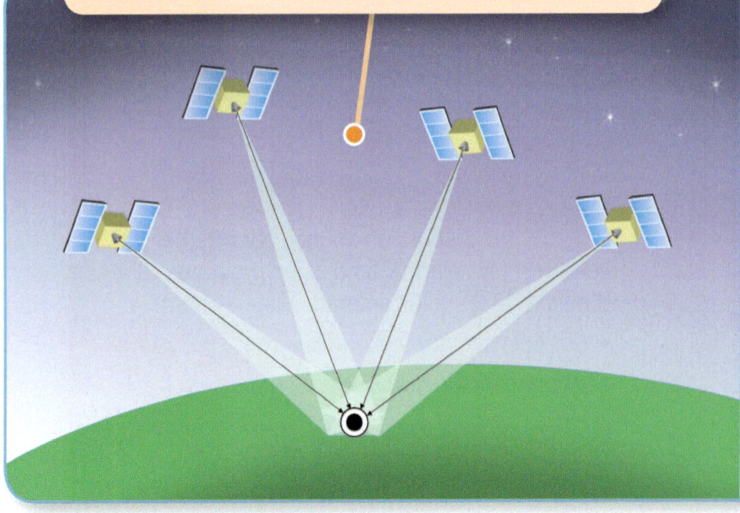

Triangulació: el localitzador del nostre GPS reconeix que ha de trobar-se en la circumferència A. Gràcies als satèl·lits B i C, l'aparell pot determinar amb exactitud la seva posició.

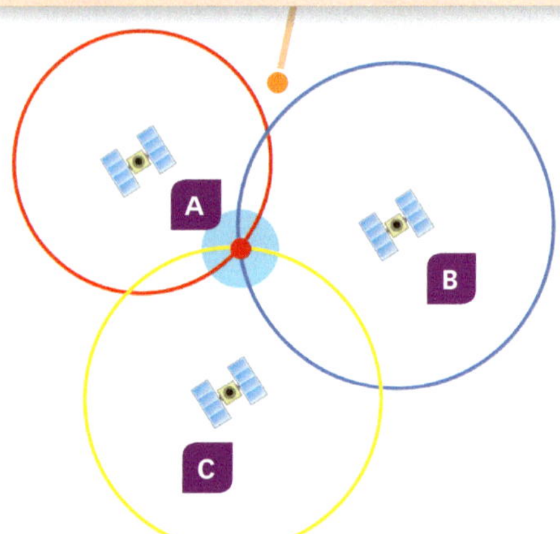

INVENTS QUOTIDIANS. **El GPS**

El sistema de posicionament global (GPS, en les sigles en anglès) consisteix en una xarxa de satèl·lits que giren al voltant de la Terra emetent un senyal amb informació sobre el moment exacte en el qual s'ha produït l'emissió. El receptor pot calcular la distància a la qual es troba del satèl·lit a partir del temps que ha trigat a arribar el senyal. Recopilant dades de tres satèl·lits diferents com a mínim, és possible establir la posició concreta del receptor GPS. Si es disposa d'un mapa acurat, podrem arribar a qualsevol lloc que ens proposem.

Qualsevol receptor de GPS ha d'incorporar un xip capaç d'interpretar el senyal del satèl·lit i calcular la distància a partir del temps que ha trigat a arribar el senyal.

Un receptor de GPS pot consistir en un telèfon intel·ligent, una videoconsola o bé un navegador GPS especialment pensat per a l'automòbil.

CLAUS PER COMENÇAR

- Opina. Aquesta tecnologia es va desenvolupar en l'exèrcit. Quina funció creus que podia tenir en un origen? Per què creus que aquesta tecnologia es va estendre a un ús quotidià?

? INTERPRETA LA IMATGE

- Com determina la seva posició un receptor GPS?
- Per què és necessari un xip per interpretar el senyal?
- Quins tipus de coneixements i quina maquinària són necessaris per desenvolupar aquests aparells?
- A partir de quins materials s'ha desenvolupat aquesta tecnologia? Quines fàbriques i empreses han participat en la seva elaboració?

1 Matèries primeres i materials transformats

Les matèries primeres són totes aquelles matèries a partir de les quals s'elaboren els productes tècnics que ens envolten.

- Les **matèries primeres** són les matèries tal com es troben a la natura, abans que hagin estat manipulades per l'ésser humà.
- Els **materials transformats** són el resultat de manipular les matèries primeres amb l'objectiu que siguin útils i es puguin usar per elaborar qualsevol objecte.

El procés pel qual s'aconsegueix transformar la matèria primera en un material transformat s'anomena **tècnica de producció**. Les tècniques de producció són molt variades i depenen de les matèries primeres i del producte que es vol obtenir.

El resultat de la transformació que fan les tècniques de producció s'anomena **objecte tecnològic**.

RECORDA

A part de matèries primeres i materials transformats, també hi ha materials que s'han pogut tornar a utilitzar un cop ja s'han fet servir i s'han convertit, per tant, en un residu. Es tracta de materials reciclats.

Vidre, paper o alumini són alguns exemples de materials que es poden reciclar. Sovint, el material reciclable porta un símbol com el que es veu a la imatge.

Aquest símbol indica que aquest material es pot reciclar.

Tècniques de producció

Tal com s'ha explicat, els objectes tecnològics han de passar per un procés de transformació amb la finalitat d'obtenir objectes que siguin útils. Produir un objecte vol dir, per tant, sotmetre una matèria primera a aquest procés de transformació.

Les tècniques de producció són el conjunt de procediments que s'han d'aplicar per obtenir un objecte tecnològic.

Les tècniques de producció han anat variant al llarg de la història de la humanitat. El progrés en el camp de la tecnologia s'ha degut a canvis en els processos de producció que es duen a terme, el tipus de matèries primeres que es fan servir, les eines i maquinàries utilitzades, els coneixements necessaris per efectuar cada transformació i el tipus de producte que es vol obtenir.

La tecnologia transforma el món en el qual vivim i la societat que ens envolta. En qualsevol tasca que realitzem quotidianament sempre hi ha implicats objectes tecnològics.

RECORDA

Els invents i el progrés de la societat

Al llarg de la història els invents han permès transformar el món que envoltava l'ésser humà per adaptar-lo a les seves necessitats. Durant la prehistòria, l'invent del foc, de la roda, de l'agricultura i la ramaderia o la capacitat de crear eines amb materials diferents van ser de gran importància per permetre la supervivència humana. Fins a arribar a l'actualitat, amb la construcció de coets que han permès arribar a altres planetes, o amb el desenvolupament de robots i de les comunicacions.

Tipus de tècniques

Es pot distingir entre els tipus de tècniques següents:

- **La tècnica artesanal:** el procés de producció és manual i s'utilitzen eines rudimentàries. L'artesà treballa en petits tallers, sol o bé amb diversos ajudants. Cada objecte fabricat requereix una gran inversió de temps i el seu cost és elevat. Com a resultat, les peces acostumen a ser úniques. Això fa que la producció sigui molt baixa, destinada gairebé exclusivament al mercat local.
- **La tècnica semiindustrial:** una part del procés l'assumeix una màquina, mentre que altres parts del procés segueixen quedant en mans humanes.
- **La tècnica industrial:** es mecanitza gran part del procés de producció i s'aconsegueix incrementar exponencialment la producció de béns, mentre que el cost del producte per al consumidor cada cop és més baix. Així com els objectes artesanals són gairebé únics i exclusius, i només a l'abast de poques persones, els béns industrials són còpies unes de les altres i poden arribar a una part important de la població.

Es produeix una transformació en el món laboral, ja que ara s'aplica la divisió del treball; és a dir, cada treballador es concentra a realitzar una tasca que forma part d'un conjunt. Com que les màquines duen a terme les tasques més importants en el procés de producció, es fan necessaris els operaris, treballadors que tinguin els coneixements tècnics que calen per a la posada a punt de la màquina. La maquinària i els obrers i operaris s'ubiquen en plantes industrials.

SABER-NE MÉS

Durant l'edat mitjana, els artesans es van agrupar en oficis formant gremis, associacions que vetllaven pels propis interessos.

POSA ATENCIÓ

La producció industrial té les característiques següents:

- **Mecanització:** la majoria dels passos que requereix la construcció del producte tecnològic es mecanitzen.
- **Divisió del treball:** cada treballador es responsabilitza de completar un aspecte molt concret de la tasca global. Sovint s'utilitza la cadena de muntatge, on una cinta transporta components i els treballadors –o, més recentment, els robots– van completant cada tasca en un temps concret.
- **Fabricació en massa:** es produeixen objectes de manera massiva. Això permet que el cost final del producte de cara al consumidor s'abarateixi i més persones hi puguin accedir.

ACTIVITATS

1 Observa les imatges següents i indica si es tracta d'una tècnica artesanal, semiindustrial o bé industrial.

a

b

c

2 La comercialització

Un cop s'ha produït un objecte tecnològic, s'ha de transportar fins als punts de venda, i s'ha d'aconseguir que els clients potencials coneguin que el producte existeix i que pot satisfer unes necessitats molt concretes. Aquests dos aspectes són la **distribució** i el **màrqueting**.

La distribució

El nou producte ha d'anar des de la fàbrica fins a l'usuari. La distribució del producte possibilita que s'acabi comercialitzant en botigues especialitzades.

En la distribució dels productes s'utilitzen els **magatzems**, grans recintes que resguarden els productes acabats, i els **contenidors** per transportar-los d'un lloc a un altre.

En els magatzems s'acostumen a utilitzar:

- Els **palets**, unes estructures de fusta en les quals es disposen els productes, i que es poden apilar en grans quantitats. Aquests palets es manipulen mitjançant **toros**, uns vehicles que permeten transportar-los i apilar-los, aprofitant al màxim l'espai disponible.
- Els **embalatges** són recipients que agrupen unitats d'un producte per facilitar el transport. L'embalatge també serveix per protegir el producte de cops i altres agressions durant el transport; en moltes ocasions també conté etiquetes amb informació sobre el producte i les seves funcions.

Per transportar els embalatges s'empren **contenidors**, que permeten que es puguin moure per vaixell, tren o camió, per exemple. Un cop arribat al destí, el producte ja es pot comercialitzar.

Els toros permeten transportar i moure els palets amb els productes.

Amb l'embalatge es poden apilar productes i transportar-los.

Els productes, a sobre dels palets, s'organitzen en grans prestatgeries dins dels magatzems.

VOCABULARI

Estoc: volum de productes o matèries primeres que hi ha al magatzem.

SABER-NE MÉS

El codi de barres

El codi de barres és un sistema internacional d'identificació automàtica de productes. És un codi que té moltes utilitats: serveix per controlar l'estoc en un magatzem, ajuda a controlar el moviment de les mercaderies i, finalment, s'usa per identificar un producte; a les botigues s'empra per controlar els preus dels productes. El codi de barres necessita un aparell que el pugui desxifrar, el lector de codi de barres.

Els productes van etiquetats amb el codi de barres. Aquest codi requereix un lector que interpreti la informació.

El màrqueting

El **màrqueting** consisteix a comunicar el valor d'un producte o servei a uns clients amb la finalitat que acabin adquirint-lo.

Els experts en màrqueting han de conèixer molt bé, per una banda, el producte, quines són les seves característiques tècniques i quins aspectes el distingeixen de la competència, i per l'altra, han de conèixer les necessitats dels clients i com el producte que s'ofereix aconseguirà satisfer aquestes necessitats.

Si es tracta d'un producte molt especialitzat, aquesta tasca de donar a conèixer el producte es realitza en fires. Si els possibles clients són molt concrets i es troben definits clarament aleshores són els mateixos comercials qui es reuneixen amb els possibles clients amb la finalitat de convèncer-los que adquireixin el seu producte. Si el producte està pensat per a un consum massiu, aleshores es prefereix optar per mètodes més tradicionals com els anuncis a la premsa, la ràdio i la televisió.

La web 2.0

Amb la irrupció d'Internet han aparegut noves formes de màrqueting. Una de les més comunes i esteses són les llistes de correus, mitjançant les quals s'envien correus electrònics amb la propaganda concreta que es vol donar a conèixer.

La web 2.0 és la web on els usuaris poden participar i donar les seves opinions, tal com passa amb instruments com Facebook i Twitter. Aquesta web participativa ha estat aprofitada també per les empreses, que han creat una figura coneguda com a **gestor de comunitats**, una persona responsable en una empresa de gestionar la relació amb els seguidors, amb qui interactua i dóna a conèixer nous productes.

OBSERVA

El gestor de comunitats

És l'encarregat d'administrar les xarxes socials, com Facebook o Twitter. Té la funció, per tant, de comunicar-se amb el conjunt de seguidors de la marca. La seva funció és donar a conèixer els productes i aconseguir més seguidors, ja que d'aquesta manera s'aconseguirà incrementar la influència de la marca. També pot interactuar directament amb els clients, donar resposta als seus dubtes i resoldre els seus problemes.

Aquest lloc de treball, que fa pocs anys no existia, cada cop està prenent un protagonisme més gran.

POSA ATENCIÓ

La videoconferència permet fer reunions sense necessitat de desplaçar-se. Això suposa una inversió inferior de temps i de diners. Malgrat això, molts empresaris prefereixen seguir fent reunions presencials quan es tracta d'un tema important.

L'empresa virtual

Una empresa virtual és una forma organitzativa cada cop més estesa basada en l'ús d'Internet:

- Internament: les reunions, els grups de treball i els projectes en equip es duen a terme usant Internet com a principal eina de treball. S'utilitza programari col·laboratiu per distribuir la feina.
- Externament: s'interactua amb els clients mitjançant les eines que proporciona Internet. Per exemple, es fan campanyes de màrqueting amb Internet o s'obre una botiga virtual que possibilita la venda telemàtica.

L'empresa virtual està cada vegada més estesa, ja que permet reduir costos en desplaçament i en oficines. Ja no és imprescindible que una empresa ocupi un edifici, sinó que cada treballador pot treballar des de casa seva i interactuar amb la resta dels treballadors mitjançant Internet. I, en conseqüència, es poden evitar desplaçaments.

Tipus d'empreses virtuals

Hi ha moltes menes d'empreses virtuals:

- Botigues en línia on s'ofereixen productes que, un cop adquirits, s'envien al consumidor mitjançant el servei de correus.
- Empreses que ofereixen cursos i serveis a través de la web. Per exemple, imparteixen cursos usant mitjans digitals com la videoconferència.

SABER-NE MÉS

La pluja d'idees

La pluja d'idees és una tècnica de reunió dirigida a facilitar la creativitat. Es basa en la creença que molts participants en una reunió no diuen allò que pensen per por que els companys els assenyalin i critiquin. Amb la pluja d'idees es vol evitar que algú no comuniqui una idea per aquesta raó. És una tècnica de reunió on es pot expressar lliurement qualsevol idea que se'ns acudeixi, per senzilla, òbvia o inútil que ens sembli. Com a resultat, possiblement la gran majoria d'idees no tenen cap mena d'utilitat, però entre totes elles, hi ha la confiança que alguna serà prou brillant i innovadora. Si es fa de manera virtual, aleshores és més senzill que es garanteixi l'anonimat de les aportacions, de manera que hi hagi més llibertat a l'hora de participar.

Conjuntament amb la pluja d'idees sovint en les reunions creatives s'utilitzen mapes mentals per mostrar les idees aparegudes i les seves relacions. Aquests mapes també es poden compartir col·laborativament de manera virtual, i així cada persona coneix la tasca que ha de dur a terme.

Reunió informal.

Mapa mental.

3 Les indústries

Una indústria és el conjunt de processos i tècniques pels quals es transforma una matèria primera en un producte elaborat o semielaborat.

Les indústries fan servir:

- matèries primeres
- maquinàries per elaborar el producte
- mà d'obra

Classificació de les indústries

En funció del grau de transformació de la matèria primera, les indústries es classifiquen en indústries pesants, indústries de béns d'equipament i indústries lleugeres.

Indústries pesants

Transformen les matèries primeres en productes semielaborats. La seva tasca és fer d'intermediaris, ja que altres indústries, posteriorment, transformaran aquests productes en béns llestos per ser utilitzats pels consumidors.

Exemples d'indústries pesants:

- Siderúrgia: es tracta el ferro per obtenir compostos diferents.
- Metal·lúrgia: es transformen els minerals metàl·lics en metalls, com l'alumini.
- Indústria química dels hidrocarburs: transforma els hidrocarburs, com el petroli, en plàstics i carburants.

Indústries de béns d'equipament

Són indústries que empren els productes semielaborats procedents de la indústria pesant amb la finalitat de fabricar maquinària o material de construcció.

Exemples d'indústries de béns d'equipament:

- La indústria naval.
- La indústria ferroviària.
- Les empreses que construeixen maquinària industrial.
- La indústria de la construcció, com les fàbriques que elaboren vidre.

Indústries lleugeres

Aquestes indústries transformen els productes semielaborats en productes elaborats.

Alguns exemples d'aquestes indústries són:

- La indústria de l'automòbil.
- La indústria del moble.
- L'electrònica.
- La indústria tèxtil.

SABER-NE MÉS

Tradicionalment les indústries pesants sempre s'han ubicat a prop dels llocs on s'extreu la matèria primera, mentre que les indústries lleugeres es troben a prop dels nuclis urbans (és a dir, a prop dels treballadors i també dels consumidors i clients). Amb la globalització, les indústries lleugeres es poden trobar a qualsevol part del món i poden distribuir els seus productes a tot arreu.

ACTIVITATS

2 Torna a llegir l'exemple amb el qual s'iniciava la unitat. A quina mena d'indústria correspon l'elaboració de la tecnologia que gira al voltant dels GPS?

4 Exemples de transformacions tecnològiques de la vida quotidiana

A continuació es tractaran amb profunditat els processos de transformació que permeten l'elaboració d'objectes d'ús quotidià.

La indústria tèxtil

La indústria tèxtil inclou tots els processos necessaris per obtenir teles i, a partir d'elles, confeccionar peces de vestir o robes per a usos industrials.

El procés pel qual s'extreu la llana d'una ovella s'anomena esquilada.

Els materials tèxtils estan compostos per fibres que es poden filar. Aquests fils posteriorment es transformen en teles.

Hi ha tres tipus de fibres: naturals, artificials i sintètiques.

Les fibres naturals

Els teixits naturals poden tenir orígens diferents:

- **Origen animal:** són fibres que s'obtenen a partir d'animals. Per exemple, la llana, que s'obté del pèl de les ovelles, o el caixmir, que és pèl de cabra de la vall índia del Caixmir. O la seda, produïda per insectes com els cucs de seda. La pell de bestiar boví, com la vaca, també s'utilitza per obtenir cuir, amb el qual es fabriquen sabates i carteres.
- **Origen vegetal:** hi ha plantes diferents a partir de les quals s'obté fil per elaborar teixits. El cotó, que és un dels materials més usats, per exemple, s'extreu del fruit d'una planta. També s'utilitza el lli (la tija) i l'espart (la fulla).
- **Origen mineral:** s'utilitzen primordialment per elaborar aïllaments en la construcció. També es fan servir per fabricar roba que hagi de tenir propietats especials, com els vestits que porten els bombers i que resisteixen la calor. En són exemples l'amiant, la fibra de vidre o la fibra òptica.

El cotó s'obté d'una planta que s'anomena cotoner (del gènere *Gossypium*).

Una fibra d'origen animal: la llana	Una fibra d'origen vegetal: el cotó	Una fibra d'origen mineral: la fibra de vidre

És una de les fibres d'origen animal més valuoses. És una fibra aïllant, de manera que s'usa per confeccionar roba d'abric. És suau, absorbeix la humitat i no irrita la pell.	S'obté a partir d'un tipus de plantes anomenades *Gossypium*. Com la llana, és un material preuat perquè absorbeix la humitat i és molt suau. És una fibra que es pot tenyir amb facilitat i resisteix les altes temperatures.	És un dels filaments d'origen mineral més populars. Es fa servir, per exemple, per confeccionar taules de surf o pals d'hoquei. Com a teixit, és molt preuat per la seva resistència a la calor i també perquè constitueix un bon aïllant tèrmic.

Les fibres sintètiques

Les fibres sintètiques s'obtenen a partir de derivats del petroli. Amb elles es fabriquen teixits resistents i impermeables. En canvi, no suporten temperatures elevades i no es tenyeixen amb facilitat. Entre les fibres sintètiques es troben la licra (feta a partir de poliuretà) i el tergal (fet a partir de polièsters).

La licra és una fibra sintètica, ja que s'obté a partir de derivats del petroli.

Les fibres artificials

Els teixits artificials estan fets amb materials creats al laboratori. El teixit més popular és el niló, creat pels laboratoris Du Pont. Una de les primeres fibres artificials creades també per aquesta empresa va ser el raió, també conegut amb el nom de seda artificial. El raió es tan suau com el cotó i també es pot tenyir fàcilment.

El niló és una fibra artificial, ja que s'obté al laboratori.

El procés de transformació

Com que els teixits poden tenir un origen tan diferent, els processos de transformació també depenen del tipus de teixit que s'hagi d'elaborar. Però en general tots han de passar per tres etapes: la filatura, el tissatge i la tintura i l'estampació.

La **filatura**. És el procés pel qual la fibra o matèria primera es transforma en fil. En aquest procés es distingeixen quatre fases:

- **Neteja:** les fibres d'origen animal i vegetal contenen pols i brutícia i per aquesta raó s'han de netejar prèviament. Aquesta operació es fa amb una màquina anomenada batà, que usa corrents d'aire.
- **Pentinat:** la carda és un aparell que permet pentinar les fibres de manera que quedin paral·leles entre si fins a aconseguir una capa homogènia. Amb el cardatge també s'acaben d'eliminar les impureses. Un cop netejada i pentinada, la fibra s'anomena cinta de carda.
- **Estiratge:** el manuar és un aparell amb el qual s'estiren i s'ajunten les cintes de carda. El resultat de l'estiratge s'anomena veta.
- **Torsió:** a la filadora, s'estiren i es torcen les vetes fins a formar els fils.

? INTERPRETA LA IMATGE

- Què passa si la cinta, en un moment donat, es trenca?

El manuar és un dels aparells necessaris per confeccionar fils. S'empra un sistema anomenat tren d'estiratge, que consisteix en uns corrons pels quals passa la cinta.

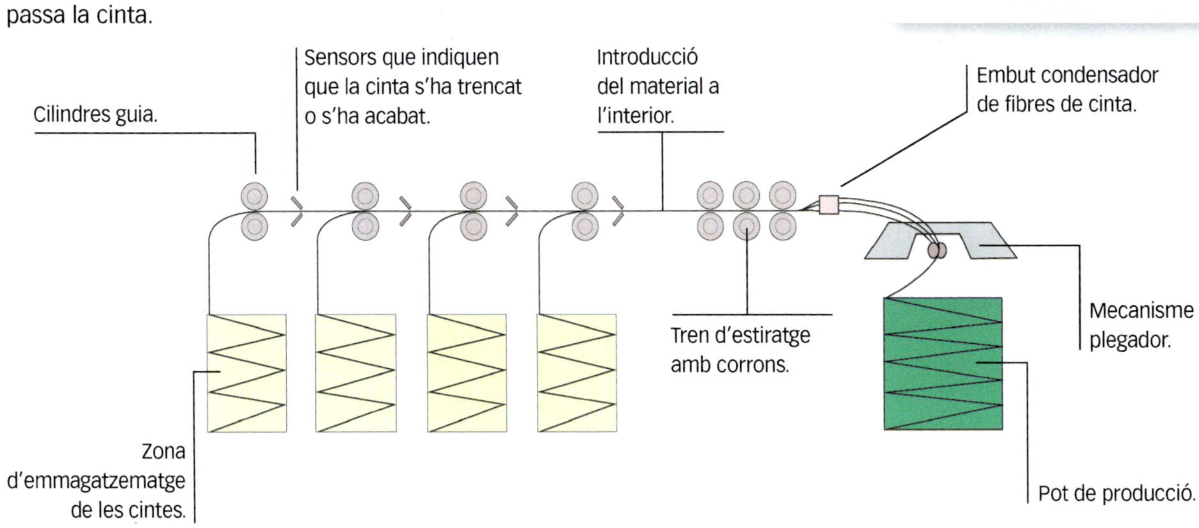

Mostra de teixit pla amb els fils que constitueixen l'ordit i el fil que conforma la trama.

Mostra de teixit de punt.

Mostra de teixit per aglutinament de fibres, el feltre.

El **tissatge**. És el procés que consisteix a entrellaçar fils per aconseguir teixits. Hi ha tres formes diferents de confeccionar teixits: el teixit pla, el teixit de punt i el teixit per aglutinament de fibres.

- El **teixit pla**: consisteix a entrellaçar fils formant un angle recte. L'ordit és un conjunt de fils que es disposen de forma paral·lela, i la trama és un únic fil que es va posant per sobre i per sota dels fils de l'ordit.
- El **teixit de punt**: consisteix a usar un únic fil per confeccionar una malla que pot acabar servint per elaborar, per exemple, un jersei. Aquests teixits es poden elaborar amb agulles de punt. Industrialment es fan servir les tricotoses.
- El **teixit per aglutinament de fibres**: s'elabora a partir de fibres que no han passat pel procés de filatura, sinó que s'han compactat mitjançant processos com la pressió i la calor.

La **tintura** i l'**estampació**. Un cop s'han elaborat, els teixits s'acoloreixen o bé s'estampen:

- La **tintura** és el procés pel qual es dóna un color a un teixit. S'aconsegueix submergint-lo en un líquid amb colorants i després deixant-lo assecar.
- L'**estampació** consisteix a usar uns motlles amb un motiu o dibuix gravat que s'estampa al teixit.

En l'actualitat, hi ha modistes que han adquirit l'estatus social de grans artistes, ja que aconsegueixen crear vestits elegants amb un disseny únic i original.

La confecció

Amb els teixits ja acabats es confeccionen les peces de vestir. El procés de la confecció consta de tres fases:

- El **tall**: amb uns patrons es tallen els teixits en peces.
- La **costura**: consisteix a unir les peces amb màquines de cosir.
- L'**acabat**: consisteix a etiquetar i planxar la peça.

Ara el producte ja està llest per ser distribuït i venut.

Distribució i comercialització

La distribució dels productes tèxtils s'efectua, per exemple, mitjançant contenidors que poden transportar el material a qualsevol país del món. En la comercialització, les marques de roba han desenvolupat tota mena d'estratègies, des dels passis de models fins a oferir productes de qualitat a preus molt competitius.

La indústria del moble

La matèria primera per a la fabricació de mobles és la fusta. Aquesta matèria primera s'obté dels arbres. Un cop talats els arbres, la fusta es trosseja i se'n fan taulons que finalment s'han d'assecar.

La fusta s'utilitza com a combustible i en la construcció, i també és fonamental per fer paper (capa fina de fibra vegetal entrellaçada) i cartró (làmines gruixudes de pasta de paper). Les fustes es classifiquen en:

- **Fustes toves:** són d'arbres de fulla perenne, com el pi.
- **Fustes dures:** són d'arbres de fulla caduca, com el roure.

En l'actualitat, la majoria dels mobles es fabriquen a partir de taulers artificials, on es barreja la fusta amb pega i fibres, cosa que els fa més econòmics i resistents que la fusta. Es poden trobar diferents tipus de taulers:

- **Contraxapats** (formats per capes fines de fusta molt resistents).
- **Aglomerats** (encenalls de fusta encolats i pressionats).
- **Premsats** (fibres de fusta unides mitjançant resina sintètica).

A partir dels taulers es poden dissenyar tota mena de mobles i d'objectes per a la llar, com taules o bé armaris. És un procés que es duu a terme a les fusteries. Com que els mobles s'han d'elaborar de manera que s'ajustin a les peculiaritats de cada casa, no s'acostumen a fabricar en sèrie, sinó que es fan peça a peça.

POSA ATENCIÓ

Per obtenir la matèria primera, en primer lloc s'ha de realitzar una **tala**, que consisteix a tallar l'arbre des de la base. L'Amazònia és una àmplia extensió selvàtica que es troba a l'Amèrica del Sud. En l'actualitat la seva superfície s'està reduint a causa de les constants tales que s'hi fan. Un ús responsable de la fusta és imprescindible per respectar el medi ambient.

Mobles de fusta.

Mobles fets amb taulers artificials.

Taulers contraxapats.

Taulers aglomerats.

Taulers premsats.

Paper i cartró.

La indústria del metall

Els metalls, com per exemple el ferro o l'alumini, es caracteritzen per brillar i per conduir la calor i l'electricitat. Tenen tota mena d'usos, com la fabricació d'electrodomèstics, en edificis, en elements estructurals, etc.

Els metalls es classifiquen en:

- **Metalls fèrrics:** són aliatges que contenen un ferro, com per exemple l'acer, el ferro colat o l'acer inoxidable. Aquests elements es distingeixen entre si perquè tenen concentracions diferents de ferro.
- **Metalls no fèrrics:** no contenen ferro. Els més importants són:
  - El coure: s'utilitza principalment per fer cables elèctrics, ja que és un material dúctil i mal·leable.
  - L'alumini: és molt lleuger i resistent. S'utilitza, per exemple, per fabricar llaunes de refresc.

VOCABULARI

Aliatge: mescla de dos elements, un dels quals, com a mínim, ha de ser un metall.

Obtenció de la matèria primera

Els metalls s'obtenen en jaciments que són sota terra o a la superfície. Acostumen a trobar-se barrejats amb altres materials, no útils, que s'anomenen **ganga**.

Transformació

Un cop s'aïllen de la roca, els metalls es condueixen als alts forns, on es refinen. Allí, mitjançant la fusió, se separen els metalls de la resta dels components, que s'anomenen escòria. El metall obtingut es fa refredar en motllos de ceràmica.

RECORDA

L'aplicació del ferro amb la finalitat d'elaborar objectes es coneix des de la prehistòria. En les ferreries ja es feia un procés semblant al que es fa actualment als alts forns, on el mineral de ferro s'escalfa a grans temperatures, amb una manxa s'alimenta el foc amb oxigen i després s'elimina l'escòria. El ferrer antigament feia principalment reixes i eines.

Les espases van esdevenir un valuós instrument realitzat pels ferrers.

Els metalls es troben en mines.

Als alts forns es transforma la matèria primera, se'n separa l'escòria i es deixa llesta per ser utilitzada.

La indústria dels plàstics

El plàstic ha substituït el metall i la fusta en l'elaboració de nombrosos aparells perquè és un material amb el qual es pot treballar amb més facilitat i és més barat.

Els plàstics són lleugers, fàcils de modelar i són útils en moltes situacions. S'originen a partir de combustibles fòssils. Es classifiquen en:

- **Termoplàstics:** són fàcilment emmotllables quan s'escalfen fins a una determinada temperatura, i poden sotmetre's al procés d'escalfament de manera repetida. Entre els termoplàstics es troben els PVC.
- **Termoestables:** només es poden escalfar i emmotllar una vegada, ja que si no es cremen. N'és un exemple la baquelita, un plàstic que s'utilitza en el mànec de les paelles.

Matèria primera i procés de transformació

Les matèries primeres dels plàstics són el petroli i el gas natural. A partir de transformacions químiques s'obtenen els plàstics. En un inici, el plàstic és una pols o forma uns grànuls; posteriorment s'ha de modelar fins a obtenir el producte desitjat. El modelatge és, per tant, una de les fases més importants en el procés de fabricació amb plàstics.

Existeixen tècniques diferents de modelatge:

- Per **injecció**: el plàstic en forma de grànuls s'introdueix en un conducte calent i s'injecta en un motllo amb la forma desitjada. Quan es refreda, el motllo es retira.
- Per **compressió**: s'utilitza en plàstics termoestables. Els grànuls de plàstic es col·loquen en un motllo calent i a sobre s'hi aplica una gran pressió, de manera que el plàstic adquireix la forma del motllo.
- Per **extrusió**: s'utilitza en la fabricació de canonades i altres seccions transversals. El plàstic s'empeny per un encuny de la secció transversal que es vol aconseguir.
- Per **calandratge**: el plàstic es fa passar per uns rodets fins que s'aconsegueix una lona. S'empra per fer làmines de PVC.

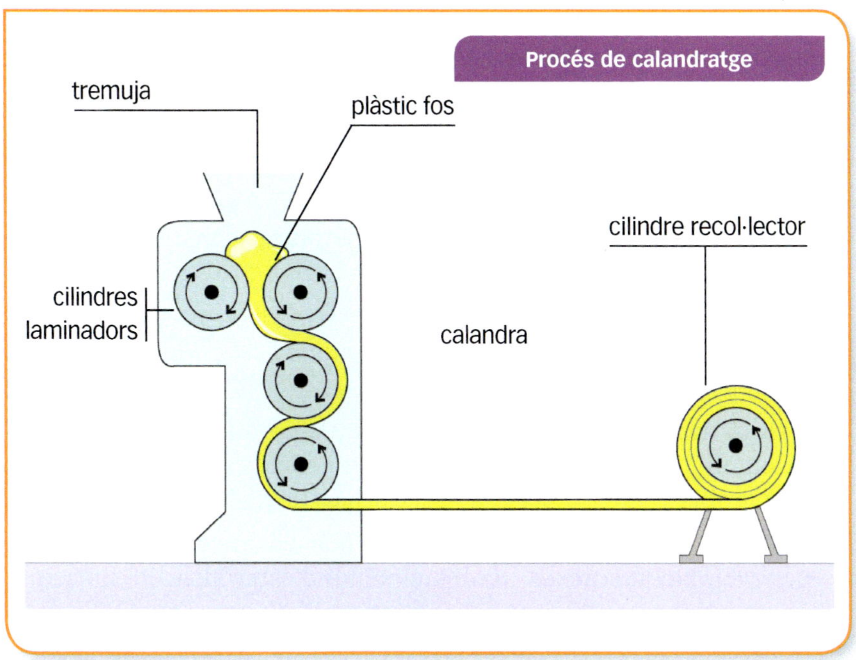

SABER-NE MÉS

Reciclatge

Hi ha plàstics que necessiten centenars d'anys per descompondre's. Als mars i oceans va a parar bona part dels plàstics rebutjats, i aquesta contaminació està afectant greument la vida marina. Com que molts peixos formen part de la nostra alimentació, aquest plàstic pot acabar introduint-se en la nostra cadena alimentària.

Els oceans acumulen muntanyes de deixalles. Com que els plàstics no es descomponen, es van acumulant.

POSA ATENCIÓ

Consum responsable

El plàstic és un material molt versàtil, però és un problema ambiental quan es converteix en deixalla. A l'hora d'usar els productes plàstics cal tenir en compte el problema del reciclatge, de manera que només hem d'usar aquests productes quan realment els necessitem. A l'hora de llençar-los, cal fer-ho en el contenidor adequat.

POSA ATENCIÓ

Matèries primeres

Les matèries primeres vegetals estan vinculades a l'agricultura. L'agricultura inclou totes les tècniques per aconseguir que el sòl sigui fèrtil i que el cultiu i la collita siguin productius.

Les matèries primeres animals estan relacionades amb la ramaderia i la pesca. La ramaderia consisteix a criar animals que esdevindran una font de proteïnes en forma de carn, llet i ous. Com ja s'ha vist, d'aquesta activitat també s'aprofita la indústria tèxtil.

En la pasteurització, els aliments s'esterilitzen elevant la seva temperatura i matant els possibles agents patògens.

La indústria alimentària

La indústria alimentària obté matèria primera d'origen orgànic –sigui matèria primera vegetal o animal–, la transforma i, posteriorment, la comercialitza amb la finalitat que arribi al consumidor.

Transformació

En la indústria alimentària s'utilitzen alguns processos d'elaboració, entre els quals destaquen:

- La **cocció**: l'aliment s'escalfa. Aquest procés fa que per una banda l'aliment sigui més digerible i per una altra que s'eliminin microorganismes.
- La **fermentació**: es deixa que uns microorganismes actuïn i modifiquin les propietats de l'aliment. Per exemple, aquesta és la manera com s'obtenen els iogurts.

Conservació

Un dels problemes més importants que tradicionalment ha hagut de superar la indústria alimentària ha estat la descomposició i putrefacció que pateixen els aliments. S'han desenvolupat nombroses tècniques que tenen per finalitat endarrerir aquest procés. Les més destacades són:

- **Dessecació:** va ser una de les primeres tècniques de conservació que es van idear. Com que la humitat facilita la proliferació de microorganismes i aquests són responsables de la putrefacció dels aliments, aplicar calor al producte fins que s'assequi impedeix que els microorganismes puguin proliferar-hi. S'utilitza, per exemple, per obtenir panses dels grans de raïm.
- **Liofilització:** el producte es congela i després es deixa en una cambra de buit amb l'objectiu de deshidratar-lo i d'aquesta manera eliminar-ne la humitat. Així s'elabora, per exemple, el cafè soluble.
- **Fumatge:** consisteix a sotmetre els aliments a l'acció del fum. S'utilitza, per exemple, per elaborar el salmó fumat.
- **Salaó:** consisteix a deshidratar els aliments salant-los. La sal actua també com un antisèptic.
- **Enllaunament:** l'aliment s'escalfa, de manera que moren els microorganismes. Posteriorment s'envasa al buit, de manera que no el pot afectar cap microorganisme.
- **Refrigeració** i **congelació:** en l'actualitat és un dels recursos més usats. Les baixes temperatures maten els gèrmens i permeten que els aliments durin mesos. En la refrigeració, la temperatura es manté entre 3 i 8 graus; en la congelació, la temperatura es manté entre 5 i 18 graus sota zero.
- **Adob:** els aliments se submergeixen en un medi on els microorganismes no poden proliferar, com vinagre, aigua i sal. S'utilitza per conservar, per exemple, pastanagues.
- **Pasteurització:** un líquid se sotmet a temperatures molt elevades durant un període de temps molt breu, de manera que es maten tots els microbis. S'utilitza per a la llet i els sucs de fruita, per exemple.
- **Almívar:** en aquest procés, en primer lloc s'ha de coure un aliment –per exemple, maduixes– amb la finalitat d'esterilitzar-lo. En segon lloc, es recobreix amb una solució saturada d'aigua i sucre. És ideal per fer confitures i melmelades.

SABER-NE MÉS

La fabricació digital: les impressores 3D

Les impressores 3D són unes impressores que permeten imprimir objectes a partir de dissenys creats amb ordinador. De la mateixa manera que una impressora pot imprimir en paper un document que es troba a l'ordinador, una impressora 3D és capaç de crear una peça amb volum a partir d'informació.

Es poden fer objectes amb tota mena de materials, però es prefereix usar materials plàstics o artificials, com el niló. Fins i tot es poden fer dissenys amb material comestible.

Tipus d'impressores 3D

Bàsicament les impressores empren plàstic en forma de pols que s'escalfa fins a fondre's.

En funció de la manera com la impressora 3D fa que el plàstic adopti la forma desitjada, es poden distingir entre dues menes d'impressores:

- Les **impressores d'addició**, on el material plàstic que s'usa de base per fer el disseny es va afegint en l'objecte en forma de capes.
- Les **impressores de compactació**, que utilitzen una massa de pols que es compacta en forma de capes. Les impressores de compactació poden ser:
  - De **tinta**: empren una tinta que aglomera la pols i la compacta. La tinta pot adquirir colors diferents.
  - De **làser**: empren un làser que s'aplica a la pols de plàstic i posteriorment se submergeix en un líquid, de manera que s'acaba solidificant.

El disseny pot fer-se ara en qualsevol lloc, i la impressió de l'objecte es pot realitzar des de la pròpia casa. Com que es pot imprimir qualsevol objecte, això vol dir que aquests objectes es podran adaptar exactament a les nostres necessitats.

Quin tipus d'objecte es pot fer amb les impressores 3D?

Es poden fer tota mena d'objectes, siguin objectes d'ús quotidià, com per exemple un vas, o fins i tot es poden usar en medicina per fer pròtesis. També es poden dissenyar aliments amb un disseny especial; en aquest cas, en lloc de plàstic la impressora s'ha de carregar amb l'aliment escollit.

Els dissenys

Els dissenys són, per tant, la principal eina de treball a l'hora de crear productes amb les impressores 3D. Existeixen programes molt senzills d'utilitzar amb els quals fer dissenys 3D, com per exemple Tinkercad, SolidWorks o bé Blender.

Un cop s'ha fet el disseny, el programa s'encarrega de dividir l'objecte en peces imprimibles, i en les capes necessàries de plàstic que la impressora haurà d'aplicar. Posteriorment, envia cada peça a imprimir.

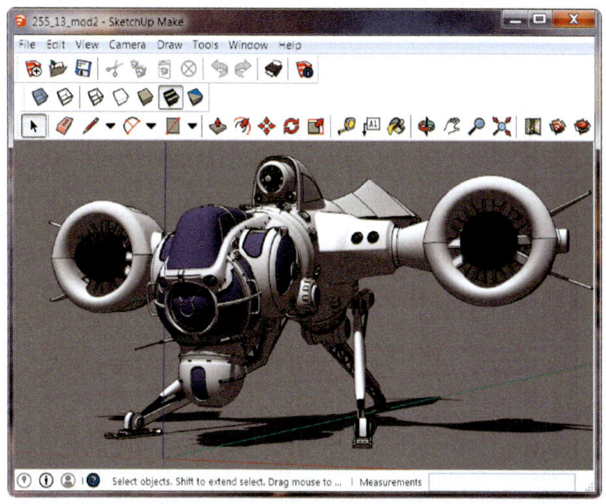

Disseny realitzat amb un programari per a impressores 3D.

Es fa el disseny amb l'ordinador, i el programa s'encarrega de dividir la peça en capes.

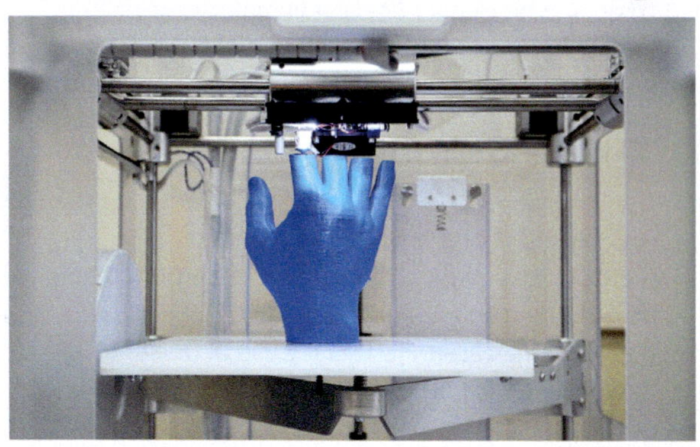

Objecte elaborat amb una impressora 3D.

SABER FER

Un procés industrial proper: la fabricació d'automòbils

En la fabricació de qualsevol objecte hi ha un procés que transforma les matèries primeres, tal com hem vist al llarg de la unitat.

Per conèixer un procés industrial proper, en primer lloc cal identificar el procés tecnològic que es vulgui estudiar. Com més proper sigui, més fàcil serà accedir a tota la informació que es necessiti. Si és possible, seria molt interessant poder visitar una fàbrica i obtenir la informació de primera mà.

La informació que cal recollir per realitzar aquesta tasca és la següent:

- **La planificació**
  - De quina manera s'ha planificat el procés?
  - Ho va decidir un grup de treball en reunions?
  - Es va realitzar una investigació prèvia?
  - Es va fer una pluja d'idees per comptar amb l'opinió de tots?
  - Com es va establir el disseny del producte? Quin procés es va dur a terme per aprovar-lo?
- **La producció**
  - De quina manera es va dur a terme la producció de l'objecte?
  - Quins controls de qualitat passen els objectes un cop fabricats?
  - Quines eines i màquines van ser necessàries?
  - Quina qualificació necessiten els treballadors per dur a terme les seves feines?
- **La distribució**
  - De quina manera es distribueix el producte? On s'emmagatzema?
- **La comercialització**
  - De quina manera els clients coneixen l'existència d'aquest producte? Per què el prefereixen a d'altres productes similars?

POSA ATENCIÓ

A Catalunya hi ha dues grans fàbriques d'automòbils: Seat i Nissan. La fàbrica principal de Seat es troba a Martorell, i té 7.000 treballadors. Nissan té una fàbrica al polígon industrial de la Zona Franca, amb 4.000 empleats.

SABER-NE MÉS

El procés de la indústria automobilística

Per fabricar un automòbil s'ha de passar per les fases següents:

Planificació

En primer lloc cal fer una planificació sobre quin tipus d'automòbil es vol vendre. Es pot tractar d'un cotxe econòmic dirigit a persones amb pocs ingressos econòmics; també hi ha automòbils pensats per a famílies o d'altres que destaquen per la seguretat.

Els **estudis de mercat** estableixen el grup de població al qual anirà dirigit el nou automòbil, les seves prestacions i el seu preu final.

Disseny i predesenvolupament

En aquesta fase es fa un disseny preliminar de l'interior i de l'exterior de l'automòbil. S'analitzen amb detall tots els components que seran necessaris, molts dels quals s'hauran de produir de manera exclusiva per a aquest automòbil.

En aquest moment del procés cal tenir present tota la normativa legal requerida en la construcció d'un automòbil en aspectes com la seguretat, l'emissió de gasos contaminants o bé la posició i el color dels intermitents, per exemple.

Tria de proveïdors

Una fàbrica de cotxes depèn de moltes empreses al seu voltant per a la fabricació de peces i producció de components. Mitjançant els concursos, l'empresa pot triar quina empresa proporcionarà el material al preu més baix possible.

Simulació, prototips i proves

Un cop triats els materials i components, es fa una simulació virtual de l'automòbil i se sotmet a algunes proves. Seguidament es produeix un prototip, gràcies al qual es pot estudiar el grau de confort o la seva seguretat. Els prototips es fan anar en circuits de proves i se'ls sotmet a situacions extremes. Finalment aquests prototips es proven a la via pública de manera camuflada.

Planificació de la construcció

En aquest moment també es fa un estudi sobre la viabilitat de la construcció de l'automòbil, de manera que el procés d'acoblament sigui automatitzable. Un bon disseny pot estalviar moltes hores en la construcció de l'automòbil, i això revertirà en el preu final.

Malgrat que s'utilitzen línies de producció de models previs, sovint s'han d'incorporar canvis i millores. L'adaptació de la fàbrica és un procés que pot requerir mesos fins que no està llesta per rendir al màxim.

Procés de producció

Un automòbil triga unes 15-20 hores a construir-se. Per sotmetre's als processos diferents s'utilitza una cinta transportadora. Tot el procés de construcció s'acostuma a realitzar en una única planta. Consta de les fases següents:

- Fer la carrosseria: és l'estructura fonamental del cotxe i consta de l'habitacle, el terra, les parets i les portes. Les peces s'acoblen soldant-les, reblant-les o enganxant-les. Les fàbriques també disposen de premses amb les quals el metall es converteix en carrosseria.
- Pintar: un cop acoblada, la carrosseria s'ha de pintar i protegir contra la corrosió.
- Acoblar-hi altres elements: en aquest moment es col·loca el motor, la transmissió, els fars i els seients.
- Muntar: en aquesta fase es completa la construcció de l'automòbil. S'hi col·loquen les peces que falten, com el volant, el quadre de comandament i els líquids i olis imprescindibles.
- Provar, emmagatzemar, distribuir i vendre: un cop finalitzat, el cotxe se sotmet a una sèrie de proves. Un cop superades, el cotxe pot ser emmagatzemat, distribuït i posat a la venda.

ACTIVITATS

3 Fes un estudi del procés que es duu a terme en una fàbrica propera a on vius. Assenyala les matèries primeres que s'hi utilitzen i el procés de transformació que s'hi duu a terme, i les fases que es poden distingir en la seva producció.

ACTIVITATS FINALS

REPASSA EL QUE ÉS ESSENCIAL

4 Indica si els objectes següents es poden considerar instruments tècnics o tecnològics, i si es tracta d'una matèria primera o d'un material transformat.

a) Un arbre

b) Una rajola

c) Un compàs

d) Una pedra

e) Una obra d'art

f) Un tornavís

g El foc

h) Un llamp

5 Explica quin problema pretén resoldre cada instrument tecnològic següent:

a) Alarma antiincendis

b) Ventilador

c) Porta automàtica

d) Telèfon sense fil

e) Llibre electrònic

6 Quines són les principals diferències entre l'artesania i la indústria? En què s'assemblen totes dues?

7 Indica si les indústries següents pertanyen a la indústria pesant, a la indústria de béns immobles o bé a la indústria lleugera.

a) Fàbrica de mòbils

b) Siderúrgia

c) Fàbrica de ciment

d) Fàbrica de vidre

e) Fàbrica de microprocessadors

f) Metal·lúrgia

8 Indica quin és l'origen –animal, vegetal o mineral– que tenen les fibres següents:

a) Lli

b) Llana

c) Raió

d) Licra

e) Caixmir

f) Espart

g) Tergal

h) Niló

9 Posa exemples de productes tèxtils que facis servir de manera habitual.

10 Completa els enunciats amb els termes següents: carda, torçar, netegen, manuar, vetes.

a) La ______________ és un aparell amb el qual es pentinen les fibres.

b) Gràcies al ______________, s'estiren les cintes de carda i s'obtenen les ______________.

c) El batà és una màquina amb la qual es ______________ les fibres i s'extreu la brutícia que contenen.

d) El darrer pas consisteix a ______________ les cintes per obtenir el fil.

11 Completa el requadre següent:

Màquina	Funció	Producte
Batà		
Carda		
Manuar		

12 Quines són les principals diferències entre una empresa virtual i una empresa convencional?

13 EXPRESSIÓ ESCRITA. Explica de quina manera Internet facilita la col·laboració en el món virtual.

14 Per a què serveixen els palets i l'embalatge?

15 Explica la diferència entre:

a) Metalls fèrrics i metalls no fèrrics

b) Termoplàstics i termoestables

PRACTICA

16 Indica si es tracta d'un teixit pla o d'un teixit de punt.

a)

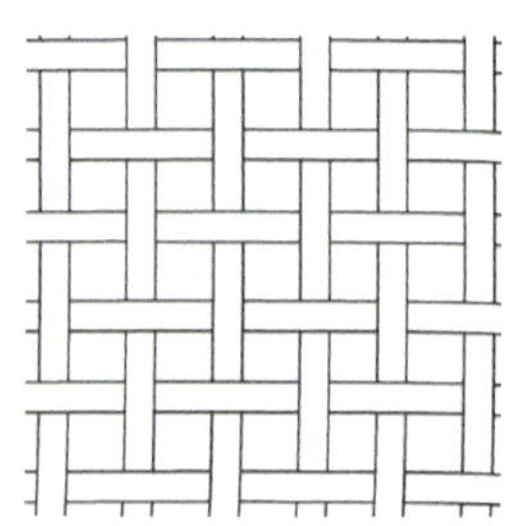

c)

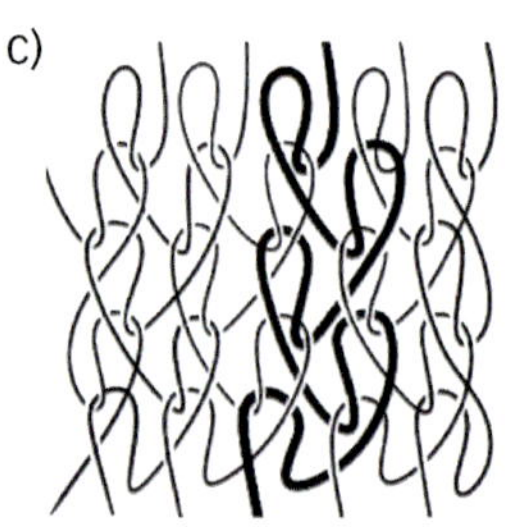

b)

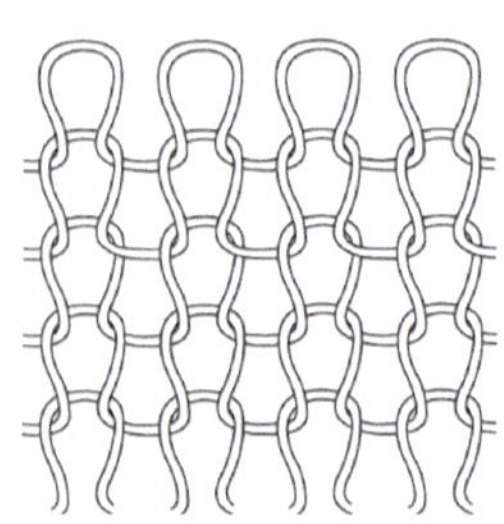

d)

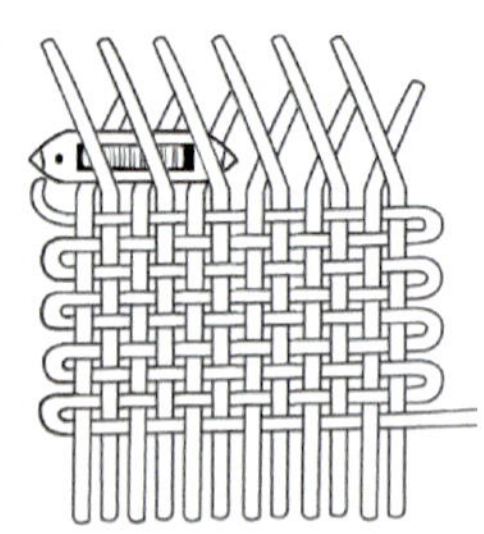

17 Dibuixa un magatzem i els seus elements principals.

18 Indica de quin tipus de tauler de fusta es tracta:

a)

b)

c)

19 Enllaça cadascuna de les tècniques de conservació amb la seva definició:

a) adob	☐	El producte es congela i després es deixa en una cambra de buit.
b) dessecació	☐	L'aliment es deshidrata salant-lo.
c) pasteurització	☐	Els aliments se submergeixen en vinagre, sal i aigua.
d) salaó	☐	S'aplica calor fins que el producte s'asseca.
e) liofilització	☐	Un líquid se sotmet a temperatures molt elevades durant un període de temps molt breu.

20 Indica a quina tècnica d'elaboració de plàstics correspon cada definició:

El plàstic en forma de grànuls s'introdueix en un conducte calent i s'injecta en un motllo amb la forma desitjada.	
El plàstic s'empeny per un encuny.	
El plàstic es fa passar per uns rodets fins que s'aconsegueix una lona.	
Els grànuls de plàstic es col·loquen en un motllo calent i a sobre s'hi aplica una gran pressió, de manera que el plàstic adquireix la forma del motllo.	

21 Completa les oracions següents:

a) Per conservar la llet, s'utilitza la tècnica de ______________.

b) Amb la tècnica de la ______________, es vol deshidratar els aliments sense aplicar calor, sinó sal.

c) El procés pel qual un aliment es conserva per sota dels 5 graus sota zero s'anomena ______________.

d) En el procés d' ______________, els aliments primer s'escalfen i després s'envasen al buit.

e) El procés pel qual un aliment se submergeix en una substància en la qual no poden proliferar els microorganismes s'anomena ______________.

f) Per fer l'______________, primer es cou l'aliment i seguidament es recobreix amb una solució saturada d'aigua i sucre.

g) Amb la ______________ el producte es congela i després es deixa en una cambra de buit.

22 Indica quin és el millor mètode per conservar els aliments següents:

a) maduixes

b) salmó fumat

c) cafè

d) figues seques

e) llet

f) embotits

g) xocolata

h) iogurts

AMPLIA

23 Compara els processos que es duen a terme en la indústria tèxtil i en la indústria alimentària.

a) Assenyala quines són les principals semblances.

b) Indica quins són els processos diferents que distingeixen totes dues indústries.

TÈCNICA. El teler de Cartwright

El teler de Cartwright va suposar un important avanç en la confecció de teixits. El seu èxit va consistir a mecanitzar part del procés que fins a aquell moment s'havia de fer a mà. Aquest invent va suposar una important contribució a la revolució industrial.

El teler aixeca en cada moment els fils que constitueixen l'ordit, de manera que el fil de la trama pot passar pels espais que s'han obert, anomenats calades. El teler permet que aquest procés es faci de manera automàtica i ordenada, aixecant en cada moment els fils corresponents. La llançadora porta el fil de la trama d'un costat a l'altre del teler. El carret on s'enrotlla el fil de la trama s'anomena bitlla, i es troba a l'interior de la llançadora.

En aquesta màquina del 1787, el teler consta d'unes palanques que accionen la llançadora. Hi ha dos eixos principals: un arbre de cigonyes –que mou el batà– i un arbre d'excèntrics, que obre el batà. El teler té un mecanisme pel qual s'atura si la trama o l'ordit es trenquen, o bé la llançadora no completa el seu recorregut.

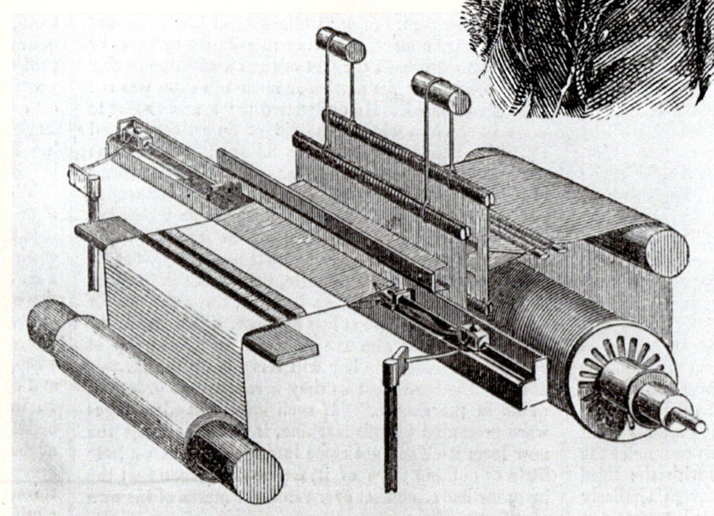

Edmund Cartwright (1743-1823) era un clergue anglès que va fer importants contribucions a la revolució industrial. Malgrat la seva gran capacitat innovadora, Cartwright mai no es va poder aprofitar econòmicament de les seves invencions, tot i que ho va intentar. Va muntar una fàbrica l'any 1785, però l'empresa va fer fallida uns anys més tard per culpa de diversos accidents. De totes maneres, la Cambra dels Comuns d'Anglaterra va reconèixer la importància del teler de Cartwright en el desenvolupament econòmic de la nació atorgant 10.000 lliures al seu creador.

24 Enumera alguns dels elements d'aquest teler.

a) Quins elements creus que encara formen part dels telers actuals?

b) Quins no?

25 Per què creus que era més avantatjós el teler mecànic que els telers manuals previs?

26 De quina manera et sembla que aquest teler mecànic va contribuir a la revolució industrial? Assenyala les respostes que consideris correctes.

a) Va permetre accelerar el procés de confecció de teixits.

b Va incrementar la productivitat.

c) Va permetre fer teixits més resistents.

d) Els teixits duren més.

27 Respon.

a) Quina funció té la llançadora?

b) Per quin motiu el teler aixeca els fils de l'ordit?

c) Què és la bitlla?

28 EXPRESSIÓ ESCRITA. Fes una redacció on s'expliqui el funcionament del teler de Cartwright.

29 En funció de la manera en la qual s'aixequen els fils de l'ordit, es pot donar lloc a tipus diferents d'entrellaçat. Investiga quins són els entrellaçats més bàsics que es poden realitzar amb els telers.

30 Indica en quins casos el teler s'atura.

31 Completa les oracions següents:

– El teler de ____________ va significar una important contribució a la revolució ____________.

– El teler aixeca part dels fils que constitueixen l'____________. Per l'espai que queda, pot passar el fil que constitueix la ____________.

– La ____________ va de banda a banda del teler portant el fil de la trama. El carret on s'enrotlla aquest fil s'anomena ____________.

32 PREN LA INICIATIVA. Quina ha estat l'evolució dels telers? Quins són els principals canvis que s'han esdevingut? Els telers actuals s'assemblen al teler de Cartwright?

UN CAS PRÀCTIC. La invenció de productes tecnològics i les patents

Set fracassos que han canviat el món

Akio Morita, fundador de Sony i president de la multinacional japonesa fins al 1994, sempre s'havia vantat d'haver estat l'inventor del Walkman, ja que era el giny ideal per donar satisfacció simultània a les seves dues aficions principals: escoltar música clàssica i jugar a golf. Segurament per això, Sony va fer passar un autèntic calvari a Andreas Pavel, un inventor que el 1977 havia patentat en diversos indrets d'Europa i als Estats Units l'anomenat Sterobelt, el cinturó estereofònic, un aparell amb unes funcionalitats essencialment iguals que el Walkman, que Sony començaria a fabricar i vendre –amb l'èxit conegut per tothom– dos anys després. Pavel havia intentat infructuosament comercialitzar el seu invent des del 1972, però les grans companyies del sector l'havien rebutjat perquè consideraven que ningú no es voldria mostrar en públic duent uns auriculars.

El cas és que Sony ja havia pagat drets a Pavel per alguns detalls de la seva patent, però no li volia reconèixer la paternitat de tot l'invent, i no va ser fins al 2004, cinc anys després del traspàs de Morita, que va donar el seu braç a tòrcer i va arribar a un acord extrajudicial amb ell. El va indemnitzar amb una quantitat estimada en més de deu milions de dòlars i, sobretot, per la via dels fets, li reconeixia la paternitat de l'invent. Tanmateix, alguns tribunals havien fallat en contra de Pavel a partir de la consideració que la seva patent corresponia a tecnologies que ja existien amb anterioritat. Arguments com aquest i la potència econòmica de Sony van aconseguir ofegar Pavel, el qual estava arruïnat i pràcticament a punt de donar-se per vençut. Finalment, la persistència de la seva reivindicació va acabar donant bons resultats i ens va proporcionar un altre exemple documentat i flagrant de com la història dels ginys tecnològics també està escrita, si més no, en primera instància, pels guanyadors.

Al llarg d'aquest llibre, apareixen altres parelles –i fins i tot, algun trio– que, com la parella Morita-Pavel, esdevenen exemples clamorosos de qui escriu la història i com cal que passi el temps perquè, de vegades, les fal·làcies associades siguin desemmascarades. Per consegüent, quan hi ha fracassos involucrats, és força probable que el relat dels fets, si no ignora coses essencials, estigui deformat i adoptat pels considerats guanyadors.

[...] En definitiva, el llibre també tracta de ser una reivindicació d'aquests innovadors: les seves aportacions sovint han estat menystingudes pels estaments oficials dels sectors respectius, els quals, a tot estirar, a vegades s'han limitat a relatar de passada la pura anècdota associada, sense parar esment en la seva veritable contribució.

Font: Llorenç Valverde. *Set fracassos que han canviat el món*. Editorial UOC.

33 COMPRENSIÓ LECTORA. De què parla el text? Digues quines en són les idees més importants. Quin títol alternatiu creus que podria ser adient?

34 Quina era la funció del Walkman? Coneixes algun aparell que actualment tingui una funció semblant?

35 Per què creus que Andreas Pavel va fracassar quan va voler comercialitzar el seu invent, i en canvi el president de Sony va tenir aquest èxit?

36 Per què són tan importants les patents?

37 Quins són els avantatges del Walkman?

a) Permet fer tasques diferents alhora.
b) Facilita la visualització de vídeos.
c) Contribueix a escoltar música en qualsevol lloc.
d) Permet enviar missatges.
e) És portàtil.

38 PREN LA INICIATIVA. Creus que els invents sempre s'atribueixen als inventors reals? Per què sovint no passa això?

39 Coneixes altres casos d'innovadors que no van poder reivindicar les seves creacions perquè se les van adjudicar altres persones?

40 Explica què vol dir l'oració següent: «La història dels ginys tecnològics també està escrita, si més no, en primera instància, pels guanyadors».

ET RECOMANEM

Un llibre. *Set fracassos que han canviat el món*, de Llorenç Valverde. El llibre tracta sobre invents que malgrat estar presents en la nostra vida quotidiana, van ser ideats amb altres fins, i per aquest motiu es pot arribar a afirmar que en realitat es tracta de fracassos.

La conservació d'aliments

Es coneixen moltes tècniques per conservar aliments. Algunes són molt senzilles i es poden posar en pràctica amb ingredients i estris que es troben a casa. És el cas de la salaó.

Un dels productes que s'acostuma a salar amb la finalitat de conservar-lo són les anxoves.

Què necessites?

Ingredients

- Anxoves.
- Sal de cuina i sal grossa en abundància.
- Oli d'oliva verge.

Estris

- Un recipient de vidre per guardar l'aliment.
- Paper o film de cuina transparent.

On podem trobar els ingredients?

Les anxoves fresques es poden trobar en una peixateria o bé al mercat.

POSA ATENCIÓ

Existeix una sal especial per fer salaó, que es pot adquirir al supermercat.

La conserva

Tradicionalment, la conserva d'anxoves es presenta en recipients hermètics, normalment en pots de vidre. En la indústria alimentària, un cop salat el producte s'acostuma a comercialitzar en llauna.

Abans de començar

És important que les anxoves fresques es congelin abans de salar-les, com a mínim durant 24 hores. Això es deu a possible la presència de la larva d'*Anisakis*, un paràsit dels peixos que pot provocar en els humans diferents manifestacions al·lèrgiques com la urticària, i en casos extrems els símptomes poden arribar a ser greus. Per aquest motiu es recomana no menjar peix cru, a no ser que s'hagi congelat prèviament, ja que aquest procés mata el paràsit.

Neteja de les anxoves

En primer lloc es netegen les anxoves traient-ne el cap i els budells. Tot seguit s'han d'obrir per la meitat amb la finalitat d'extreure'n l'espina. Deixem les anxoves ben netes amb aigua i tot seguit les escorrem i les deixem assecar.

Procés de neteja de les anxoves.

Salaó

1. Agafem un recipient i hi posem un paper de cuina transparent.
2. Posem una capa de sal i després ho recobrim amb les anxoves.
3. Per sobre d'aquesta capa d'anxoves, es posa més sal de cuina i per sobre, una nova capa d'anxoves. Es poden posar diverses capes superposades.

Col·locació de les anxoves de manera ordenada.

POSA ATENCIÓ

Quan es fa la salaó, les anxoves s'han de col·locar de manera endreçada.

4. Un cop haguem col·locat totes les anxoves, es recobreixen amb sal grossa en abundància i es tapen amb paper de cuina transparent. És recomanable posar-hi un pes a sobre.

Les anxoves es recobreixen amb sal grossa.

5. Es deixen a la nevera unes 72 hores.
6. Un cop passat aquest període de temps, les netegem, les eixuguem i les col·loquem amb oli per conservar-les.

Anxoves amb oli d'oliva.

Conservació

La salaó és una forma de conservació d'aliments que s'anomena semiconserva. Això vol dir que als aliments no se'ls ha aplicat calor, de manera que es conserven i es consumeixen crus. Per prudència, si no s'han consumit convé guardar-les a la nevera.

EL PROCÉS TECNOLÒGIC	
Identificació del problema	Conservació de les anxoves.
Exploració d'idees	Investigar els diferents mètodes de conservació i estudiar quin s'adapta millor a les anxoves.
Disseny	Es preparen els ingredients i els estris.
Execució	Es realitza el procés de salaó.

ACTIVITATS

41 Informa't sobre els processos de conservació d'aliments diferents, com el préssec o les olives. Tria un d'aquests aliments, analitza quina tècnica s'utilitza per conservar-lo i posa-ho en pràctica.

5 Ofimàtica

SABER

- Ofimàtica.
- Aplicacions per crear presentacions.
- El full de càlcul.
- Gestors de bases de dades.

SABER FER

- Elaborar presentacions multimèdia.
- Utilitzar un full de càlcul.
- Manejar bases de dades.

El microprocessador rep l'**energia** de la font d'alimentació connectada a la placa base.

Els «micros» moderns tenen **diversos nuclis** que treballen en paral·lel.

El **silici** és el material base per a l'elaboració de microprocessadors.

La **memòria cau** és una memòria molt ràpida a la qual accedeix el micro per reduir el temps d'espera.

En un micro hi ha centenars de milions de **transistors**.

L'**encapsulatge** protegeix els circuits

En els ordinadors de sobretaula el micro es connecta a la **placa base** en un sòcol associat a un dissipador de calor i a ventiladors per refrigerar-lo.

INVENTS QUOTIDIANS. **El microprocessador**

El microprocessador és l'ànima d'un ordinador. És el component encarregat de fer els **càlculs**, executar el sistema operatiu o les aplicacions.

No tan sols hi ha microprocessadors en els ordinadors, sinó que els telèfons, les tauletes, les calculadores, les videoconsoles, els televisors, els electrodomèstics, les màquines industrials o els robots també disposen d'un microprocessador.

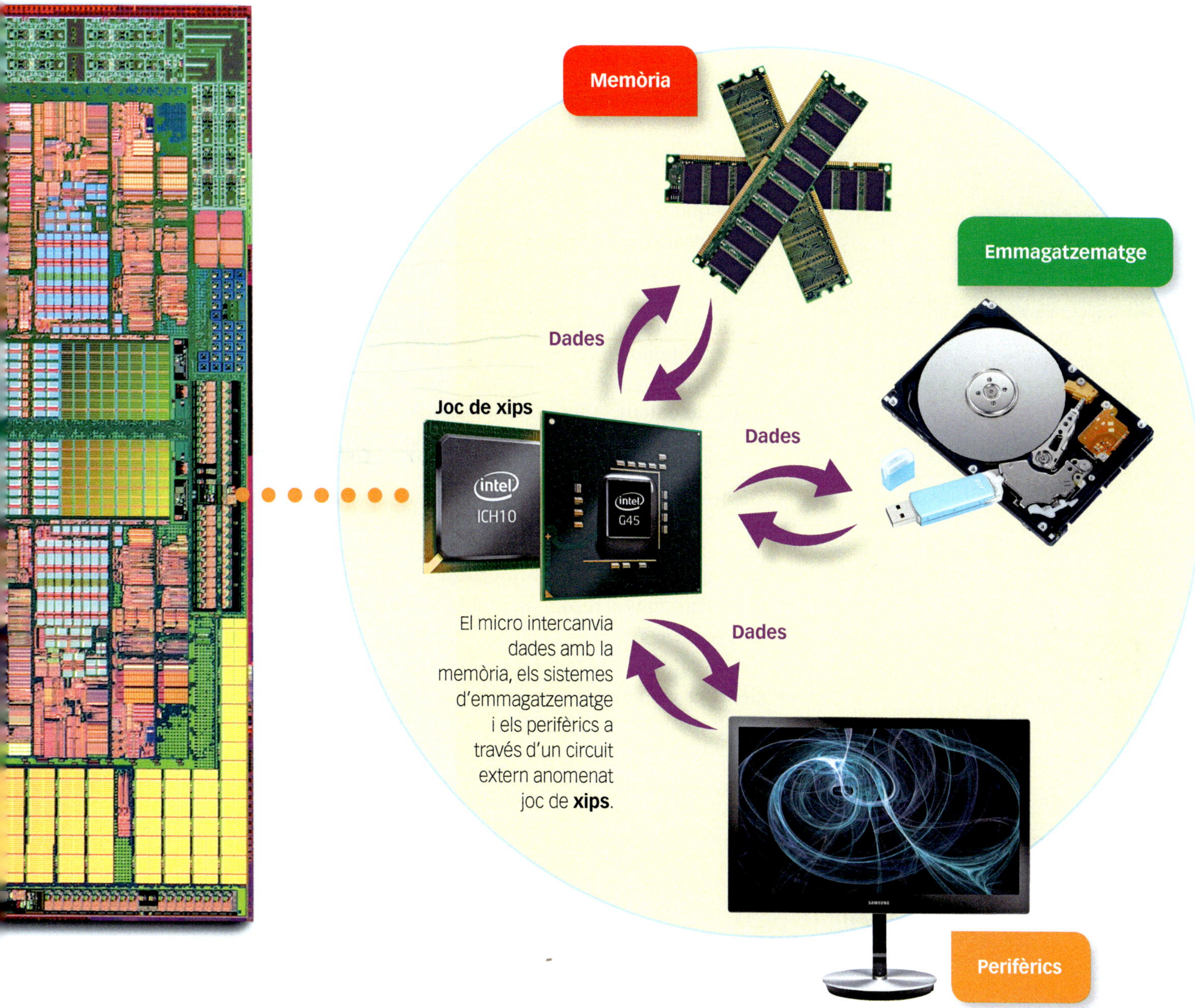

El micro intercanvia dades amb la memòria, els sistemes d'emmagatzematge i els perifèrics a través d'un circuit extern anomenat joc de **xips**.

? INTERPRETA LA IMATGE

- Quin és l'avantatge dels microprocessadors que disposen de diversos nuclis?
- Per què usa el «micro» una memòria cau interna en comptes d'emmagatzemar totes les dades a la memòria RAM connectada a la placa base de l'ordinador?

CLAUS PER COMENÇAR

- Per a què serveix un full de càlcul?
- Opina. Molts ordinadors del mercat tenen microprocessadors bastant més potents del que cal per navegar per Internet o manejar un programa de presentacions o un full de càlcul. Què et sembla, això?

1 Ofimàtica

Avui dia gairebé tots els treballadors necessiten manipular ordinadors.

La presència d'ordinadors a les llars, les empreses o l'Administració està generalitzada.

Fem servir el terme **ofimàtica** (oficina automàtica) per referir-nos a l'automatització mitjançant equips electrònics dels processos administratius i de les comunicacions a les oficines.

En molts casos s'utilitzen aplicacions específiques per a una empresa o centre d'investigació, per exemple, però en una gran part dels ordinadors de qualsevol oficina s'utilitzen les aplicacions següents:

- **Processadors de textos.** Són les aplicacions emprades per generar documents de tipus carta, informes, etc. El text és l'element més destacable.
- **Aplicacions per elaborar presentacions.** Permeten mostrar diferents pantalles a una audiència d'una forma dinàmica, incorporant, si cal, animacions, efectes d'àudio o vídeo.
- **Fulls de càlcul.** Aquestes aplicacions resulten imprescindibles en les empreses a l'hora d'elaborar pressupostos o presentar informes sobre les vendes, per exemple.
- **Gestors de bases de dades.** Vivim en una societat informatitzada en què hi ha enormes bases de dades amb informació sobre clients d'una empresa, afiliats a la Seguretat Social, estudiants d'un centre educatiu, etc. Els gestors de bases de dades emmagatzemen grans quantitats d'informació i ofereixen un ràpid accés als registres emmagatzemats.
- **Navegadors.** Internet ha esdevingut una font d'informació àgil i fàcil d'utilitzar.
- **Gestors de correu electrònic.** Permeten enviar i rebre arxius còmodament entre múltiples usuaris i organitzar-los per accedir ràpidament a missatges antics.

De segur que ja has treballat amb algunes aplicacions d'aquest tipus. En aquesta unitat estudiaràs amb detall les aplicacions per crear presentacions i els fulls de càlcul.

SABER-NE MÉS

Emmagatzematge al núvol

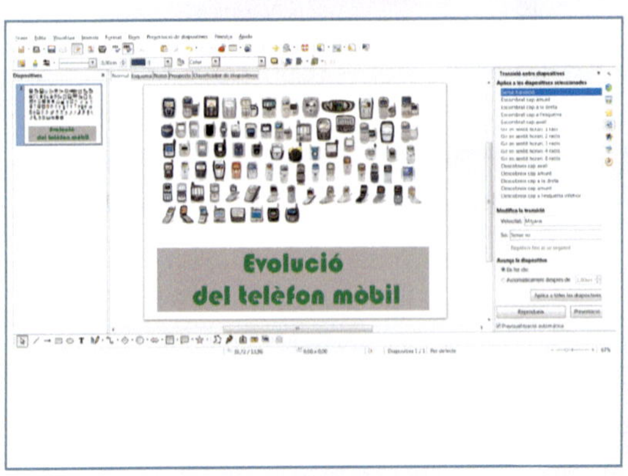

Cada vegada utilitzem més dispositius portàtils: ordinadors, tauletes, telèfons… En molts casos són eines de treball amb què un empleat accedeix a dades de clients, fa comandes, etc.

L'emmagatzematge al núvol fa referència a informació que no resideix en un dispositiu en concret, sinó que s'emmagatzema en servidors als quals podem accedir amb qualsevol equip connectat a Internet. Quin és l'avantatge? Doncs que un representant pot fer una comanda per a un client i aquest s'actualitza automàticament a la base de dades de la seva empresa, cosa que redueix temps d'espera a l'hora de comprar, per exemple. O diverses persones poden treballar al mateix temps sobre un mateix document de text i veuen en temps real les modificacions inserides pels seus companys.

2 Aplicacions per crear presentacions

Una **presentació multimèdia** està formada per un conjunt de diapositives que es mostren de forma consecutiva, l'una rere l'altra, en el monitor d'un ordinador o projectades en una pantalla.

Cada diapositiva pot incloure textos, imatges, sons, vídeo, etc., que poden ser estàtiques o bé amb efectes d'animació.

Gràcies a la difusió de les **pissarres digitals interactives (PDI)** i dels projectors, les presentacions han esdevingut una eina gairebé imprescindible a l'hora de mostrar un producte davant d'una gran audiència, sigui en empreses o en centres educatius.

Hi ha diferents aplicacions per generar presentacions multimèdia. Les més utilitzades són:

- **LibreOffice Impress.** És una aplicació gratuïta molt versàtil i fàcil d'utilitzar. Hi ha versions per a Windows, Linux i Mac OS.
- **Microsoft PowerPoint.** Forma part del paquet ofimàtic Microsoft Office. És una de les aplicacions més utilitzades, i moltes característiques dels documents generats són compatibles amb altres aplicacions. Hi ha versions per a Windows i Mac OS.
- **Keynote.** És una potent aplicació disponible per a sistemes Mac OS i iOS. Ofereix moltes possibilitats per crear efectes animats.

A continuació es mostra l'aspecte de l'Impress, tot i que altres aplicacions presenten unes opcions semblants.

Alguns professionals que utilitzen aquestes **presentacions** són:

- Professors i conferenciants.
- Estudiants que presenten un treball.
- Comercials que presenten un nou producte a possibles clients.
- Directius que mostren les línies d'actuació d'una empresa als seus treballadors.

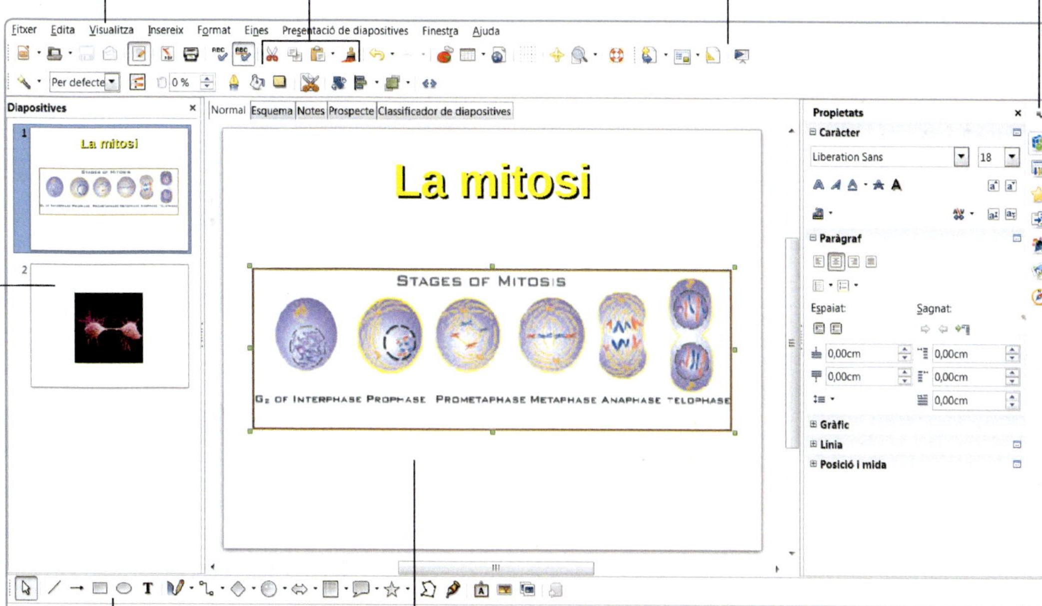

SABER FER

Crear una galeria fotogràfica a l'Impress

A qui no li agrada mostrar les fotografies dels seus viatges i celebracions als seus amics? En aquesta pràctica es mostra com fer-ho utilitzant un programa emprat per crear presentacions.

S'hi afegirà una **portada animada** i després les successives imatges es mostraran l'una rere l'altra.

1. Obre l'aplicació. Escriu un títol per a la presentació i tot seguit modifica el tipus de lletra, el color o la mida al menú Format ▸ Caràcter...
2. A la pàgina inicial insereix diverses imatges que aniran apareixent l'una rere l'altra. Per inserir una imatge escull el menú Insereix ▸ Imatge ▸ Des d'un fitxer... Navega per les carpetes fins que la trobis i fes clic a Obre.
3. Ajusta les dimensions de la imatge arrossegant els marcadors de les vores.
4. Per afegir dinamisme a la portada inclou un efecte animat. Selecciona la imatge i fes clic a l'àrea de la dreta de la pantalla a l'apartat Animació personalitzada ▸ Efecte ▸ Botó + i escull un efecte i la velocitat que desitgis.

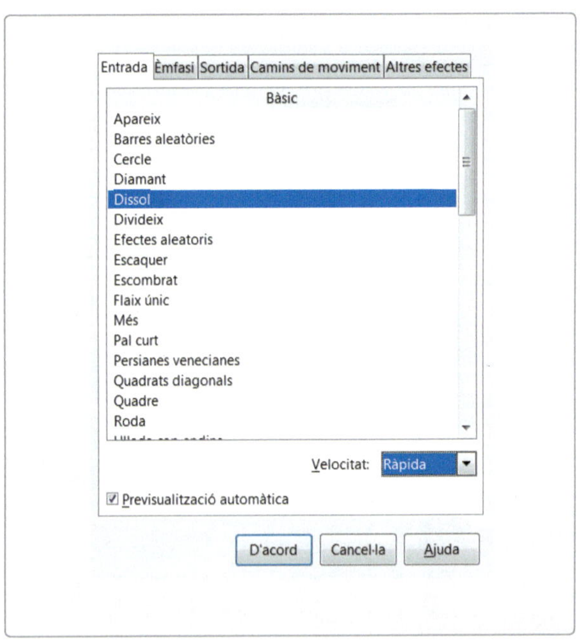

5. A la part dreta escull l'opció Inicia ▸ Després de l'anterior.

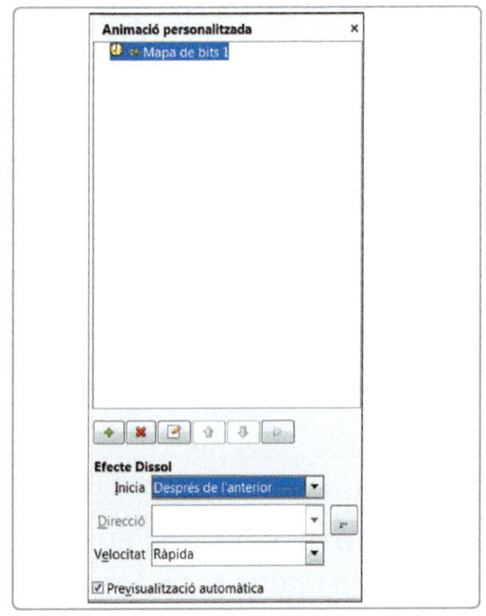

6. Repeteix els apartats anteriors per inserir altres imatges a la portada. Després prem el botó Presentació de diapositives, a la part inferior dreta, per comprovar com ha quedat la portada.

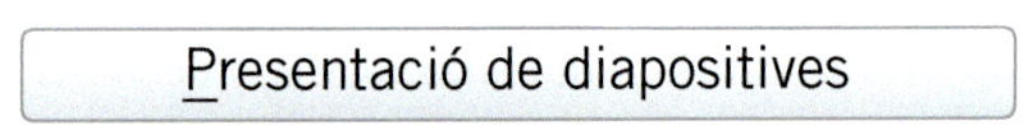

Obtindràs quelcom semblant:

PROGRAMARI NECESSARI

LibreOffice Impress o una altra aplicació per crear presentacions, com el **PowerPoint**.

RECORDA

Pots canviar la disposició de les imatges que se superposen entre si triant-ne una, prement el botó dret del ratolí i elegint el menú Organitza ▸ Porta al davant.

TRUC

Pots inserir diverses imatges d'una sola vegada copiant-les a l'explorador d'arxius i enganxant-les a l'àrea de treball de l'Impress.

7. Pots canviar l'ordre en què apareixen les imatges. A la part de la dreta selecciona la imatge i prem les fletxes per mostrar-la abans o després que d'altres.

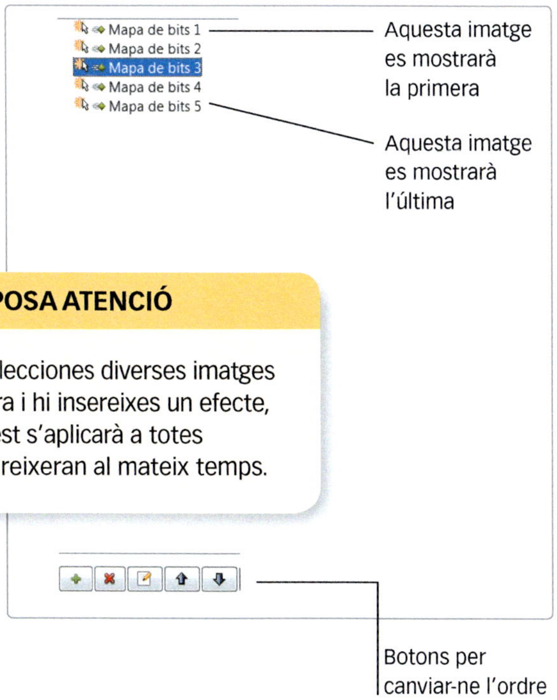

POSA ATENCIÓ

Si selecciones diverses imatges alhora i hi insereixes un efecte, aquest s'aplicarà a totes i apareixeran al mateix temps.

8. Ara afegeix un efecte d'animació al títol. Selecciona la caixa de text que el conté i procedeix com en el cas de les imatges: Animació personalitzada ▸ Modifica l'efecte ▸ Afegeix... i escull un efecte i la velocitat amb què es mostrarà.
9. Insereix una nova diapositiva: menú Insereix ▸ Diapositiva.
10. A la nova diapositiva afegeix una imatge i fes que ocupi quasi tota l'amplada disponible.
11. Afegeix algun efecte d'animació a la imatge.
12. Insereix un breu text sota la imatge que la descrigui.
13. Afegeix un efecte d'animació al peu de la fotografia i fes que es mostri junt amb la imatge (opció Amb l'anterior).
14. Ara inseriràs alguns botons per facilitar la navegació per la presentació. Afegiràs un botó per tornar a la portada, un altre per tornar enrere i un altre per avançar i mostrar la imatge següent.
15. Per inserir un botó utilitza formes de fletxes.
16. Escull una de les fletxes per tornar a la portada i després dibuixa-la.

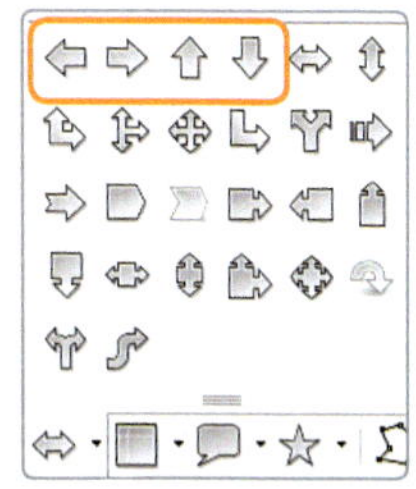

17. Per donar-li l'aspecte de botó selecciona la fletxa, prem amb el botó dret del ratolí i selecciona el menú Converteix ▸ En 3D.
18. Afegeix altres fletxes per anar a la diapositiva següent i a la diapositiva anterior.
19. Per afegir la interactivitat selecciona la fletxa que enllaçarà amb la pàgina inicial i, després de prémer amb el botó dret del ratolí, tria Interacció... ▸ Vés a la primera diapositiva. Després selecciona l'acció desitjada per a les altres fletxes (Vés a la diapositiva anterior, Vés a la diapositiva següent).

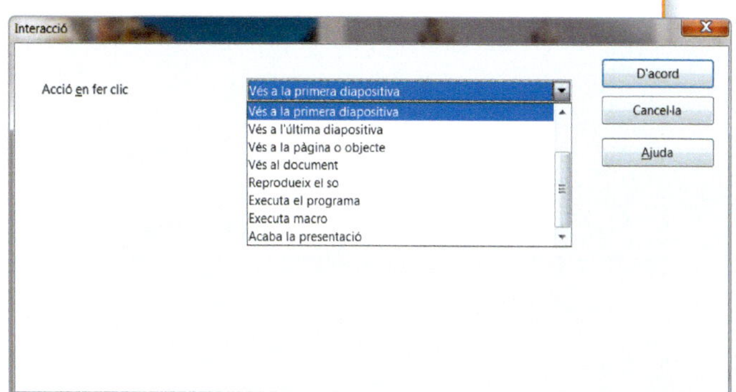

20. Copia i enganxa la diapositiva i després insereix en cadascuna la imatge corresponent.
21. Desa la presentació i prem F5 per comprovar el treball.

ACTIVITATS

1 Elabora la teva pròpia presentació afegint transicions a les diapositives (apartat Transició de diapositives situat sota el d'Animació personalitzada).

2 Quines opcions tens a l'hora d'inserir transicions? Cal prémer el ratolí perquè aparegui cada diapositiva?

SABER FER

Elaborar una línia del temps sobre el telèfon mòbil

Una de les característiques de les presentacions és la possibilitat d'afegir transicions a les diapositives. En aquesta pràctica aprofitaràs això per crear una línia del temps.

PROGRAMARI NECESSARI

LibreOffice Impress o una altra aplicació per crear presentacions, com el **PowerPoint**.

1. Afegeix un títol i alguna imatge a la portada de la presentació.

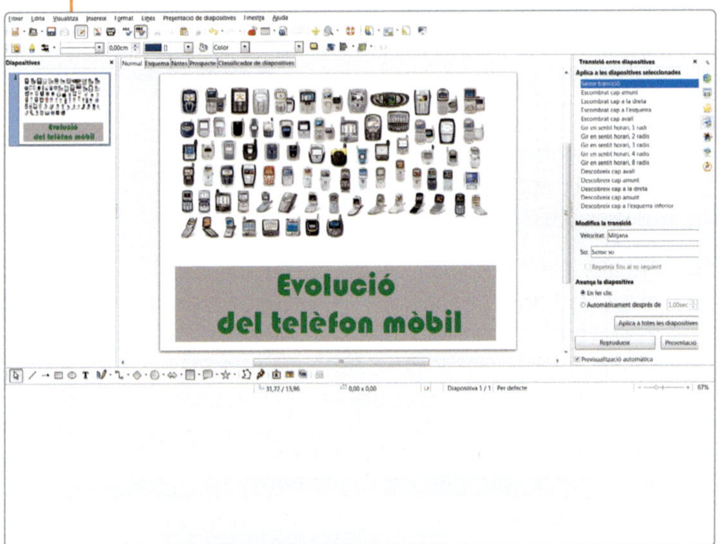

2. Insereix una nova diapositiva i comença a afegir-hi textos i imatges descrivint l'evolució del telèfon mòbil. Busca textos i imatges a Internet per completar les successives diapositives.
3. En cada diapositiva insereix una fletxa d'esquerra a dreta que ompli la diapositiva. Sobre la fletxa i també a sota situa-hi les imatges dels telèfons ordenades de forma cronològica.

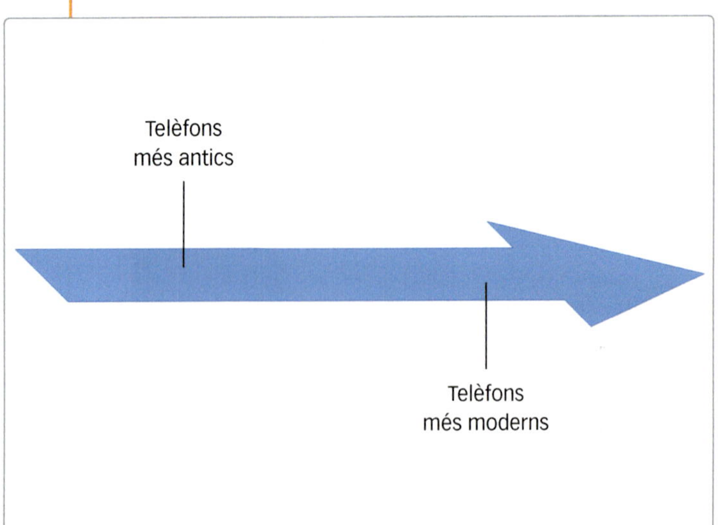

4. Afegeix una **imatge** d'algun telèfon mòbil que representés un canvi important respecte dels seus predecessors i, al seu costat, inclou la **data** de llançament al mercat i un **text** que descrigui la innovació que va aportar. Pots incloure dos o tres telèfons en cada pantalla.
5. Afegeix dues imatges que actuaran com a **botons** per navegar per la presentació cap endavant i cap enrere. Situa'ls als laterals de la diapositiva.
6. Per aconseguir que la diapositiva aparegui amb un escombrat adequat, sigui arribant-hi des d'una diapositiva posterior o una d'inferior, duplica la diapositiva.
7. Afegeix més pantalles amb imatges i textos mostrant l'evolució del telèfon mòbil fins a completar la presentació.
8. Per afegir la interactivitat selecciona el botó que enllaçarà amb la diapositiva (pàgina) que es mostrarà a continuació (la 4 si estàs ubicat en la diapositiva 2) i, després de prémer el botó dret del ratolí, escull Interacció... ▸ Vés a la pàgina o objecte ▸ Pàgina 4.

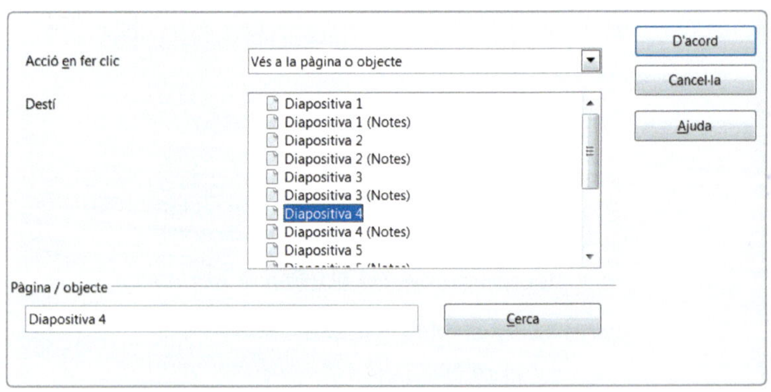

9. Repeteix el pas anterior enllaçant el botó que assenyala cap enrere amb la Pàgina 1.

POSA ATENCIÓ

Vés desant el document per no perdre el treball realitzat.

10. Afegeix una **transició** a la diapositiva 2.
Com que hi arribaràs des de la portada, insereix-hi un escombrat cap a l'esquerra.

Per fer-ho, a la part dreta de la pantalla escull l'apartat Transició entre diapositives i selecciona Escombrat cap a l'esquerra.

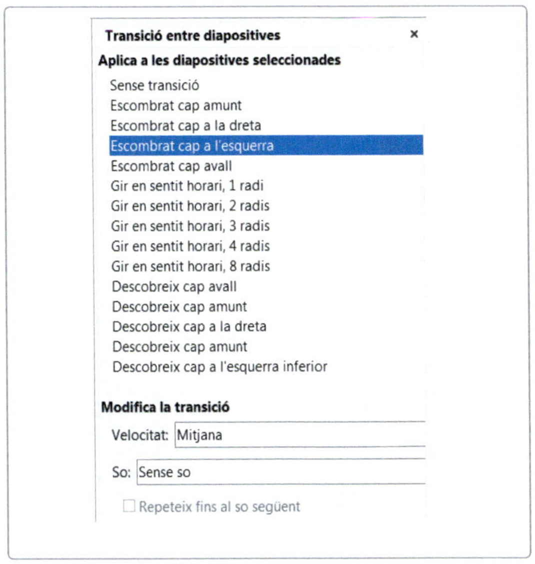

11. A l'apartat Velocitat, sota el tipus de transició, selecciona l'opció Mitjana.

12. A la diapositiva 3 insereix una transició amb l'opció Escombrat cap a la dreta.

OBSERVA

Cada pantalla (tret de la portada i de la darrera) ha d'aparèixer per duplicat en el document: una amb la transició Escombrat cap a l'esquerra i una altra amb la transició Escombrat cap a la dreta.

TRUC

Si copies un element amb un vincle inserit, quan l'enganxis a la mateixa diapositiva o en una altra de diferent el vincle es manté.

13. Completa els vincles entre les diferents diapositives de la presentació afegint interacció als botons de cada diapositiva.

Per exemple, si tens tres pantalles més la portada, hauràs d'enllaçar així les diapositives:

	Diapositiva	Cap endavant duu a...	Cap enrere duu a...
Portada	Diapo 1	Diapo 2	—
Pantalla 1	Diapo 2	Diapo 4	Diapo 1
	Diapo 3	Diapo 4	Diapo 1
Pantalla 2	Diapo 4	Diapo 6	Diapo 3
	Diapo 5	Diapo 6	Diapo 3
Pantalla 3	Diapo 6	—	Diapo 5

Com és lògic, la portada només enllaçarà cap endavant, i l'última pantalla, cap enrere.

POSA ATENCIÓ

Quan canvies de lloc una diapositiva enllaçada des d'una altra en la presentació, els vincles s'actualitzen automàticament. No és necessari tornar a la finestra Interacció.

14. Prem la tecla F5 per comprovar com es visualitza la presentació i provar els vincles d'unes diapositives a d'altres.

ACTIVITATS

3 Busca a Internet informació sobre l'exploració de l'espai i completa una línia del temps afegint fletxes, imatges de naus espacials i un breu text sobre cada missió.

4 Com t'ho pots fer perquè les diapositives avancin automàticament en una presentació sense que les hagis de prémer?

Elaborar un esquema classificant els animals

Un dels avantatges de les presentacions sobre un document escrit és que permet mostrar a la pantalla en cada moment només la informació que es vol mostrar i anar-la completant en successives diapositives. Això resulta útil a l'hora de presentar esquemes de classificació.

Aquí crearàs una presentació que mostri la classificació dels animals. Utilitza l'esquema següent:

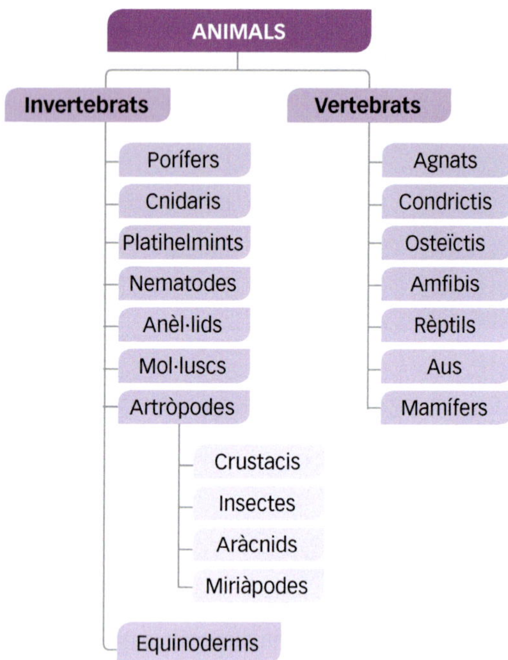

1. Insereix un títol i algunes imatges d'animals a la portada.
2. Afegeix una vora a les imatges. Selecciona-les totes i escull el menú Format ▸ Línia. Tria l'estil, el color, l'amplada de la línia, etc. Marca l'opció Arrodonit a Estil de cantonada.

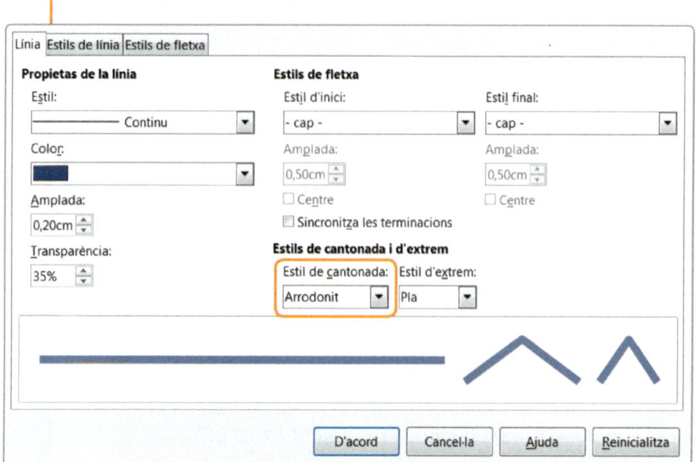

PROGRAMARI NECESSARI

LibreOffice Impress o una altra aplicació per crear presentacions, com el **PowerPoint**.

3. Afegeix un fons a la pàgina. Escull el menú Format ▸ Pàgina…, després selecciona la pestanya Fons i a l'opció Emplena marca Mapa de bits. Selecciona el que més t'agradi.

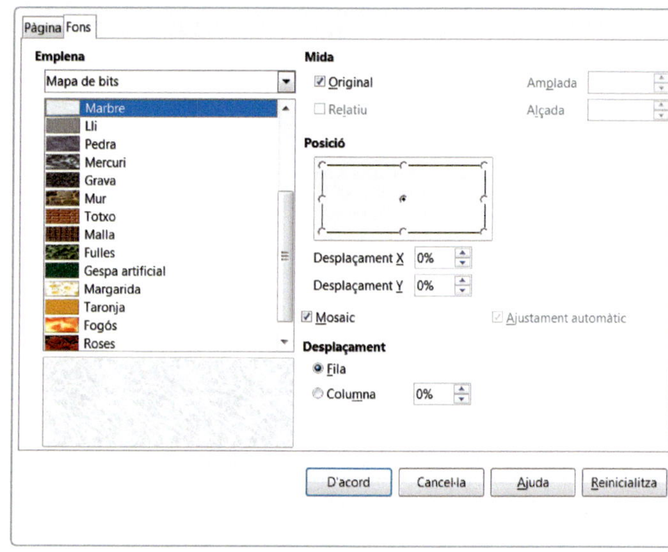

L'Impress et demanarà si es fa servir aquest fons per a totes les pàgines. Fes clic a l'opció Sí.

La portada pot tenir un aspecte semblant al que tens a continuació:

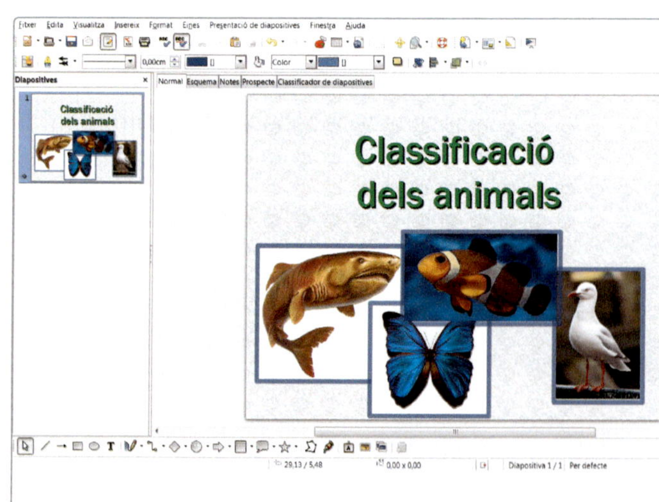

4. Insereix una segona diapositiva.

TRUC

Per elaborar cada diapositiva la solució més senzilla és copiar i enganxar la diapositiva anterior i després modificar-la.

5. Escriu la paraula **Animals** en una caixa de text i dóna-li un fons de color. Sota aquest cartell de text inclou una fletxa orientada cap avall.

6. Per alinear bé la caixa de text i la fletxa selecciona tots dos elements, prem amb el botó dret del ratolí i escull l'opció Alineació ▸ Centrada (vertical).

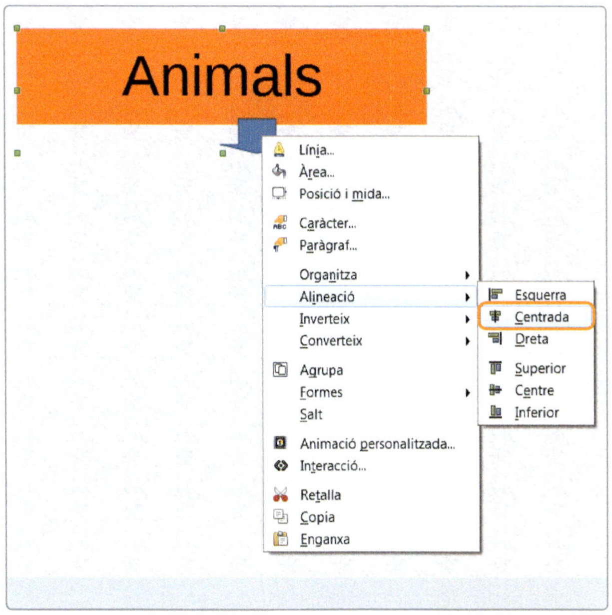

POSA ATENCIÓ

Pots canviar el color de fons d'una caixa de text, una fletxa, etc., triant el menú Format ▸ Àrea..., o seleccionant el menú contextual Àrea... després de prémer el botó dret del ratolí.

7. Copia i enganxa la diapositiva per continuar completant l'esquema. En cada diapositiva afegiràs un nivell de classificació.

   És a dir, després de la diapositiva que únicament conté el cartell **Animals** n'afegiràs una completant un altre escaló de l'esquema, mostrant les categories **Invertebrats** i **Vertebrats**.

8. Afegeix una línia connectora entre el text **Animals** i els textos **Invertebrats** i **Vertebrats**. **Prem** la icona de la barra d'eines Dibuix.

9. Sota aquests cartells de text insereix una fletxa com la de la diapositiva anterior.

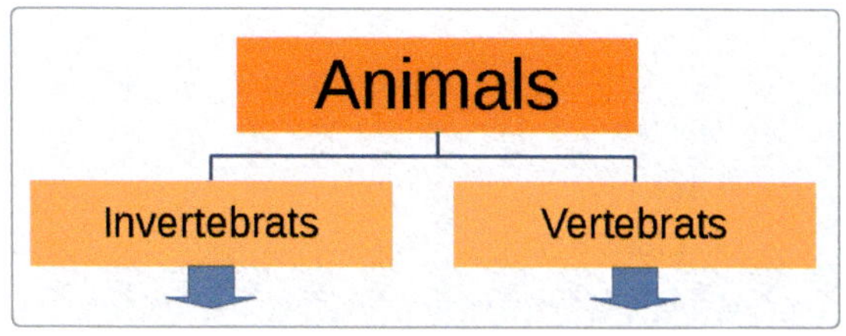

10. En la diapositiva següent inclou cartells amb els tipus d'invertebrats. Sota el cartell **Artròpodes** insereix una altra fletxa. I a la diapositiva següent afegeix els tipus d'artròpodes.

11. En una altra diapositiva inclou la categoria **Vertebrats**. Sota el cartell insereix una fletxa. A la diapositiva següent afegeix els tipus de vertebrats.

12. Afegeix interactivitat per navegar per la presentació. Selecciona una fletxa i, després de prémer el botó dret del ratolí, escull l'opció Interacció. A la finestra que apareix indica a quin lloc del document anirà després de prémer aquest element. Repeteix aquest procediment per a cada fletxa.

13. Per tornar enrere afegeix dos elements gràfics més amb interacció. Afegeix una forma, fletxa..., que durà a la diapositiva 1.

    Després afegeix un altre element gràfic que porti a un nivell superior. És a dir, si et trobes a la diapositiva que mostra els tipus d'invertebrats, en prémer aquest element aniràs a la diapositiva que mostra la divisió d'animals entre invertebrats i vertebrats. I així en totes les diapositives de la presentació.

14. Desa el treball i prem F5 per comprovar el funcionament de la presentació.

ACTIVITATS

5 Completa la presentació amb una diapositiva per a cada categoria final de l'esquema amb fotografies d'animals de cada tipus (insectes, aus...).

6 Completa a l'Impress un esquema semblant a aquest classificant els tipus de mamífers.

SABER FER

Construir un esquema animat del sistema solar

Ara faràs servir l'Impress per elaborar un esquema que mostri el moviment dels planetes interiors del sistema solar: Mercuri, Venus, Terra i Mart.

1. Crea un document nou a l'Impress. Com altres vegades, afegeix una portada amb un títol, alguna imatge, etc.
2. Afegeix una segona diapositiva on col·locaràs els elements de la presentació:
   - El **Sol**.
   - Els **planetes**.
   - Les **trajectòries** que defineixen la translació dels planetes al voltant del Sol.
3. Afegeix un fons negre a aquesta segona diapositiva. Escull el menú Format ▸ Pàgina... ▸ Fons i a Emplena selecciona Color Negre.

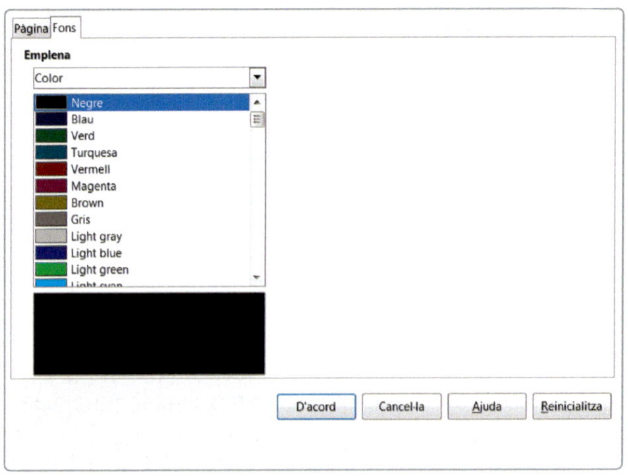

Tria aquest fons només per a aquesta pàgina.

4. Dibuixa un cercle que representarà el Sol i tria l'opció Àrea. En comptes de donar-li un color pla groc, escull l'opció Degradats i selecciona les opcions indicades en la imatge següent.

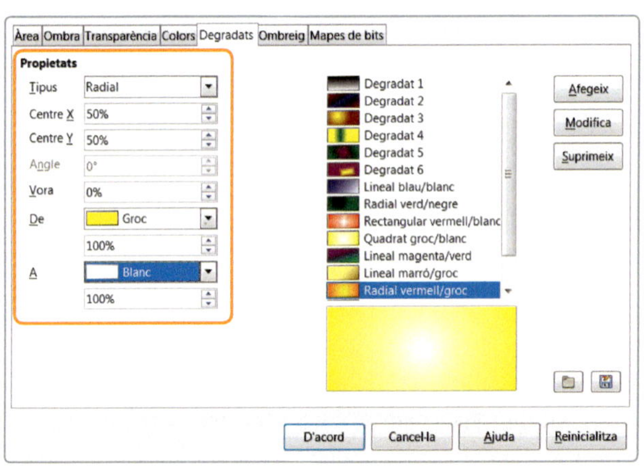

PROGRAMARI NECESSARI

LibreOffice Impress o una altra aplicació per crear presentacions, com el **PowerPoint**.

5. Ara traça una línia discontínua que marcarà el recorregut de cada planeta al voltant del Sol. Per fer-ho tria la icona El·lipsi a la barra d'eines Dibuix.

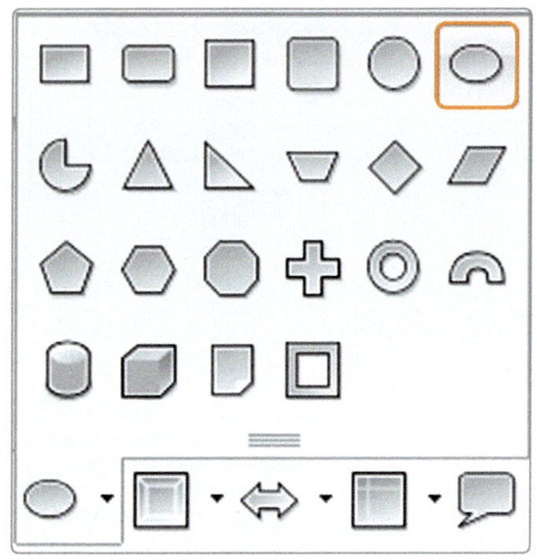

Arrossega amb el ratolí fins a dibuixar l'el·lipsi desitjada i fes que estigui centrada en el Sol.

6. Per modificar l'aspecte de l'el·lipsi prem amb el botó dret del ratolí i a Àrea... escull Negre per a l'emplenament. Després torna a prémer amb el botó dret del ratolí i escull l'opció Línia... A la pestanya Línia, a l'apartat Propietats de la línia elegeix un traç discontinu (Estil), un color (Color) i un gruix per a la línia (Amplada).

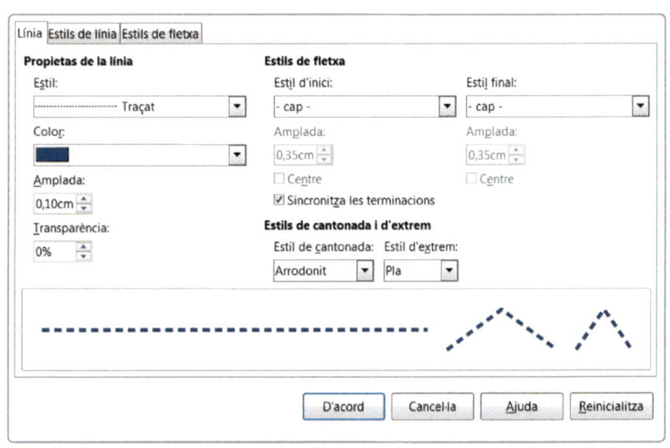

Has de copiar i enganxar aquesta línia puntejada per afegir les trajectòries dels quatre planetes.

7. Per representar els planetes copia i enganxa el cercle del Sol. Després d'enganxar-los, modifica el fons. Selecciona la forma que representa Mercuri i escull el menú Format ▸ Emplenament.

A la pestanya Àrea, apartat Emplenament, escull l'opció Mapa de bits ▸ Mercuri, ja que hi ha un emplenament que es diu així.

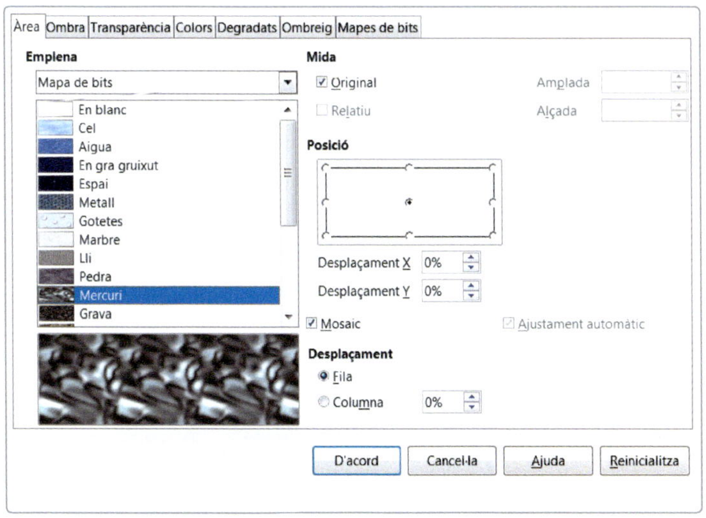

8. Repeteix el pas anterior per afegir un fons a cada planeta:

- Taronja o foc per a Venus.
- Algun emplenament blau per a la Terra.
- Algun color vermellós per a Mart.

9. Ara afegeix efectes de moviment als planetes. El cercle que representa el Sol apareixerà quiet al centre de la diapositiva i els planetes giraran al seu voltant.

Per afegir un efecte de moviment selecciona el cercle que representa el planeta. Al tauler d'Animació personalitzada ▸ Modifica l'efecte tria el botó Afegeix...

Després selecciona la pestanya Camins de moviment, ja que el «planeta» es desplaçarà per la pantalla, i tria l'opció Cercle.

OBSERVA

Pots fer que es repeteixi un efecte de moviment seleccionant un planeta i escollint l'opció Cronometratge al tauler d'Animació personalitzada.

TRUC

Pots controlar la velocitat de cada planeta a l'apartat Velocitat, en incloure una trajectòria de desplaçament.

A l'apartat Velocitat selecciona l'opció Ràpida per al cas de Mercuri, ja que és el planeta que es mou més ràpidament.

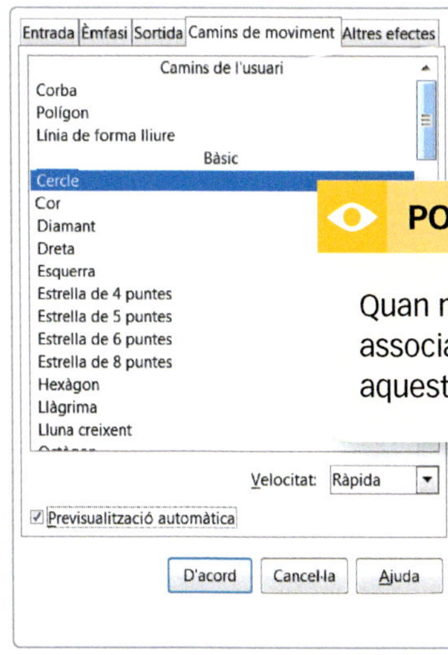

POSA ATENCIÓ

Quan mous un element que té associat un camí de moviment, aquest també es mou.

10. A l'apartat Inicia selecciona Amb l'anterior.

1 Adapta la forma d'aquesta trajectòria a la de l'el·lipsi puntejada que indica la trajectòria del planeta.

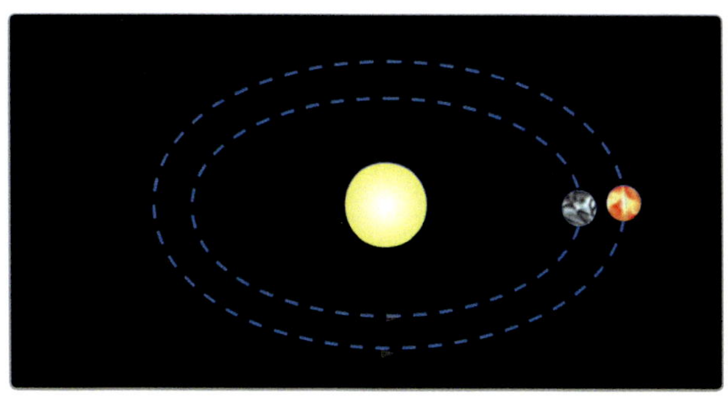

12. Repeteix l'últim apartat per a la resta dels planetes. Tingues en compte que els planetes més allunyats del Sol es mouen més a poc a poc.

ACTIVITATS

7 Segueix els passos anteriors per afegir efectes de moviment a una presentació que expliqui el moviment parabòlic que segueix una pilota de bàsquet en tirar-la a una cistella.

Mostrar una imatge interactiva

L'Impress també ofereix la possibilitat d'afegir interactivitat als elements que s'incorporen a una diapositiva.

Aquí utilitzaràs aquesta característica per afegir explicacions associades a punts d'interès en una imatge.

PROGRAMARI NECESSARI

LibreOffice Impress o una altra aplicació per crear presentacions, com el **PowerPoint**.

1. Crea un document nou a l'Impress i insereix-hi una imatge amb diferents **punts d'interès** (**POI**, en anglès *point of interest*) que requereixin explicació.

   La imatge pot ser:

   - Una obra d'art.
   - Una vista d'una ciutat des de dalt.
   - Un mapa.
   - Un esquema amb els ossos o els músculs del cos humà...

   La idea és inserir en la imatge algunes marques i que, en fer clic al damunt, aparegui un text que expliqui aquella part de la imatge.

2. Per marcar els POI pots inserir qualsevol forma: un cercle, un quadrat, etc., escollint-lo de la barra d'eines Dibuix.

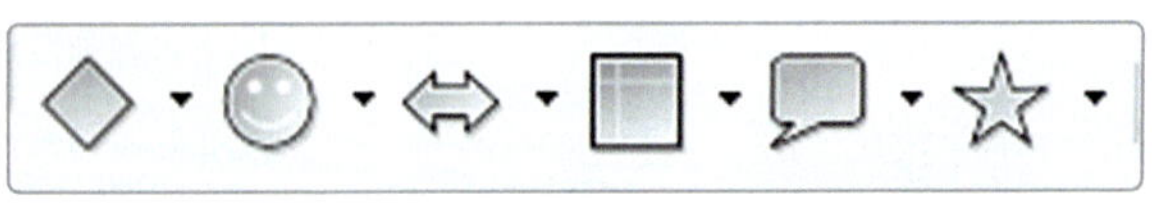

Per exemple, escull la forma Bisell octàgon.

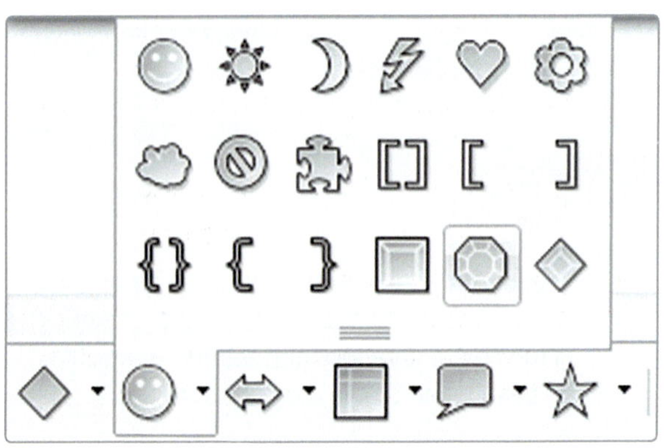

3. Dóna-li format al símbol inserit. Per modificar l'emplenament selecciona el menú Format ▸ Emplenament...
   Per canviar el tipus de línia escull Format ▸ Línia...

4. Un cop hagis escollit el format que faràs servir per senyalitzar els POI, copia i enganxa els símbols i ubica'ls a la zona de la imatge corresponent.

5. Les opcions d'interactivitat de l'Impress són limitades. Una forma senzilla de veure informació sobre cada POI és afegir una nova diapositiva per a cada POI de la imatge. Així, copia i enganxa la diapositiva per afegir informació sobre un dels punts d'interès.

6. Afegeix un element de text i situa'l amb el POI corresponent. És el text que es mostrarà en fer clic sobre el punt d'interès de la diapositiva inicial.

7. Per diferenciar el POI que està «actiu» pots triar la forma que el representa en aquesta segona diapositiva i seleccionar del menú contextual l'opció Converteix ▸ En 3D.

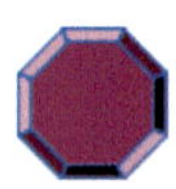

POI desactivat

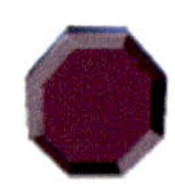

POI activat

POSA ATENCIÓ

Vés amb compte quan moguis de lloc una diapositiva, copiïs i enganxis diapositives, etc. Tot seguit comprova la navegació pels POI per assegurar-te que els vincles duen a la diapositiva corresponent.

TRUC

Dóna format d'emplenament i tipus de línia al primer símbol emprat per localitzar els punts d'interès. Després el pots copiar i enganxar per senyalitzar la resta de punts d'interès de la imatge.

8. Aquesta diapositiva amb un POI actiu quedarà més o menys així:

9. Ara afegiràs la interactivitat. A la diapositiva de partida, on no hi ha textos afegits, selecciona el POI, prem amb el botó dret del ratolí i escull el menú Interacció.

10. A l'apartat Acció en fer clic escull l'opció Vés a la pàgina o objecte i a Destí selecciona la pàgina de la presentació a la qual dirigirà el vincle i prem D'acord.

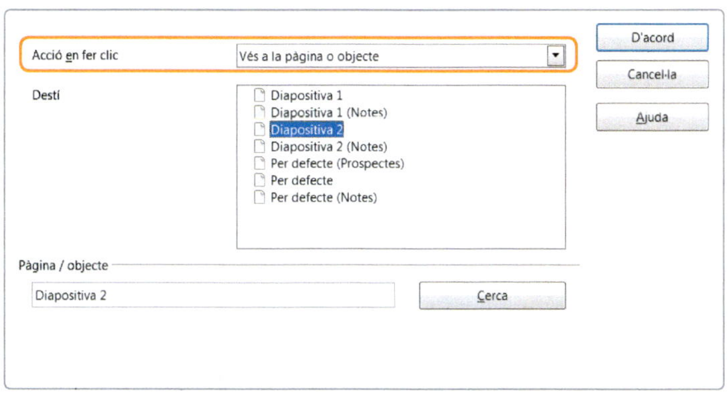

En prémer al POI s'obrirà la nova diapositiva amb el text associat a aquest POI.

11. Repeteix el procediment anterior per a cadascun dels POI de la imatge de partida. Has de crear una diapositiva per a cada POI en què inseriràs el text corresponent.

RECORDA

Pots afegir algun efecte d'animació als textos que apareixen en prémer cada POI.

12. Vés desant el treball i prem la tecla F5 per comprovar que cada POI du realment a la diapositiva desitjada.

13. Tal com està la presentació, després de visualitzar el text associat a un POI, si prems en qualsevol lloc de la imatge que no sigui un POI, la presentació et porta a la diapositiva següent. Per solucionar-ho només has d'incloure entre cada dues diapositives amb text una diapositiva com l'inicial, on hi ha inclosos tots els POI amb els seus vincles corresponents, però sense text. Per això només has de copiar la diapositiva inicial i enganxar-la entre cada dues diapositives amb text.

ACTIVITATS

8 Elabora presentacions semblants a l'anterior que mostrin:

a) El nom dels principals ossos del cos humà.

b) El nom i la funció dels components d'un circuit elèctric senzill.

c) Les diferents parts que apareixen a la pantalla de benvinguda d'un telèfon mòbil.

3 El full de càlcul

POSA ATENCIÓ

També se sol anomenar **full de càlcul** el document que es maneja amb Calc, Excel o una altra aplicació d'aquest tipus.

Així doncs, vés amb compte per diferenciar el document de l'aplicació a l'hora de fer servir l'expressió «full de càlcul».

Un **full de càlcul** és una aplicació dedicada a fer operacions a partir de dades disposades en taules.

Aparentment es podria dir que fa les mateixes operacions que una calculadora. Tot i això, els fulls de càlcul ofereixen un gran nombre d'avantatges sobre aquestes màquines:

- S'hi poden emmagatzemar les operacions i recuperar-les més endavant.
- Si ens equivoquem en introduir una dada dintre d'una sèrie d'operacions, ho podem modificar sense repetir tot el procés.
- Permet fer simulacions i modificar-ne les dades per tal d'observar els diferents resultats obtinguts.

A més, també es poden emprar per crear **bases de dades**, **gràfics** i **documents** (factures, pressupostos...) que integrin text, imatges, resultats d'operacions, etc.

Alguns dels fulls de càlcul més utilitzats són:

- **LibreOffice Calc**, integrat al paquet gratuït LibreOffice. Hi ha versions per a Windows, Linux i Mac OS.
- **Microsoft Excel**, integrat a Microsoft Office. Hi ha versions per a Windows i Mac OS.
- **Numbers**, apte per als sistemes operatius Mac OS i iOS.

Estudiarem més detalladament Calc.

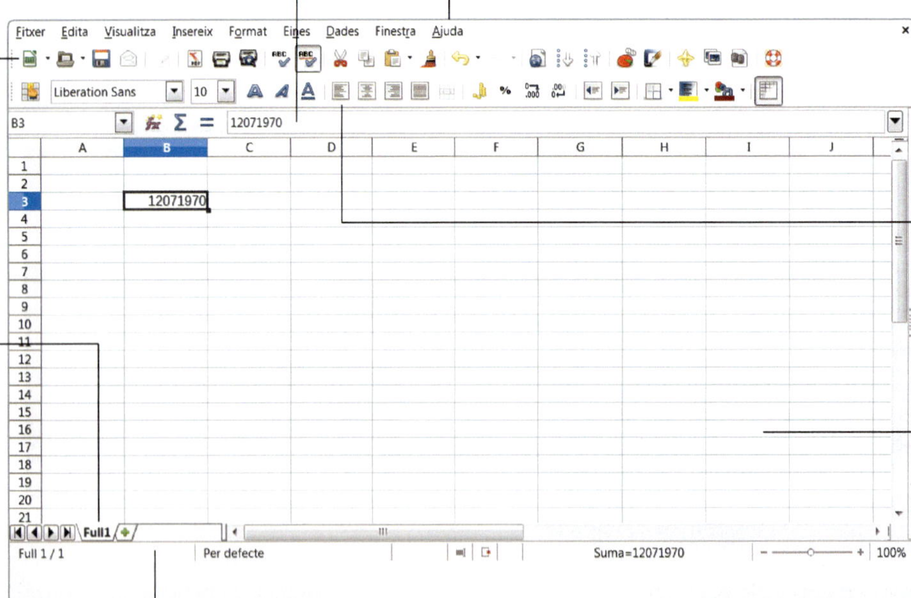

SABER FER

Convertir unitats en un full de càlcul

Calc permet agilitzar càlculs que fem normalment. Per exemple, en classes de Matemàtiques, Geografia i Història o Física i Química és habitual fer canvis d'unitats. Així podem expressar en metres per segon una distància coneguda en quilòmetres per hora, per exemple.

PROGRAMARI NECESSARI

LibreOffice Calc o un altre full de càlcul, com l'**Excel**.

1. Crea un document nou a Calc.
2. Escriu en una cel·la el text Factor de conversió, i a sota anota l'equivalència entre les unitats que utilitzaràs. Per exemple, una velocitat d'1 m/s equival a 3,6 km/h.
3. Per canviar el format al text pots usar les icones de la barra Format.

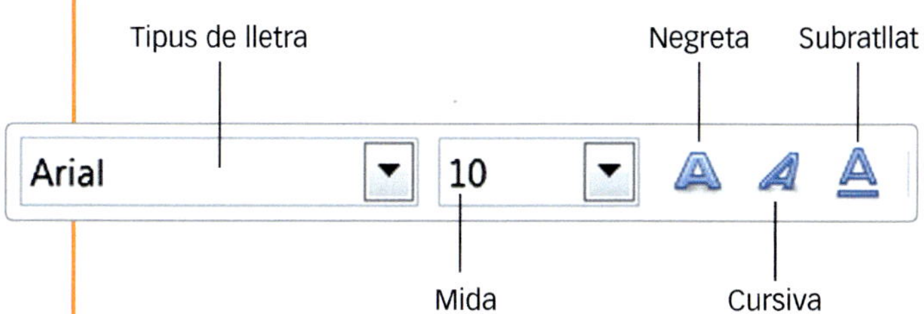

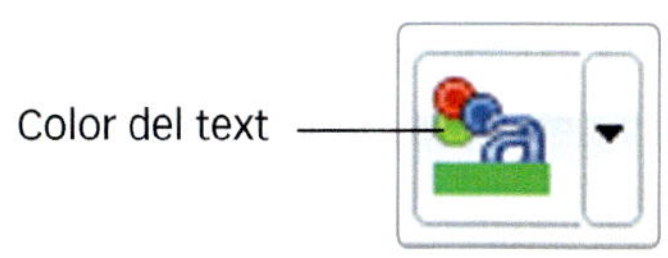

4. Per modificar l'alineació dels paràgrafs utilitza aquestes icones:

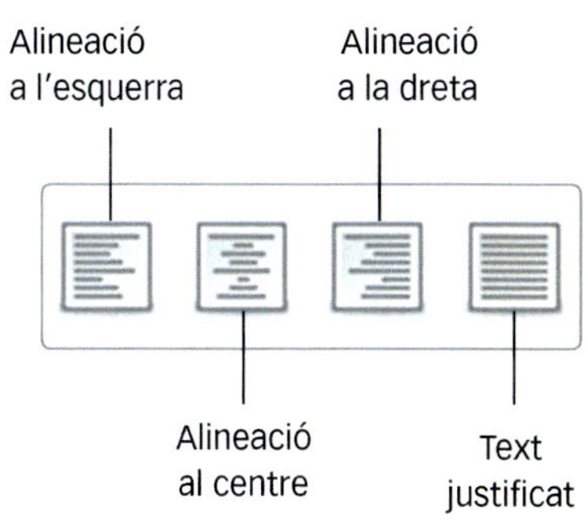

POSA ATENCIÓ

Vés desant el document cada cert temps per no perdre el treball. Prem la icona:

5. Per al canvi de km/h a m/s faràs servir diverses cel·les d'una mateixa fila, per exemple la fila 6.

OBSERVA

Pots modificar l'amplada de les columnes situant el cursor entre dues columnes i arrossegant el lliscador que apareix.

Per modificar l'altura de les files situa el cursor entre dues files.

6. Anota els valors indicats en cada cel·la:

A6	B6	C6
m/s a km/h	En blanc	m/s

D6	E6	F6
=	=B6*3,6	km/h

A la cel·la E6 es calcula el valor de la velocitat en km/h multiplicant per 3,6 el valor de la velocitat expressat en m/s.

7. Afegeix un color de fons a la cel·la A6. Per fer-ho tria el menú Format ▸ Cel·les i marca el color a la pestanya Fons.
8. Selecciona la cel·la on escriuràs el valor de la velocitat en m/s, la B6, i escriu un número.

A6	B6	C6	D6	E6	F6
m/s a km/h	30	m/s	=	=B6*3,6	km/h

9. Prem la tecla INTRO i comprovaràs que la cel·la E6 s'actualitza amb la velocitat expressada en km/h.
10. Repeteix els passos 5 a 8 per fer el canvi invers usant la fila 8, per exemple. A A8 escriu km/h a m/s.

    Has d'anotar a la cel·la B8 l'expressió **=E8/3,6** i deixar la cel·la E8 en blanc, ja que és on s'introduirà el valor corresponent a la velocitat expressada en km/h.

B8	B8	C8	D8	E8	F8
km/h a m/s	=E8/3,6	m/s	=	90	km/h

SABER FER

Elaborar un gràfic amb un full de càlcul

Una de les opcions més interessants dels fulls de càlcul és la possibilitat de generar gràfics automàticament a partir d'una taula de dades. A més, el tipus de gràfic es pot elegir entre diverses opcions: gràfics de barres, de línies, de sectors...

El tipus de dades representades determina en molts casos quin és el tipus de gràfic idoni. Per exemple, per representar taules amb percentatges sovint s'utilitzen els gràfics de sectors.

En aquestes pàgines aprendràs a elaborar un **climograma** a partir de les dades sobre temperatures i precipitacions al llarg de l'any en una localitat.

Utilitza les dades de la taula següent com a exemple o bé busca a Internet dades reals corresponents a la teva localitat o una localitat propera.

Mes	Precipitacions (L/m²)	Temperatura mitjana (°C)
Gener	41	5,6
Febrer	45	6,9
Març	44	8,9
Abril	54	11,3
Maig	42	15,5
Juny	36	20,3
Juliol	8	24,3
Agost	15	24,1
Setembre	30	20,5
Octubre	39	14,9
Novembre	44	9,2
Desembre	47	5,7

1. Crea un document nou a Calc i insereix-hi la taula de valors numèrics.
2. Selecciona la primera fila i dóna-li un color de fons per destacar-la. Fes el mateix amb la columna de l'esquerra.
3. Selecciona el gràfic i fes clic amb el botó a Diagrama de la barra d'eines. O selecciona el menú Insereix ▸ Diagrama...

PROGRAMARI NECESSARI

LibreOffice Calc o un altre full de càlcul, com l'**Excel**.

4. A la finestra que apareix selecciona el tipus de gràfic. En el nostre cas per representar el climograma seleccionem Columna i Línia. Representaràs la temperatura mitjana en una línia i les precipitacions en columnes.

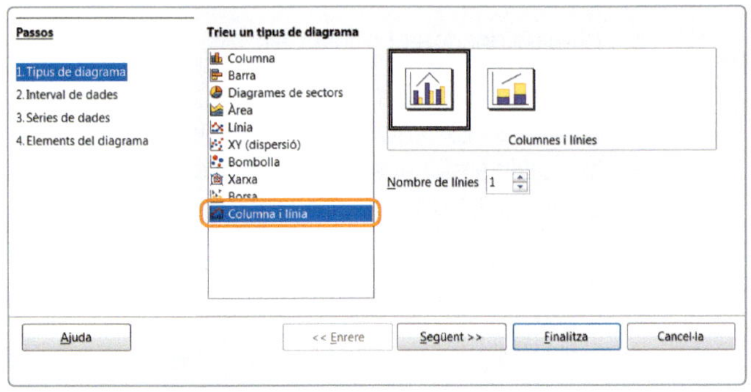

A continuació fes clic a Següent.

5. Apareix una finestra on cal indicar el rang de dades per representar (en el teu cas ja està bé perquè havies seleccionat la taula de dades abans d'inserir el gràfic). Mantén marcades les opcions que apareixen per defecte, ja que tens una fila de capçaleres i una columna que representaràs en l'eix horitzontal.

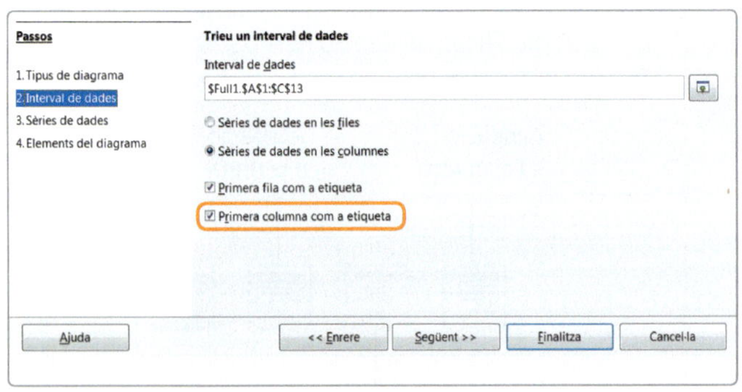

A continuació fes clic a Següent.

TRUC

Pots modificar el format d'alguns elements del gràfic fent-hi doble clic a sobre.

6. A la finestra següent la primera sèrie de dades es representarà en columnes.

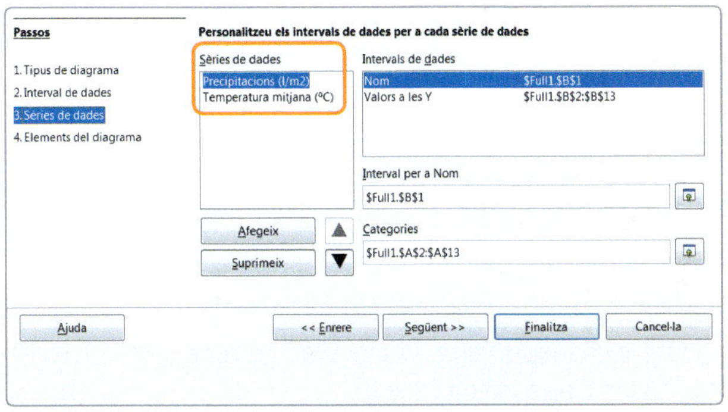

7. Afegeix noms per al gràfic i per als eixos si cal. A més, escull si vols que aparegui una **llegenda**. Com que tindràs més d'una variable representada en el gràfic convé mantenir marcada aquesta opció. Així sabràs a quina variable corresponen les columnes i a quina la línia.

També pots triar on s'ubicarà la llegenda.

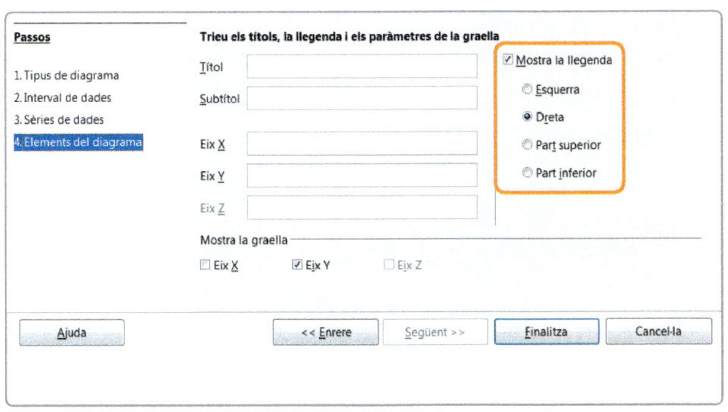

En prémer Finalitza, el gràfic apareix a la pantalla.

8. Afegeix un segon eix a la dreta, on col·locaràs l'escala per a la temperatura. Amb el gràfic seleccionat escull el menú Insereix ▸ Eixos i marca l'opció Eixos i Eixos secundaris.

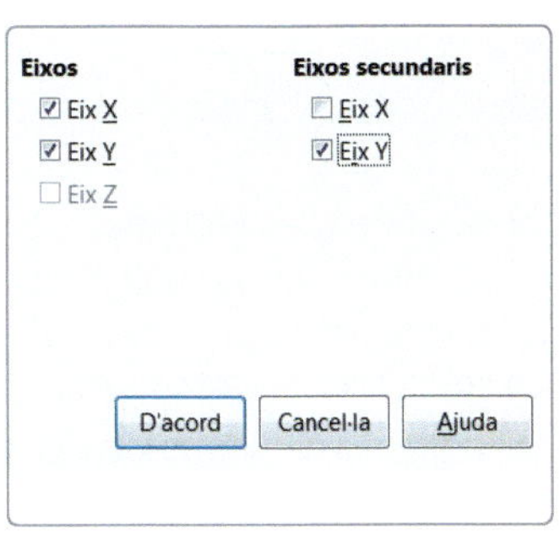

9. Per variar l'escala a l'eix tria el menú Format Eixos ▸ Eix secundari Y... i desmarca l'opció Automàtic. Escriu 30 per a l'apartat Màxim i 5 a Interval principal.

10. Inclina els noms dels mesos. Escull el menú Format ▸ Eix ▸ Eix X... i a la pestanya Etiqueta marca un angle a Orientació del text.

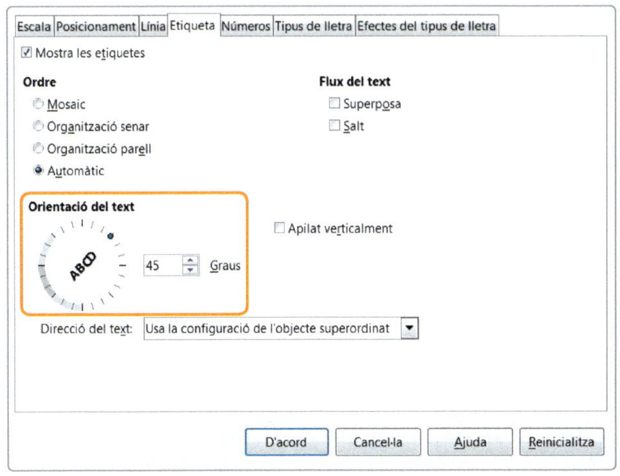

11. El gràfic s'haurà de semblar a aquest:

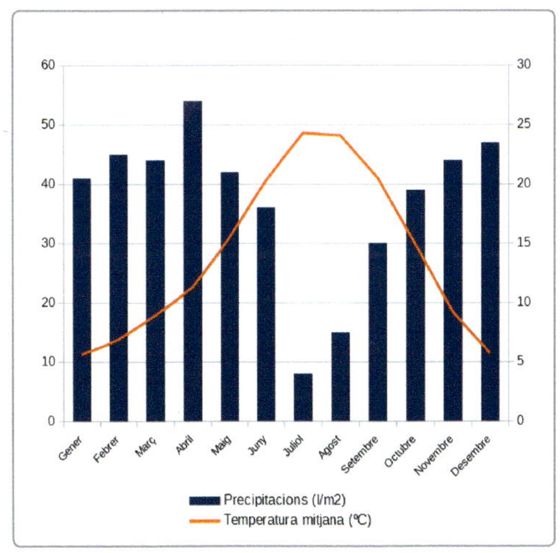

ACTIVITATS

9 Utilitza la taula d'aquestes pàgines i elabora dos gràfics: un amb les precipitacions i un altre amb la temperatura. Selecciona el tipus de gràfic que més t'agradi.

10 Com pots variar el color de les línies o columnes en el gràfic?

SAVER FER

Representar una paràbola

Els fulls de càlcul resulten molt útils per aprendre matemàtiques. Per exemple, poden fer càlculs matemàtics repetitius amb facilitat. Ara aprofitaràs aquesta característica per representar gràficament una funció matemàtica senzilla: la **paràbola**. Una paràbola té l'equació següent:

$$y = a \cdot x^2 + b \cdot x + c$$

L'esquema és senzill: elaboraràs un full de càlcul que et permet introduir els coeficients *a*, *b*, *c* de la paràbola en el document i es dibuixarà automàticament un gràfic de la funció. Així podràs veure fàcilment si la paràbola té les branques molt obertes o tancades, on és el seu vèrtex, etc.

1. Obre Calc i crea un document nou. A la part superior escriu en una fila l'expressió de la paràbola en cel·les separades.

	A	B	C	D	E	F	G	H
1		***a***			***b***			***c***
2	*y* =		x^2	+		*x*	+	

2. A la fila immediatament inferior deixa caselles en blanc, on més endavant introduiràs els valors *a*, *b* i *c*.

B2	E2	H2
Valor de *a*	Valor de *b*	Valor de *c*

3. A continuació inclou una taula de valors amb les capçaleres *x*, *y*. A la columna de *x* escriu els valors −5 i −4,5. Són els valors mínims de *x* que representaràs a la paràbola.

4. Selecciona les cel·les amb aquests dos valors i arrossega cap avall. Veuràs que Calc emplenarà automàticament les cel·les mantenint la diferència entre aquestes.

   És a dir, emplenarà les cel·les cap a baix amb els valors −4, −3,5, −3... Arrossega fins que aparegui el valor 5 a l'última cel·la.

5	*x*	*y*
6	-5	
7	-4,5	
8		
9		
10		
11		-3

RECORDA

Per inserir un superíndex escull el text corresponent i selecciona el menú Format ▸ Caràcter, pestanya Posició de font, i marca la casella amb Superíndex.

PROGRAMARI NECESSARI

LibreOffice Calc o un altre full de càlcul, com l'**Excel**.

5. A continuació s'han de calcular els valors de la columna *y*. Per fer-ho usaràs l'expressió general de la paràbola, i junt amb el valor −5 de la *x* escriu l'expressió següent:

   =B2*A6^2+E2*A6+H2

   Aquesta expressió correspon al cas en què la columna de les *x* és a la columna A.

6. Prem la tecla INTRO i introdueix algun número a les caselles B2, E2 i H2 reservades per introduir els coeficients *a*, *b* i *c*. Veuràs com s'actualitza la casella de la *y* automàticament. Per exemple, si *a* = 1; *b* = 2; *c* = 3, aleshores apareixerà el valor:

   = 1 * (−5)^2 + 2 * (−5) + 3 = **18**

   (1 → *a*, (−5)^2 → x^2, 2 → *b*, (−5) → *x*, 3 → *c*)

7. Ara, si arrossegues des de la vora inferior dreta de la casella on s'ha calculat el valor de *y*, es completaran els valors, però abans cal canviar alguna cosa en l'expressió de dalt.

OBSERVA

Referències absolutes i relatives

Quan introduïm en una fórmula de Calc una referència a una altra cel·la, en arrossegar la fórmula a una altra cel·la inferior, per exemple, s'arrossega la referència introduïda. És a dir, si a la cel·la B4 escrivim A4*2 i arrosseguem cap a baix, a la cel·la B5 apareixerà la fórmula A5*2.

Per fixar la cel·la que volem fer servir en la fórmula hem d'escriure el símbol $ abans de la lletra de la columna i/o el número de la fila, $A4*2, A$4*2 o $A$4*2.

8. Has d'incloure referències absolutes en aquelles cel·les que fan referència als coeficients, ja que aquests són els mateixos per a tots els valors de *x*. És a dir, a la cel·la, amb el valor 5, hi hauràs d'anotar:

   =$B$2*A6^2+$E$2*A6+$H$2

9. Ara ja pots arrossegar cap a baix la cel·la on has introduït aquesta fórmula i apareixeran tots els valors de i calculats correctament.

x	y
-5	18,0
-4,5	14,3
-4	11,0
-3,5	8,3
-3	6,0
-2,5	4,3
-2	3,0
-1,5	2,3
-1	2,0
-0,5	2,3
0	3,0
0,5	4,3
1	6,0
1,5	8,3
2	11,0
2,5	14,3
3	18,0
3,5	22,3
4	27,0
4,5	32,3
5	38,0

10. Amb aquests valors ja pots representar la paràbola. Abans, però, per unificar el format dels números selecciona les cel·les representades a dalt i escull el menú Format ▸ Cel·les... A la pestanya Números selecciona 1 a l'apartat Nombre de decimals.

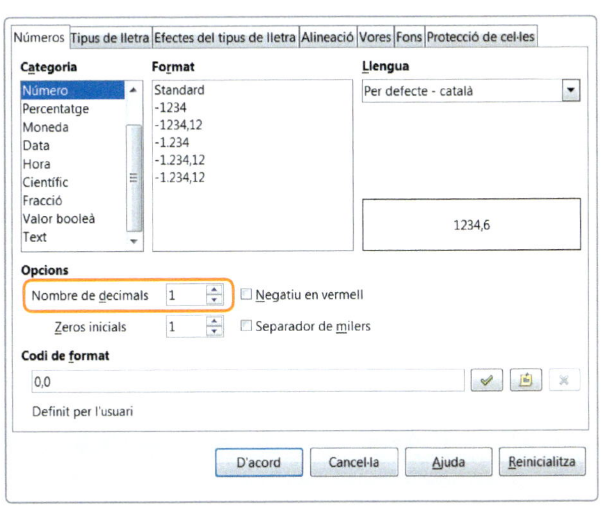

TRUC

Pots canviar el nombre de decimals dels números que apareixen en els eixos fent doble clic sobre l'eix.

11. Selecciona la taula de valors i prem la icona Diagrama. A la finestra següent selecciona el tipus de diagrama Línia, opció Només línies i marca l'opció Suau.

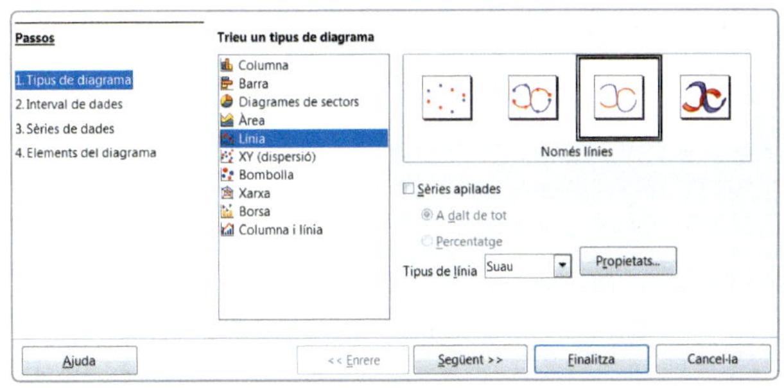

12. A la finestra següent marca les opcions Primera fila com a etiqueta i Primera columna com a etiqueta. Vés prement el botó Següent fins que aparegui el botó Finalitza. Llavors es dibuixarà la paràbola.

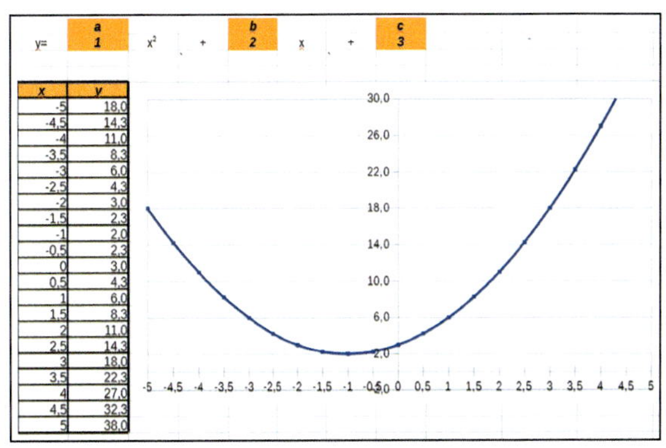

Introdueix diferents números per als coeficients a, b i c i comprova com canvia el gràfic.

ACTIVITATS

11 Representa aquestes paràboles utilitzant Calc.

a) $y = x^2 + 2$ b) $y = -x^2 - x + 3$

12 Què passa quan el coeficient a és negatiu? I quan $b = 0$?

4 Gestors de bases de dades

Títol	Autor	Gènere
El nom del vent	Patrick Rothfuss	Novel·la fantàstica
Einstein	Walter Isaacson	Biografia
Fruites i banderes	Paco Moral	Poesia
La partícula divina	Leo Lederman	Física
París	Diversos autors	Guia de viatge
La marca del meridiano	Lorenzo Silva	Novel·la policíaca

En una base de dades s'emmagatzema informació agrupada generalment en forma de taules.

La potència de càlcul dels ordinadors no s'aplica tan sols en entorns matemàtics o científics, com prou saps. Com que els ordinadors busquen ràpidament informació i emmagatzemen moltes dades en poc espai, són les eines ideals per gestionar dades sobre els llibres existents en una biblioteca, els clients d'una empresa, els contactes d'una agenda o els malalts que tracta un metge.

Una **base de dades** és un arxiu on s'emmagatzema informació classificada de manera que resulti ràpid accedir-hi.

A una base de dades:

- La informació s'organitza en **taules**.
- A les taules la informació està organitzada, a la vegada, en **registres**. En l'exemple del marge cada fila acolorida constitueix un registre.
- En un registre, a la vegada, hi ha diversos **camps** de dades. En l'exemple hi ha camps de dades. En l'exemple hi ha camps en cada registre per a Títol, Autor i Gènere. La casella taronja de la primera fila és un camp. Els camps poden incloure dades amb diferent format: text, número, data, imatge, etc.

Algunes aplicacions usades com a gestors de bases de dades són:

- **LibreOffice Base.** Com en la resta d'aplicacions de LibreOffice, hi ha versions per a Windows, Linux i Mac OS.
- **Microsoft Access.** Forma part del paquet ofimàtic Microsoft Office. Hi ha versions tant per a Windows com per a Mac OS.

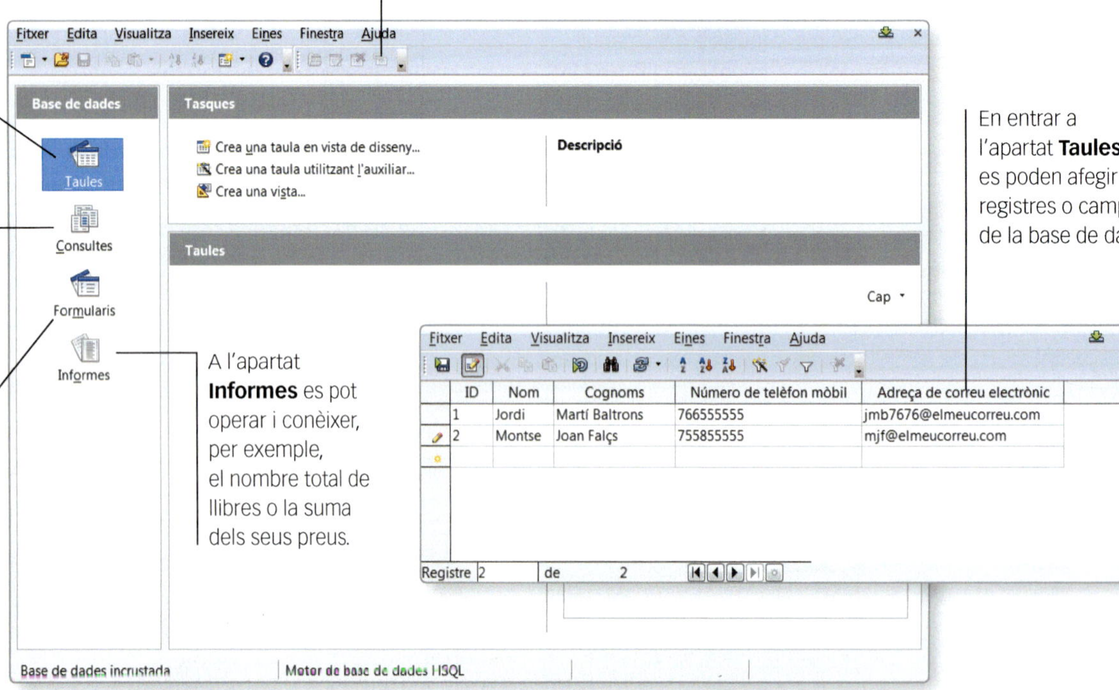

Les barres d'eines inclouen icones que s'activen en funció de quina utilitat de la base de dades s'estigui manejant.

A una sola base de dades es poden agrupar diverses **Taules**.

A l'apartat **Consultes** es poden localitzar, per exemple, tots els llibres d'un autor.

A l'apartat **Formularis** s'accedeix als registres en forma de fitxes.

A l'apartat **Informes** es pot operar i conèixer, per exemple, el nombre total de llibres o la suma dels seus preus.

En entrar a l'apartat **Taules** es poden afegir registres o camps de la base de dades.

SABER FER

Gestionar una llista de contactes

Amb Base és molt fàcil gestionar bases de dades. Per exemple, els contactes d'una agenda.

Per simplificar generaràs una base de dades amb una sola taula. Primer has de decidir quins camps s'afegiran a cada registre. Per exemple, pots incloure aquests:

- Nom i cognoms.
- Número de telèfon mòbil.
- Adreça de correu electrònic.
- Adreça postal.
- Població.
- Codi postal.

PROGRAMARI NECESSARI

LibreOffice Base o un altre gestor de bases de dades, com l'**Access**.

1. Crea un document nou a Base. Apareix un auxiliar que t'ajudarà a crear la base de dades. Escull l'opció Crear una base de dades nova i prem Següent.

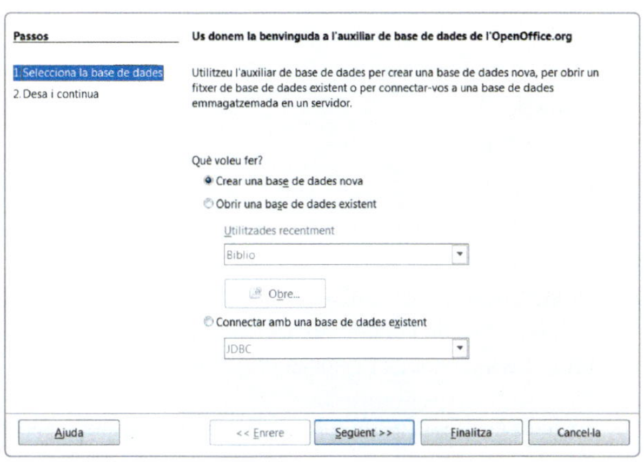

2. Avança a la finestra següent acceptant les opcions que apareixen marcades per defecte.

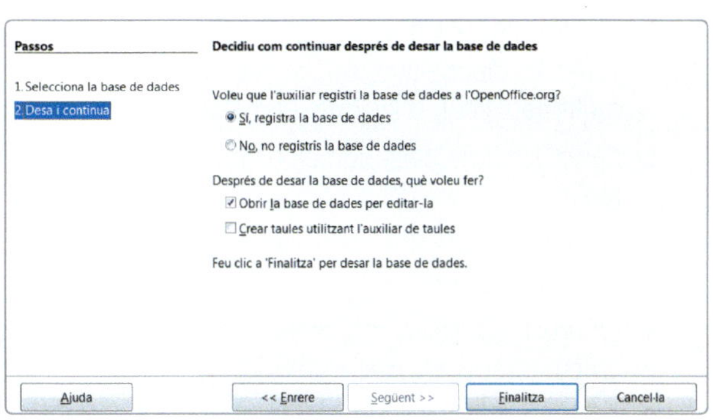

POSA ATENCIÓ

Pots modificar l'amplada de les columnes en dissenyar les taules situant el cursor entre dues columnes i arrossegant el lliscador.

3. Escriu el nom de la teva base de dades: *Contactes*, *Agenda*..., el que tu prefereixis. A la finestra que apareix escull l'opció Crear una taula en vista de disseny.

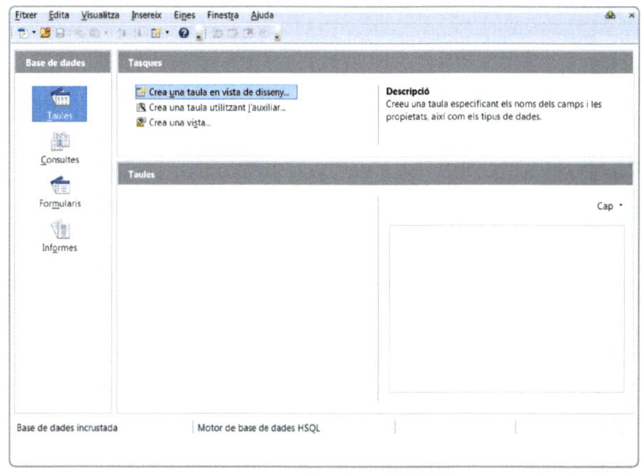

4. Utilitza l'auxiliar per crear una **taula**. Quan dissenyis la taula has de tenir en compte quins són els camps de cada registre.

5. Completa el disseny afegint el títol dels camps de cada registre: *Nom*, *Cognoms*, *Número de telèfon mòbil*... Escull el tipus de camp: de text, numèric, etc.

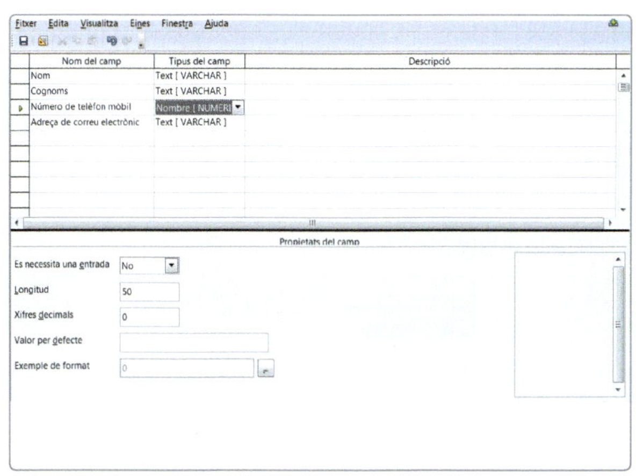

6. Desa el disseny i respon Sí a la pregunta sobre la creació d'una clau primària, un número que identifica cada fila de la taula. Dóna un nom a la taula per desar-la.

7. Després obre la taula generada i completa-la amb les dades dels teus contactes.

ACTIVITATS FINALS

REPASSA EL QUE ÉS ESSENCIAL

13 Copia les frases sobre diferents aplicacions utilitzades normalment en oficines i completa-les al teu quadern.

a) Els ______________ són les aplicacions utilitzades per generar documents tipus carta, informes, etc.

b) Les aplicacions per elaborar ______________ permeten mostrar diferents pantalles a una audiència d'una manera dinàmica, incorporant si cal animacions, efectes d'àudio o vídeo.

c) Les ______________ s'utilitzen per elaborar pressupostos o presentar informes sobre les vendes, per exemple.

d) Els ______________ emmagatzemen grans quantitats d'informació i ofereixen un accés ràpid als registres emmagatzemats.

e) Els ______________ permeten visualitzar pàgines web.

f) Els gestors ______________ permeten enviar i rebre arxius còmodament entre múltiples usuaris usant la xarxa Internet.

14 Indica el nom d'algunes de les aplicacions més utilitzades en diferents sistemes operatius per:

a) Crear una presentació multimèdia per mostrar a l'aula als teus companys de classe.

b) Treballar amb un gran volum de dades numèriques.

c) Accedir ràpidament a taules amb dades de clients d'una empresa.

15 Respon.

a) Quines maneres es poden elegir per passar d'una diapositiva a una altra en una presentació elaborada amb l'Impress?

b) Per a què serveix l'opció Interacció a l'Impress? Explica-ho amb algun exemple.

16 Explica la imatge:

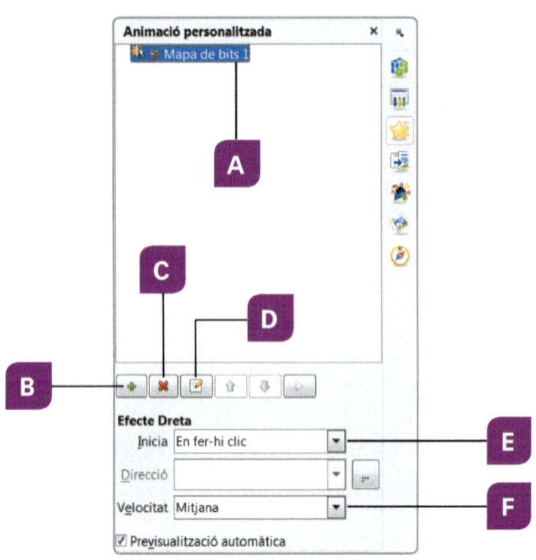

a) Assenyala les diferents opcions que apareixen a l'apartat Inici.

b) Com s'accedeix al tauler Animació personalitzada a l'Impress?

17 Assenyala els passos que has de seguir per inserir un diagrama en un full de càlcul.

18 Posa un exemple de dades que s'adaptarien bé a cada tipus de gràfic que permet representar Calc.

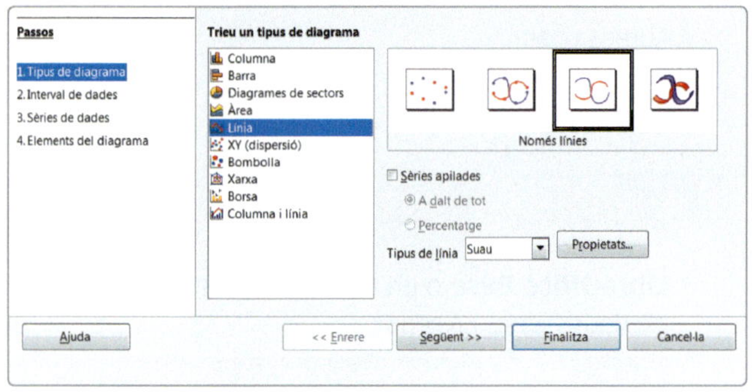

a) Quins avantatges ofereix la representació gràfica enfront de les taules de dades? Posa un exemple per explicar-ho.

b) En què es diferencia un gràfic de columnes d'un gràfic de barres?

19 Crea un full de càlcul que, a partir de dos números, esbrini:

a) La seva suma.

b) La seva diferència.

c) La potència del primer elevat al segon.

20 Utilitzant un full de càlcul, crea un document que reculli el teu horari de classe. Aplica diferents formats a les fonts i a les cel·les. Després imprimeix el document.

21 Explica com s'organitzen les dades en un document de Base.

22 Assenyala si les frases següents són certes o falses.

a) Amb un full de càlcul és senzill calcular la mitjana d'un conjunt de dades.

b) Totes les diapositives que formen una presentació multimèdia han d'incloure el mateix tipus de transició.

c) En un arxiu de Base només hi podem incloure una taula.

d) En una taula de Base hi poden haver dos o més camps amb el mateix nom.

e) En una diapositiva podem incloure diversos elements amb diferents efectes animats.

f) Totes les dades numèriques d'un mateix full de càlcul han de tenir el mateix nombre de xifres decimals.

PRACTICA

23 Respon.

a) Com inclouries a Impress una imatge que et portés a una altra diapositiva en prémer-la?

b) Crea una presentació que resumeixi els continguts d'una unitat d'aquest llibre. Inclou imatges a la diapositiva inicial a manera d'esquema que portin cap a les diapositives que resumeixen els diferents apartats de la unitat.

24 Busca informació i elabora una presentació a Impress en què les successives diapositives expliquin un procés que té lloc en diverses etapes. A cada diapositiva ha d'aparèixer la informació amb la diapositiva anterior completada amb la de la nova etapa. Suggeriments:

a) Etapes en què es divideix la història amb les característiques principals de cadascuna.

b) Fases de la vida d'un cuc de seda.

c) El procés tecnològic aplicat a un pont.

25 Escriu una fórmula a Calc per calcular la velocitat d'un automòbil sabent la distància recorreguda i el temps emprat.

26 Imagina't que has de representar en un gràfic el percentatge d'alumnes que han aprovat i suspès Tecnologia.

a) Quin tipus de gràfic seria el més adequat?

b) Com organitzaries les dades?

27 La taula següent recull els resultats d'una enquesta entre els alumnes d'un institut en què hi ha 300 estudiants.

Esport	Alumnes que el practiquen
Atletisme	150
Futbol	130
Natació	120
Bàsquet	110
Voleibol	80
Patinatge	50

a) Representa les dades de la taula en un gràfic de sectors usant Calc.

b) Calcula el percentatge d'alumnes que practiquen cada esport. Completa una taula a Calc i inclou-hi una tercera columna per a aquest percentatge.

28 Crea una taula a Calc que reculli les dades següents.

Esperança de vida en néixer a l'Estat espanyol (anys)		
Any	Homes	Dones
1900	33,8	35,7
1920	40,2	42,1
1940	47,1	53,2
1960	67,4	72,1
1980	71,5	77,3
2000	74,4	81,3
2010	78,8	84,9

a) Representa les dades de la taula en un gràfic. Quin tipus de gràfic creus que és el més adequat?

b) Canvia el color emprat per a cada categoria i utilitza els que apareixen a la taula.

29 Elabora una base de dades per organitzar col·leccions.

a) Inclou diverses taules per catalogar llibres, discos o pel·lícules.

b) Inclou diversos camps en cada registre de cada taula.

AMPLIA

30 Esbrina quines són les funcions predefinides de Calc.

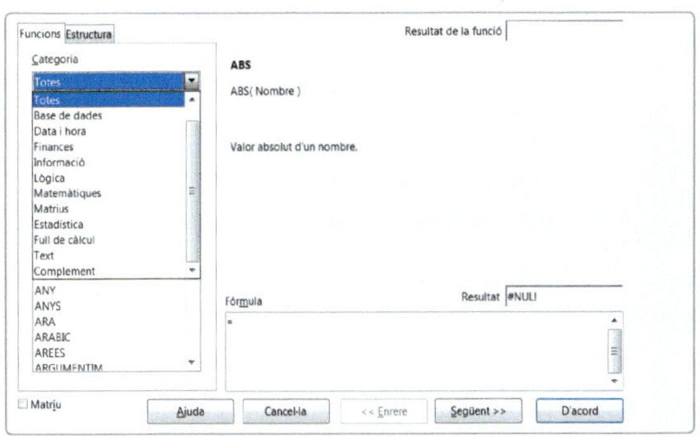

a) En quines categories es classifiquen?

b) Per a què serveix la funció Mitjana? Com s'utilitza?

31 Investiga i esbrina si es poden inserir gràfics a l'Impress.

a) Quins són els passos que has de seguir?

b) El procediment és igual que a Calc? Quines són les diferències?

c) Aleshores: creus que és indiferent utilitzar Impress que Calc a l'hora de generar gràfics a partir de dades numèriques?

TÈCNICA. Analitzar un efecte animat en una presentació

Una de les característiques de les aplicacions emprades per crear presentacions és que permeten «animar» els elements que hi anem incorporant, siguin textos, imatges, fletxes...

Per animar un element:

1. El seleccionem.
2. Premem el botó dret del ratolí.
3. Triem l'opció Animació personalitzada.

Aleshores apareix a la dreta de la finestra d'Impress el desplegable Animació personalitzada.

Prement amb el botó dret apareix un menú.

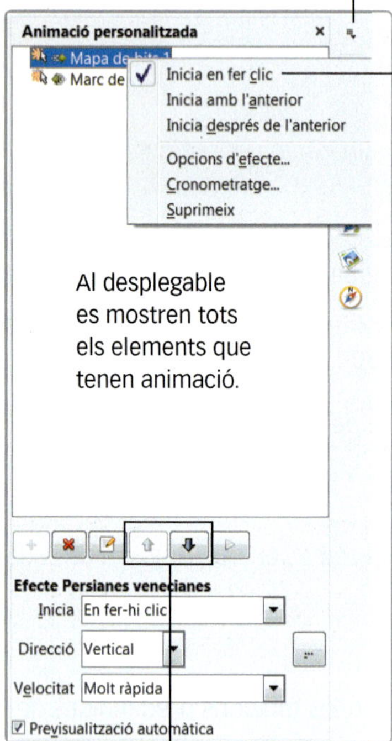

Al desplegable es mostren tots els elements que tenen animació.

Les fletxes permeten variar l'ordre en què apareixen els elements animats.

A la part superior del tauler es determina quin **efecte** es mostrarà o la **velocitat** amb què apareixerà, per exemple.

A la pestanya Cronometratge es determina quan apareixerà l'element.

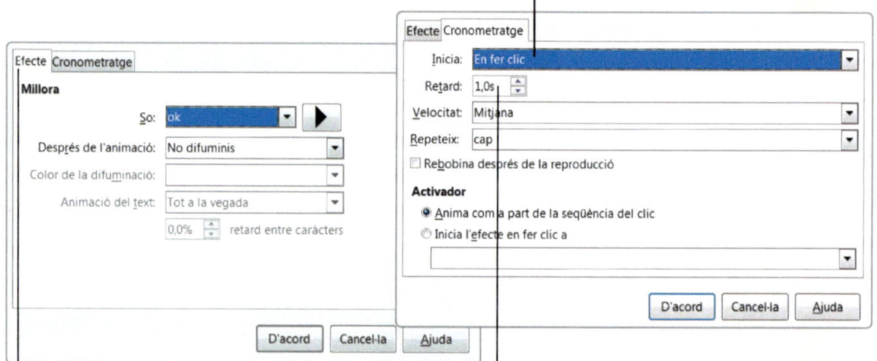

A la pestanya Efecte es decideixen altres efectes afegits.

Es pot decidir si l'element apareix en **fer clic, després de l'element anterior o junt amb l'element anterior**. O el retard: per exemple, dos segons després que aparegui l'element que el precedeix.

32 EXPRESSIÓ ESCRITA. Elabora un text breu indicant com es poden afegir efectes d'animació a una presentació i quines opcions hi ha.

33 Observa la pestanya Cronometratge i explica per a què serveixen els quatre desplegables superiors.

34 Imagina't que vols mostrar en una presentació dues fotografies que apareguin simultàniament després d'un títol.

a) Com ho faries?

b) I si vols que la segona fotografia aparegui cinc segons després de mostrar la primera imatge?

35 Respon.

a) Com es decideix l'ordre en què apareixeran diverses imatges animades en una mateixa diapositiva?

b) Quina característica es varia en el camp Velocitat del tauler Animació personalitzada?

c) Investiga com es pot modificar l'efecte animat associat prèviament a un element.

36 USA LES TIC. Ara fes una breu presentació en què incorporis diverses diapositives amb imatges amb un títol i un peu explicant cada imatge. Utilitza els efectes animats per millorar la presentació.

UN CAS PRÀCTIC. Com millloraries les presentacions davant d'una audiència?

Consells per crear presentacions

L'èxit d'una presentació depèn tant de la temàtica tractada com del públic i de la manera de presentar els continguts. Alguns consells per crear presentacions i intentar captar l'atenció dels assistents:

- **Planifica.** Comença a treballar sobre paper escrivint un guió amb els apartats que tractaràs. I calcula, per exemple, quants continguts es podran presentar en el temps assignat.
- **Simplifica.** Les presentacions llargues acabaran avorrint, encara que d'entrada semblin molt interessants. Amb 10-15 minuts hi ha temps per presentar moltes idees.
- **Crea una diapositiva per presentar els continguts, a manera d'índex.** Els assistents han de tenir clar què escoltaran.
- **No t'acceleris.** Pren-te el teu temps per presentar els continguts, sense parlar gaire ràpid. I afegeix pauses per dividir amb més claredat els diferents apartats tractats en la presentació.
- **Adreça't als assistents.** Mira les persones que t'atenen en comptes de la pantalla o la pissarra.
- **No llegeixis el text de les diapositives.** No es tracta d'aprendre-ho tot de memòria, sinó d'explicar el que inclou cada diapositiva, no de llegir-ho.
- **Utilitza un disseny unificat, clar i simple.** Fes servir, per exemple, text i fons que contrastin molt per facilitar la lectura. I no canviïs el color del text o el fons de forma capriciosa entre una diapositiva i una altra.
- **Afegeix poc text en cada diapositiva.** Una presentació no és una novel·la. S'hi han d'incloure únicament els apartats principals. El text ha de ser gran i la font llegible perquè es pugui llegir sense dificultat des de certa distància.
- **Afegeix imatges.** Les presentacions han de ser molt visuals, amb fotografies, esquemes, gràfics... Procura que les imatges siguin de qualitat.
- **No abusis dels efectes animats ni de la música.** Unifica les transicions entre diapositives i anima el text o les imatges només quan sigui necessari, ja que així evitaràs distraccions.
- **Crea una diapositiva a manera de resum.** Al final de la presentació s'ha de fer una recopilació dels continguts mostrats, destacant els punts més importants.
- **Diverteix-te.** Fes que allò que expliques li resulti interessant a tothom. Intenta transmetre entusiasme als assistents per captar la seva atenció.

37 COMPRENSIÓ LECTORA. Busca les referències del document relacionades amb l'ús del text. Quins consells s'hi donen?

38 Explica.

a) Què t'ha agradat més de les presentacions multimèdia que has pogut veure?

b) Què és el que menys t'ha agradat o el que més t'ha avorrit d'algunes presentacions?

39 Assenyala quins elements clau incorporaries en presentacions amb diferents objectius.

a) Promocionar una destinació turística.

b) Promocionar l'estrena d'una pel·lícula.

c) Mostrar el treball d'un fotògraf.

d) Elaborar l'anunci d'un cotxe.

e) Mostrar el funcionament del cor.

40 Elabora un esquema amb el guió de cadascuna de les presentacions anteriors.

41 Explica què vol dir utilitzar un disseny senzill i clar en les presentacions.

a) En relació amb els colors usats.

b) En relació amb els efectes animats associats als diversos elements: text, imatges...

c) En relació amb les transicions emprades.

42 USA LES TIC. Elegeix un tema que t'interessi i fes una presentació de 15 diapositives com a màxim per mostrar-la als teus companys de classe. Segueix, en la mesura que puguis, els consells recollits en aquesta pàgina.

a) Planifica la teva presentació elaborant un esquema sobre paper.

b) Utilitza l'Impress o el PowerPoint per completar el treball.

c) Quant de temps creus que necessitaràs per mostrar la presentació?

d) Què destacaràs en cada diapositiva?

43 PREN LA INICIATIVA. Ara respon: quines són les principals iniciatives que has d'adoptar per triomfar davant d'una audiència quan mostres una presentació multimèdia?

Promocionar una ciutat per al turisme

L'impacte d'Internet ha afectat pràcticament tots els àmbits de la societat. En moltes ciutats i comarques s'utilitzen pàgines web per promocionar-les turísticament, amb plànols, fotografies o presentacions que mostren els atractius de cada regió. En aquesta pàgina elaboraràs una presentació promocionant la teva ciutat o comarca amb l'objectiu d'atraure turistes.

Afegiràs fotografies o vídeos amb entrevistes a alguns habitants de la teva ciutat o comarca.

PROGRAMARI NECESSARI

LibreOffice Impress o una altra aplicació per crear presentacions, com el **PowerPoint**.

1. Crea un nou document amb Impress i afegeix una portada amb un títol, imatges, etc.
2. Pensa quins són els apartats que inclouràs en la presentació. Algunes opcions:
   - **Espais naturals.**
   - **Museus i monuments.**
   - **Mitjans de transport.**
   - **Plànols i rutes.**
   - **Hotels i restaurants.**
   - **Activitats per a la canalla...**
3. Per a cadascun d'aquests apartats crearàs una sola diapositiva per tal que la persona que visualitzi la presentació no hagi d'estar clicant contínuament per anar veient totes les imatges o vídeos. Comença inserint un **títol**, una **línia separadora**, una **imatge** i un **peu** en la primera diapositiva després de la portada.
4. Perquè la presentació sigui dinàmica faràs que la imatge aparegui i desaparegui automàticament al cap d'uns segons. Per fer-ho, selecciona la imatge que has inserit a la diapositiva junt amb el peu corresponent i escull, prement amb el botó dret del ratolí, l'opció Animació personalitzada.
5. Al tauler de la dreta prem Afegir... Apareix una finestra on podràs escollir l'efecte d'entrada i la velocitat d'aquest efecte.

RECORDA

Pots comprovar les característiques de cada efecte d'animació marcant l'opció Previsualització automàtica.

Escull un efecte, la velocitat i fes clic a D'acord.

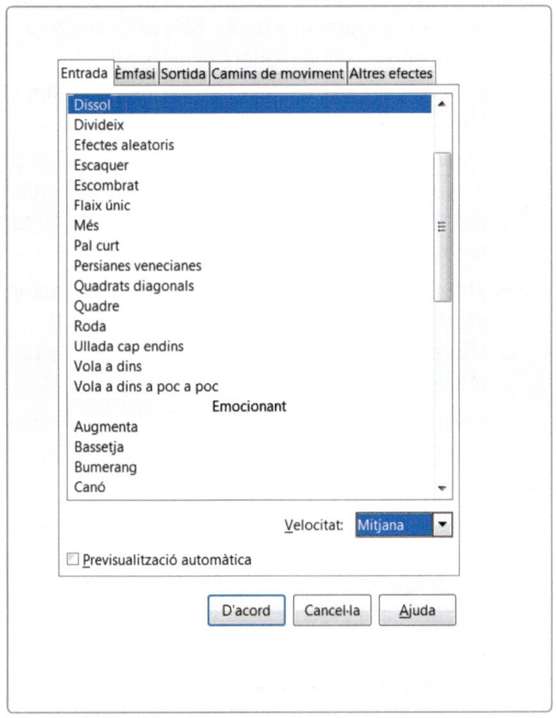

6. A continuació vés a la pestanya Sortida i escull un altre efecte. Prem D'acord.

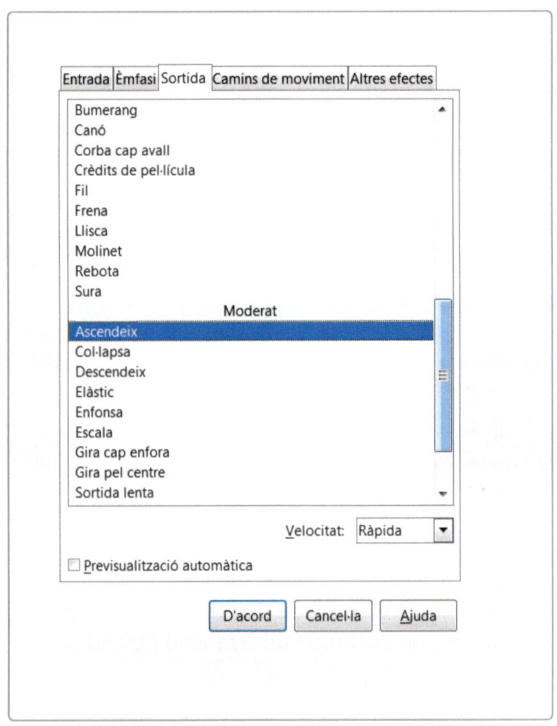

TRUC

Si hi inclous un vídeo, ha de tenir una resolució i un format que admeti l'Impress. No utilitzis vídeos en alta definició si penses fer servir un equip antic per visualitzar la teva presentació.

7. Indica quant de temps romandrà la imatge en pantalla. Així doncs, fes clic en l'efecte que has afegit perquè desaparegui la imatge i escull l'opció Cronometratge.

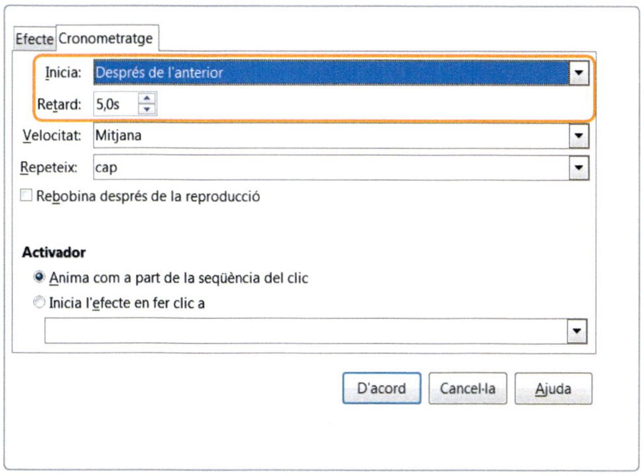

8. A Inicia selecciona Després de l'anterior i al retard introdueix 5,0 s. Així, la imatge s'estarà 5 segons en pantalla i després desapareixerà.

9. Prem F5 per comprovar com queda l'efecte inclòs.

10. Ara fes el mateix amb altres imatges amb els peus corresponents. Tingues en compte, però, que la segona imatge ha d'aparèixer mentre està desapareixent l'altra.

Per aconseguir-ho selecciona l'efecte d'entrada i torna a fer clic a l'opció Cronometratge. Selecciona Amb l'anterior a Inicia i introdueix 4,0 s a l'apartat Retard.

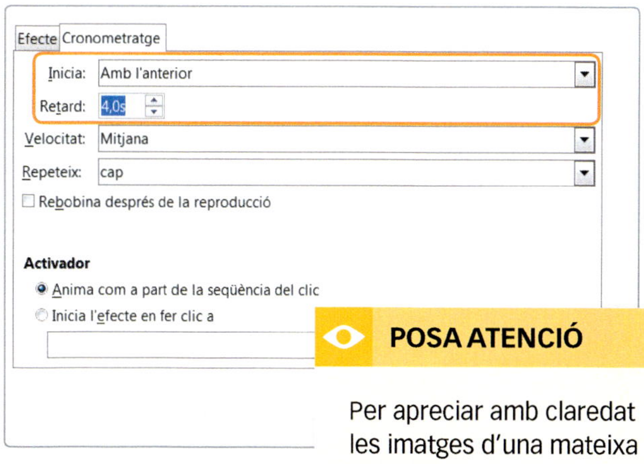

POSA ATENCIÓ

Per apreciar amb claredat les imatges d'una mateixa diapositiva fes que se solapin un segon o menys.

Així aquesta imatge apareixerà quatre segons després de l'altra, és a dir, apareixerà un segon abans que desaparegui l'anterior.

11. Fes clic en l'efecte de desaparició de la segona imatge i torna a marcar Cronometratge. En aquest cas escull Després de l'anterior, sense retard.

12. Per incloure un **vídeo** en una diapositiva tria l'opció Pel·lícula i so...
Després selecciona l'arxiu que es mostrarà en iniciar la diapositiva.

ACTIVITATS

44 Completa la transició amb les pàgines dedicades a Espais naturals, Museus i monuments, Mitjans de transport, Plànols i rutes, Activitats per a la canalla... Insereix diverses imatges en cada diapositiva.

45 Busca informació a Internet i afegeix un climograma a la teva presentació. Fes-lo amb Calc i després enganxa'l a la presentació.

6 Serveis d'Internet

SABER

- Internet: la xarxa de xarxes.
- La *World Wide Web*.
- El correu electrònic.
- La missatgeria instantània.
- La transferència d'arxius: FTP.
- Altres serveis d'Internet.

SABER FER

- Escollir el servei d'Internet adequat a cada necessitat.
- Buscar informació a la www.
- Crear una pàgina web.

Als ***routers* Wi-Fi** podem connectar múltiples dispositius sense utilitzar cables.

A la part frontal del *router* uns **LED** indiquen l'activitat del dispositiu.

Gràcies a la connexió **coaxial** o **ADSL** el *router* es connecta a Internet.

Les **preses de xarxa** serveixen per connectar un ordinador o un altre dispositiu proveït d'aquesta connexió. La connexió cablejada és més ràpida, estable i segura que la connexió Wi-Fi.

Mitjançant el servei de **veu sobre IP** podem fer trucades utilitzant la xarxa Internet en comptes de la xarxa telefònica.

L'elevada capacitat per transmetre dades permet veure televisió a la carta o llogar pel·lícules directament des de televisors connectats al *router*.

INVENTS QUOTIDIANS. El *router*

Fa quinze o vint anys el tràfic generat a Internet era, principalment, text. Les imatges de les pàgines web tenien baixa resolució i transmetre vídeo en *streaming* (en temps real) era quelcom impensable.

Actualment els potents *routers* han substituït els antics mòdems i la **transmissió de dades** és molt més ràpida, i això permet, per exemple, mirar la televisió per Internet amb bona qualitat o transferir arxius pesats en uns segons.

La connexió sense fil es pot **protegir** per evitar l'accés d'intrusos no desitjats.

El **tallafoc** controla quines aplicacions poden accedir a les dades de la nostra xarxa.

La millor forma de protegir les nostres dades és **apagar el *router*** quan no el fem servir.

INTERPRETA LA IMATGE

- Quin camí segueix una fotografia enviada des del teu mòbil per correu electrònic fins a l'ordinador portàtil d'un amic? Elabora un esquema que il·lustri la teva resposta.

CLAUS PER COMENÇAR

- Per a què fas servir Internet? Per a què la fan servir els teus amics?
- Opina. Creus que hi ha persones addictes a Internet? Com se'n poden adonar?

Internet

Una **xarxa informàtica** permet compartir informació de tot tipus entre els seus equips. Si a més està connectada a Internet, la connexió és global: es pot intercanviar informació amb qualsevol altre equip connectat a Internet, allà on sigui.

RECORDA

Els **servidors** són ordinadors amb discos durs de gran capacitat als quals poden accedir els usuaris de la xarxa.

OBSERVA

Els **serveis** d'Internet més utilitzats són la *World Wide Web* (per a la cerca d'informació), el correu electrònic, la missatgeria instantània, la transferència d'arxius (FTP), l'intercanvi d'arxius P2P i la telefonia IP.

1 Internet: la xarxa de xarxes

Què és una xarxa informàtica?

En una empresa, en un centre escolar o en una llar és molt útil poder compartir les imatges, els documents de text, la música...

Una **xarxa informàtica** és una agrupació d'ordinadors, telèfons, tauletes i altres dispositius connectats entre ells mitjançant cable o bé sense fil perquè puguin compartir informació.

La connexió d'equips en xarxa fa possible:

- **Intercanviar informació:** arxius de tota mena, missatges...
- **Compartir el maquinari:** impressores, faxos... Diversos ordinadors d'una xarxa poden utilitzar una sola impressora.
- **Compartir el programari:** algunes aplicacions poden residir en servidors.
- **Compartir dades:** un conjunt d'imatges o vídeos pot residir en els servidors i els usuaris de la xarxa hi accedeixen. Així doncs, no cal que cada equip emmagatzemi totes les dades.

Què és Internet?

Des del punt de vista tècnic, Internet és un **conjunt de xarxes informàtiques** distribuïdes arreu del món.

La paraula *Internet* deriva de l'expressió anglesa ***Inter**connected* ***Net**works* (xarxes interconnectades).

Des del punt de vista de l'usuari, Internet es pot identificar amb una sèrie de **serveis**, com ara: consultar el correu electrònic, fer ús de la missatgeria instantània, participar en les xarxes socials, llegir informació d'actualitat, escoltar música, fer operacions bancàries, mirar sèries i pel·lícules, fer servir aplicacions, compartir arxius, jugar en línia, fer trucades via IP des de l'ordinador, comprar en línia i participar en blocs i fòrums.

ACTIVITATS

1. Feu una enquesta a classe i demaneu quines tres activitats de les anteriors fa cadascú per Internet. Representeu els resultats amb un gràfic per fer-ne una estadística.

Correu electrònic	Operacions bancàries	Jugar en xarxa
Missatgeria instantània	Visualització de sèries de TV i pel·lícules	Trucades telefòniques amb l'ordinador
Xarxes socials	Ús d'aplicacions	Compres en línia
Lectura d'informació d'actualitat	Compartir arxius	Participar en blocs o fòrums
Música per Internet		

Els avantatges d'Internet

Internet és un mitjà de comunicació a escala mundial:

- **La informació s'aconsegueix des de qualsevol lloc.** L'arribada de les connexions Wi-Fi i les xarxes mòbils de dades permet utilitzar Internet des de qualsevol lloc, sense fil, mitjançant ordinadors portàtils, telèfons, tauletes, videoconsoles...
- **La quantitat d'informació disponible és enorme.** Administració, particulars, institucions i empreses ofereixen una informació completa a la xarxa. Cal, però, anar amb compte, ja que la informació no és sempre verídica. Sigues crític amb les fonts d'informació poc conegudes.
- **Proporciona notícies d'última hora ràpidament.** Els mitjans de comunicació han evolucionat per oferir als ciutadans informació en temps real de notícies o esdeveniments esportius.
- **La comunicació és ràpida i eficaç.** La missatgeria instantània a través del telèfon mòbil, per exemple, ha revolucionat la manera de comunicar-nos amb companys de feina, familiars i amics.
- **No hi ha horaris.** A Internet no hi ha hora de tancament ni dies festius. La informació està disponible tots els dies a qualsevol hora.

Els problemes d'Internet

No tot el que estigui relacionat amb Internet és positiu, també hi ha inconvenients.

- Com que cap administració no controla Internet, **es poden publicar continguts de qualsevol tipus i distribuir-se ràpidament**. Així, hi ha qui utilitza la xarxa per distribuir fotografies o acudits que difamen altres persones o que fan servir aquest fet com una amenaça: **ciberassetjament**. Tot i això, les autoritats persegueixen els autors de continguts de tipus bèl·lic, racista o els qui assetgen altres internautes.
- Els ***hackers*** o **pirates informàtics** poden utilitzar les xarxes informàtiques i fer malbé ordinadors d'empreses o institucions.
- Internet és un mitjà excel·lent per propagar **virus informàtics** que poden malmetre ordinadors en poques hores.
- Hi ha **riscos en les transaccions econòmiques** (pagaments amb targeta, transferències, etc.) fets a través de la xarxa.
- En el cas del correu electrònic, un problema és la **recepció de missatges no desitjats** (correu brossa), que són en gran part de tipus publicitari (*spam*).
- Alguns serveis poden crear **addicció** en determinades persones si no es fan servir amb moderació.
- Moltes pàgines estan en **anglès**. Tot i que hi ha traductors automàtics, aquests no sempre són eficaços.

ACTIVITATS

2 Què volem dir quan afirmem que hi ha una xarxa informàtica en una empresa? Quins avantatges té utilitzar xarxes?

3 Elabora una llista amb els avantatges i els problemes d'Internet.

4 Assenyala alguns avantatges que ofereix Internet quan es fan consultes en una biblioteca. Això vol dir que les biblioteques o les revistes ja són del tot inútils?

La connexió a Internet es pot fer des de diferents dispositius, l'ordinador ja no és imprescindible.

RECORDA

Les **xarxes socials** agrupen persones que fan servir Internet per mantenir-se en contacte. Per exemple, a través d'una pàgina web o mitjançant una aplicació instal·lada al telèfon.

Facebook, **Tuenti**, **Twitter**, **Google+** o **LinkedIn** en són algunes de les més utilitzades a Catalunya.

2 La *World Wide Web*

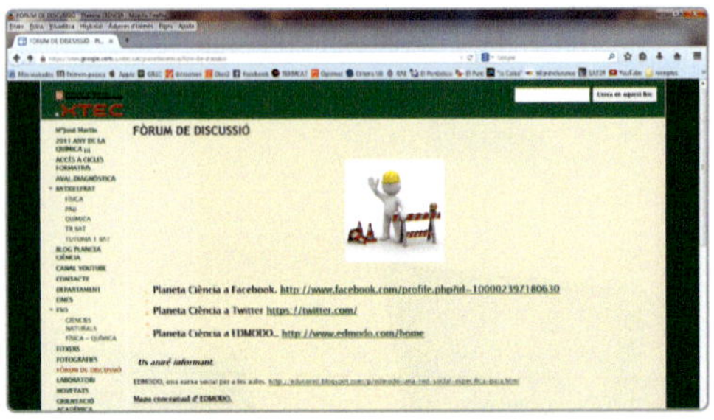

La www és el mitjà emprat pels **grups de discussió (fòrums)**: pàgines especialitzades sobre una temàtica en què podem compartir experiències amb altres internautes. Són molt utilitzades, per exemple, les destinades a ajudar a solucionar problemes tècnics amb l'ordinador, el telèfon, la connexió a Internet…

La ***World Wide Web*** **(www)** és un sistema de distribució d'informació format per milers de milions de pàgines web.

És el servei d'Internet més utilitzat. Per exemple, per accedir a notícies d'última hora o fer gestions amb l'Administració.

Una **pàgina web** és un document que pot allotjar text, imatges, so, àudio o animacions.

Per visualitzar aquestes pàgines web cal utilitzar una aplicació anomenada **navegador**.

La www es basa en l'**hipertext**: text enriquit amb vincles i enllaços que dirigeixen d'una manera àgil a altres parts d'una pàgina web o a altres pàgines web.

Aplicacions per utilitzar la www: navegadors

Hi ha diferents navegadors. Alguns tenen versions per a diferents sistemes operatius. Els navegadors més utilitzats són Google Chrome, Internet Explorer, Mozilla Firefox i Safari.

Aquest és l'aspecte que té Google Chrome.

Buscar informació a la www

A Internet tenim al nostre abast milers de milions de pàgines web. Com localitzem aquella on es troba la informació desitjada? Mitjançant l'ús de cercadors.

Un **cercador** és un programa que, a partir del text escrit en una pàgina web, facilita enllaços a pàgines relacionades amb els termes de la cerca.

En els seus inicis els cercadors tan sols localitzaven pàgines a partir de text escrit, però avui també poden trobar pàgines relacionades amb una imatge o respondre a la veu de l'usuari.

ACTIVITATS

5 Investiga totes les opcions de cerca que incorpora Google per trobar imatges. Per a què serveix cadascuna?

6 El cercador Bing també té una opció de cerca d'imatges. Investiga quines són les opcions que ofereix.

SABER FER

Buscar imatges a la web

Hi ha tantes pàgines web que moltes vegades resulta difícil localitzar la informació que busquem. Per això els cercadors incorporen funcions avançades de cerca. Imagina't que vols buscar fotografies de Mart de mida gran fetes per una sonda espacial que acaba d'arribar a aquest planeta.

1. Obre un cercador i escriu les paraules de la cerca. En aquest cas:

   Mart

2. Com que vols localitzar imatges, fes clic a l'apartat Imatges.

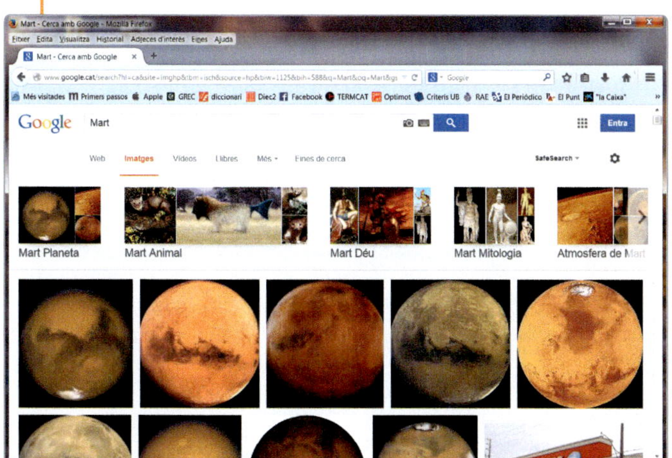

3. Per afinar la cerca prem l'opció Eines de cerca.
4. Sota el camp de cerca hi apareixen diverses opcions: Mida, Color, Tipus, Hora, Drets d'ús i Més eines.

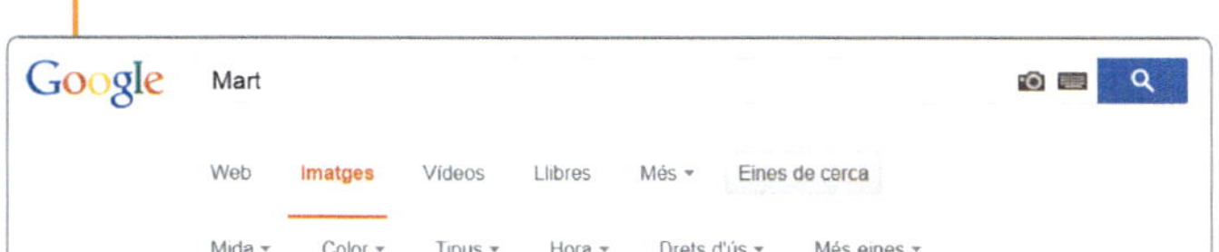

5. Per obtenir imatges grans prem Mida i escull l'opció Grans.

   I per trobar imatges recents prem Hora i escull l'opció La setmana passada.

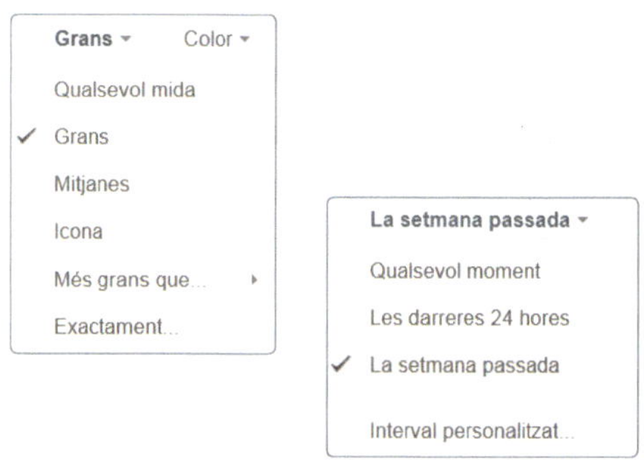

6. Aleshores només es mostraran les imatges de mida gran pujades recentment a la web.

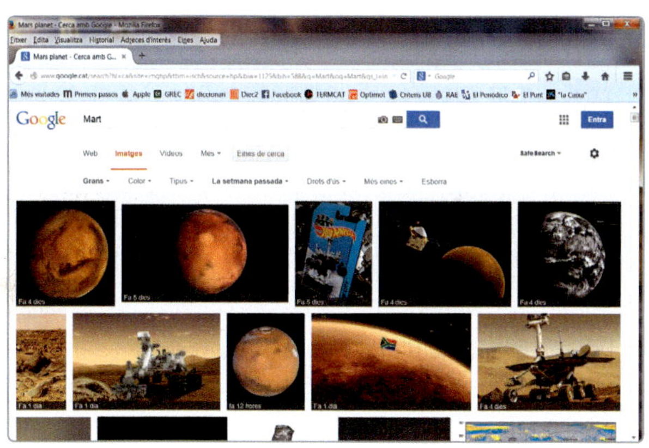

SABER FER

Fer cerques avançades

Has buscat mai alguna cosa a Internet i has obtingut com a resultat pàgines escrites en un altre idioma? O bé has obtingut enllaços a pàgines que no tenien cap relació amb la teva cerca? Segur que sí.

Per controlar l'idioma dels resultats oferts pel cercador, el servidor on s'allotgen o el format de l'arxiu que busquem pots utilitzar l'opció **Cerca avançada** de Google.

Escriu una expressió entre cometes per localitzar una expressió literal. Per exemple, el primer vers per localitzar un poema.

Selecciona el tipus d'arxiu que vols localitzar: pdf, ppt, doc…

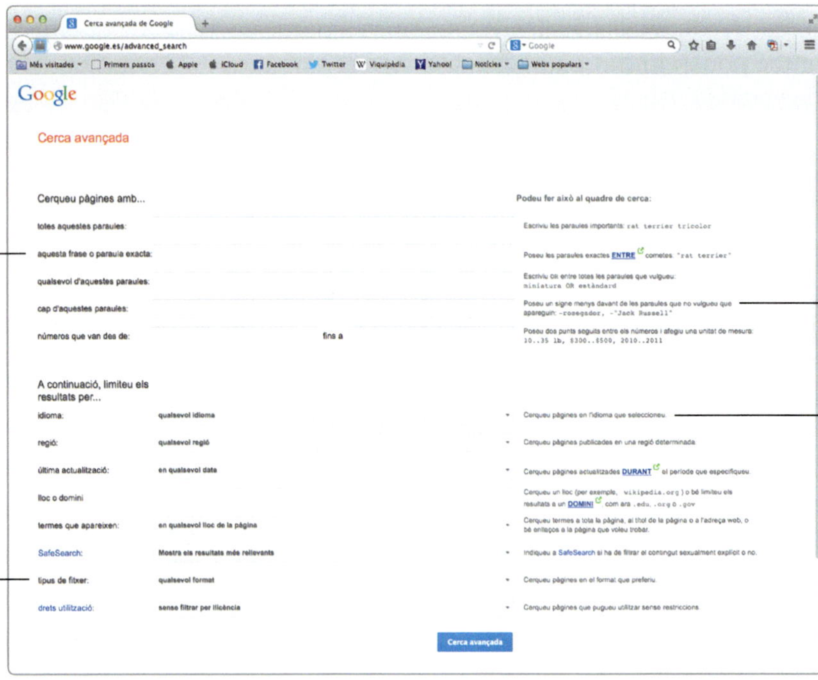

Les paraules precedides pel **signe menys** (–) no es tenen en compte en les cerques.

Pots filtrar els resultats per localitzar pàgines en anglès, en francès…

Per fer cerques avançades a la www:

1. Escriu a Google o en un altre cercador l'expressió *cerca avançada a Google*.

   Tingues en compte que:

   - Si vols cercar una expressió exacta, l'has d'escriure entre cometes. Exemple: "cerca avançada a Google".
   - Si hi ha alguna paraula que no vols que aparegui en el resultat de la cerca, has d'escriure un signe menys sense espai al davant (–) . Exemple: Girona –platja.
   - Posa dos punts seguits entre els nombres i afegeix una unitat de mesura quan busquis per intervals de preu, pes, temps, quantitat. Exemple: 15..25 €, 25..30 kg, 2011..2014, 50..60 persones.

Com pots veure, depurar la cerca ens pot fer estalviar molt de temps a l'hora de trobar informació a la www.

ACTIVITATS

7 Busca informació en anglès sobre el planeta Mart.

8 Busca un document en format pdf sobre l'ús d'Internet a Catalunya aquest any.

9 Busca informació sobre Mart, el déu romà de la guerra, excloent alguna paraula per afinar la cerca.

10 Quins tipus d'arxius pots localitzar fent servir la cerca avançada? Fes-ne una llista i explica a què correspon cada tipus.

OBSERVA

Google i altres cercadors prescindeixen dels articles i de moltes preposicions en les cerques, tret que introdueixis aquestes paraules dins d'una expressió amb cometes.

SABER FER

Buscar informació sobre una imatge

Vivim en l'era multimèdia. Imagina't que vols saber quin nom rep un arbre que tens al davant o bé on s'ha fet una fotografia baixada d'una pàgina web. A l'era pre-Internet això podia ser un problema de difícil solució. Actualment, però, és força més senzill.

1. Fes una fotografia de l'arbre, monument, etc., que vols identificar amb una càmera digital o un telèfon mòbil. O localitza la imatge al teu disc dur.
2. Un cop tinguis connexió a Internet, visita la pàgina del cercador Google, per exemple. L'adreça és: *http://www.google.cat*.

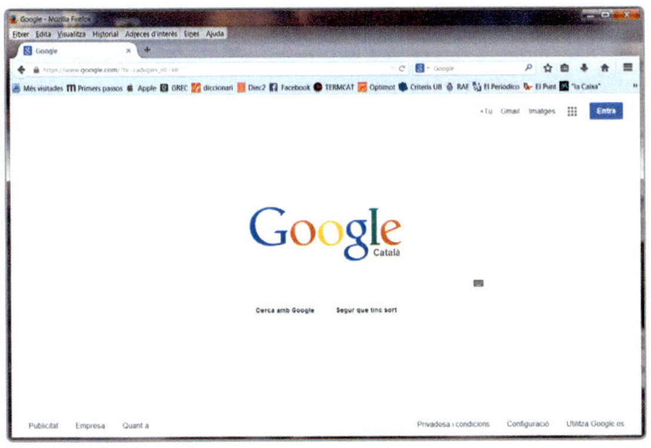

3. Prem damunt l'apartat Imatges, a la part superior. Després clica la icona de la càmera fotogràfica: Cerca per imatge.

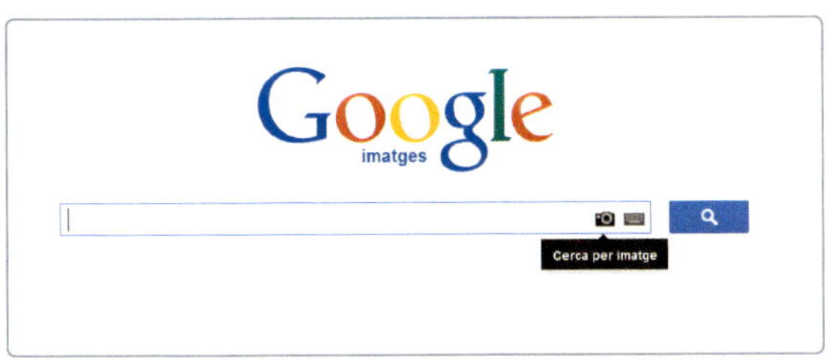

4. S'obre una finestra. Escull Penja una imatge per buscar a partir d'una imatge desada al telèfon, ordinador o tauleta.

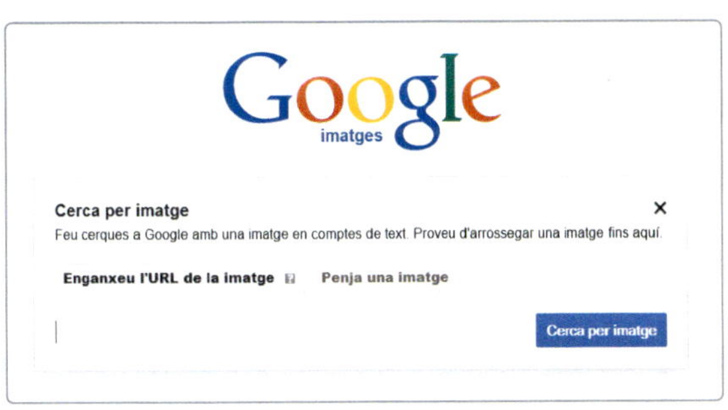

5. Prem el botó Tria un fitxer.

6. S'obre una nova finestra. Busca entre les teves carpetes la imatge que vols incloure en la teva cerca.

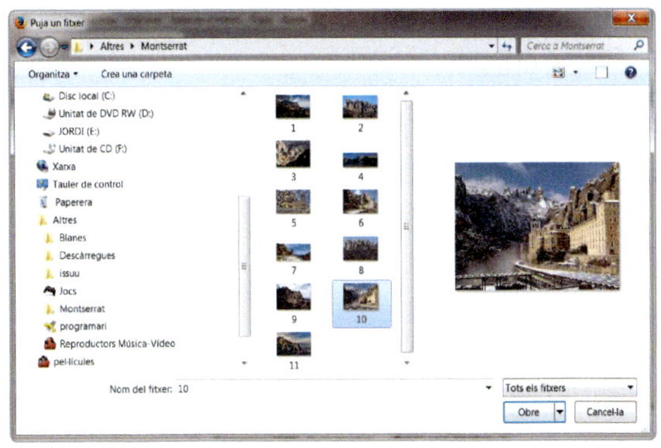

7. Quan premis Obre el cercador mostrarà les pàgines relacionades amb la imatge.

POSA ATENCIÓ

Tingues en compte que si la fotografia és confusa o poc nítida potser el cercador no pot identificar la imatge.

ACTIVITATS

11 Busca a Internet informació sobre algunes de les fotografies que tens emmagatzemades al teu telèfon o ordinador.

12 Els resultats mostren sempre la informació desitjada?

POSA ATENCIÓ

No li diguis a ningú quina és la teva contrasenya per accedir al correu electrònic.

I tria'n una que no sigui òbvia. No triïs, per exemple, el teu nom o cognom, número de DNI o data de naixement.

RECORDA

No donis més informació de la necessària a l'hora de completar formularis a pàgines web. Per exemple, no sempre és imprescindible proporcionar el número de telèfon mòbil per completar el registre.

3 El correu electrònic

Les cartes escrites i les converses telefòniques han estat durant molt temps els mitjans més eficients per comunicar-nos. Però ara hi ha altres mitjans més eficaços. El correu electrònic n'és un.

El **correu electrònic** és un servei d'Internet que permet intercanviar missatges de text en què es poden adjuntar arxius de qualsevol tipus entre ordinadors, tauletes, telèfons mòbils o altres dispositius electrònics.

L'adreça de correu electrònic té aquest format:

Adreça_de_correu@servidor.cat

Nom d'usuari — Arrova — Domini

Hi ha dos tipus d'accés al correu electrònic:

- El **correu POP** fa servir una aplicació instal·lada a l'ordinador, el telèfon o la tauleta: el client de correu electrònic.
- El **correu web** utilitza la pàgina web del nostre proveïdor de correu.

En tots dos casos una **contrasenya** permetrà accedir als missatges.

SABER FER

Obtenir una nova adreça de correu electrònic

Segurament ja deus fer servir alguna adreça de correu electrònic. Però tot i així és una bona idea disposar d'una altra adreça alternativa, ja que et podràs comunicar en cas que una d'elles no funcioni correctament o bé per registrar-te en web, portals, etc., i una altra per a la comunicació diària amb familiars i amics.

Hi ha moltes empreses que ofereixen adreces web de manera gratuïta. Una d'elles és Google, que ofereix adreces del tipus **nom_de_usuari@gmail.com**.

1. Visita la pàgina de correu de Google, Gmail, i escull l'opció Crea un compte.

2. Completa els camps que apareixen en el formulari.

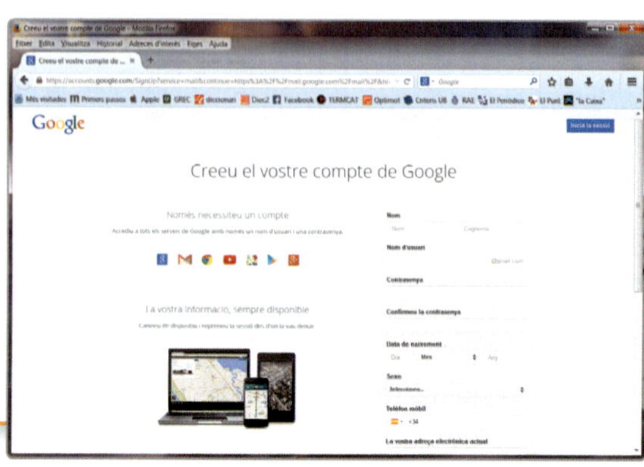

3. Prem Pas següent. Apareixerà un missatge de confirmació.

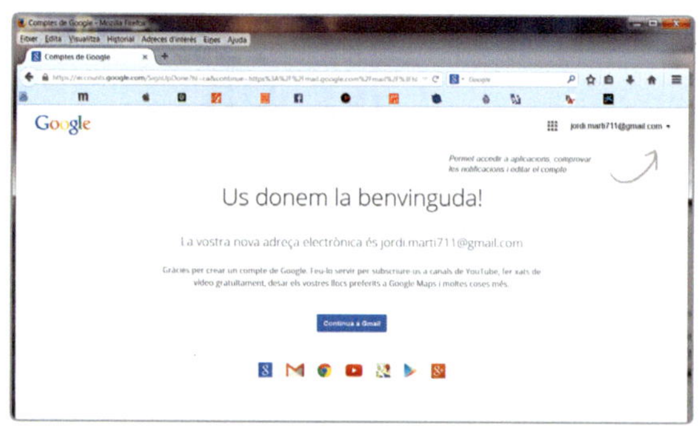

4. Prem Continua a Gmail per accedir al compte via web.

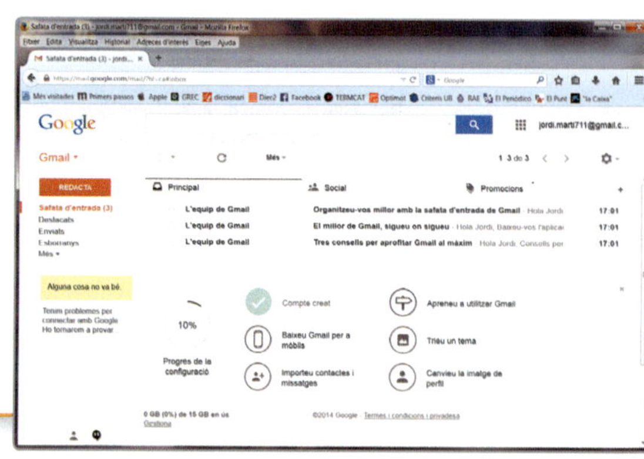

4 La missatgeria instantània

El correu electrònic és un sistema de comunicació molt eficaç, però té un inconvenient: no sabem quan el destinatari veu el nostre missatge i, a més, l'enviament i la recepció no són immediats.

La **missatgeria instantània** és un servei d'Internet que permet l'enviament de missatges de text, emoticones, fotografies, sons i altres arxius.

En els ordinadors, alguns dels clients de missatgeria més utilitzats són ICQ, Yahoo! Messenger, Windows Live Mesenger i Google Talk. Avui dia, però, s'utilitza més en telèfons mòbils mitjançant aplicacions com ara WhatsApp o Line. Aquests clients:

- Poden mostrar quins **contactes** estan connectats en cada moment per començar a establir una conversa.
- **Avisen** quan arriba un nou missatge mitjançant un so, una finestra emergent, etc.
- Permeten enviaments a **múltiples destinataris**, encara que cadascun utilitzi un sistema operatiu diferent al seu ordinador, tauleta o telèfon mòbil.

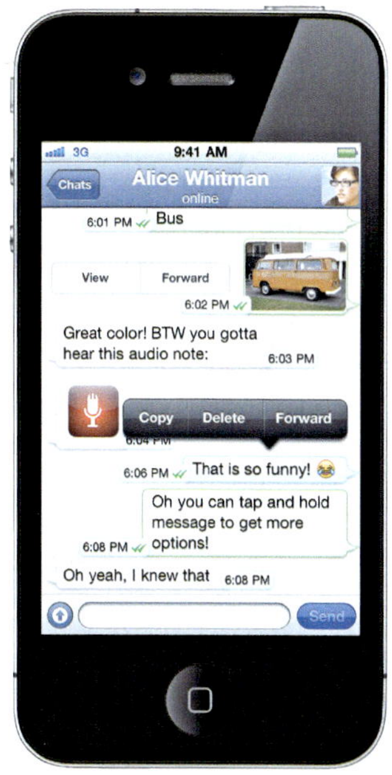

La difusió dels telèfons amb connexió a Internet ha disparat l'ús de la **missatgeria instantània** en els darrers anys. Ara, més que converses de veu, és moda l'intercanvi de missatges de text a tothora.

SABER FER

Crear un grup d'amics

Aprèn a crear grups a WhatsApp. Tingues en compte que el procediment varia en funció del sistema operatiu instal·lat al telèfon.

1. Obre l'aplicació i accedeix a l'apartat Xats, o bé prem la tecla del telèfon que desplega el menú contextual.

2. Selecciona Grup nou.

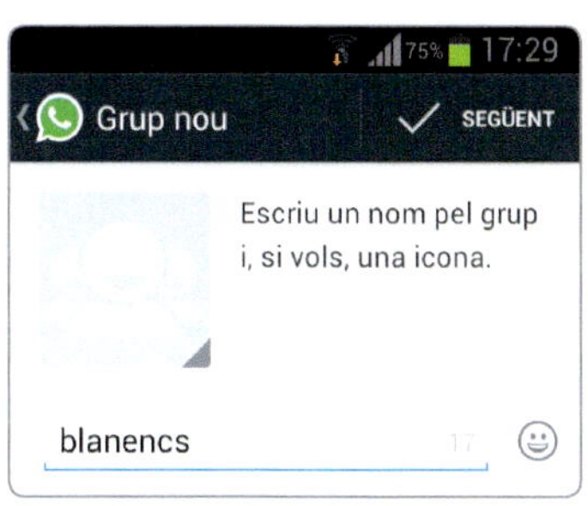

3. Escriu un nom amb què identificar el grup. Aquest serà el nom que veuran la resta dels membres del grup.

RECORDA

Només la persona que ha creat el grup hi podrà afegir o eliminar membres.

POSA ATENCIÓ

Vés amb compte a l'hora de fer servir imatges al teu perfil quan utilitzis una aplicació de missatgeria instantània. Qualsevol persona que afegeixi el teu número de telèfon com a contacte podrà veure aquesta imatge.

4. Vés afegint contactes al grup prement el signe +.

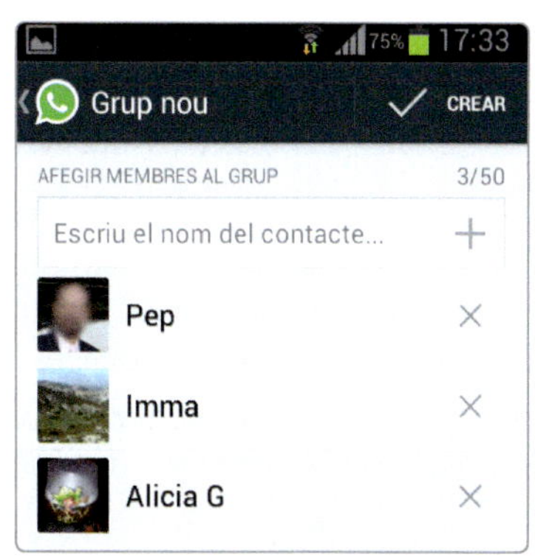

5. Prem el botó Crear per enviar una sol·licitud d'incorporació al grup a cada membre.
6. La resta dels membres rebran una sol·licitud per formar part del grup. Un cop hagin acceptat ja podràs començar a enviar missatges.

OBSERVA

El servei FTP permet pujar i baixar de manera eficient arxius pesats en contraposició amb el correu electrònic o el servei de missatgeria instantània, més limitats en aquest aspecte.

5 La transferència d'arxius: FTP

El servei de transferència d'arxius, **FTP**, permet baixar i enviar arxius utilitzant Internet.

Tot i que es pot fer a través d'un navegador, hi ha aplicacions destinades especialment a la transferència d'arxius, més ràpides i eficaces. FileZilla és una aplicació gratuïta d'aquest tipus.

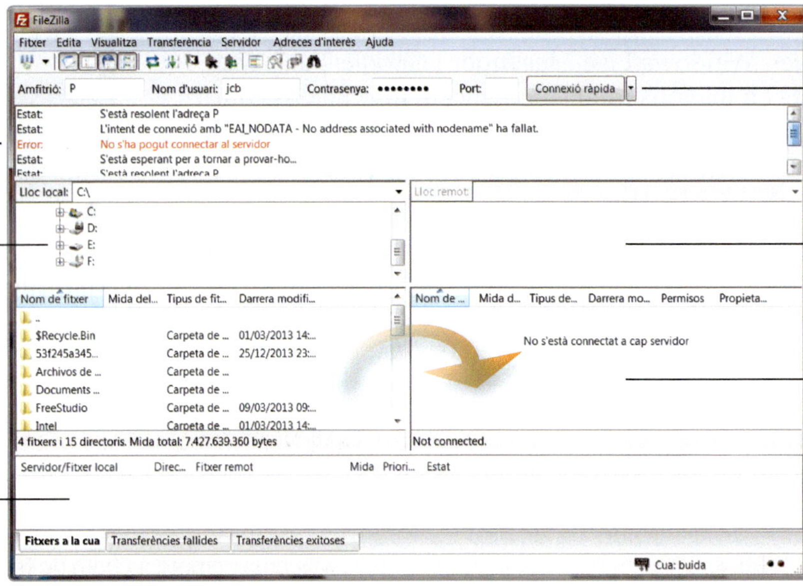

SABER MÉS

Emmagatzematge virtual

Cada vegada fem servir més dispositius connectats a Internet: ordinadors, telèfons, tauletes, televisors… Per això cal disposar d'un espai al qual accedir des de tots ells.

- **Dropbox.** Ofereix un servei gratuït per emmagatzemar arxius. Per usar-lo cal registrar-s'hi i introduir una contrasenya, sigui a través de la web o mitjançant una aplicació a la tauleta, telèfon mòbil, etc.
- **Google Drive.** És un altre servei sense cost que es pot utilitzar si es té un compte de correu de Google.

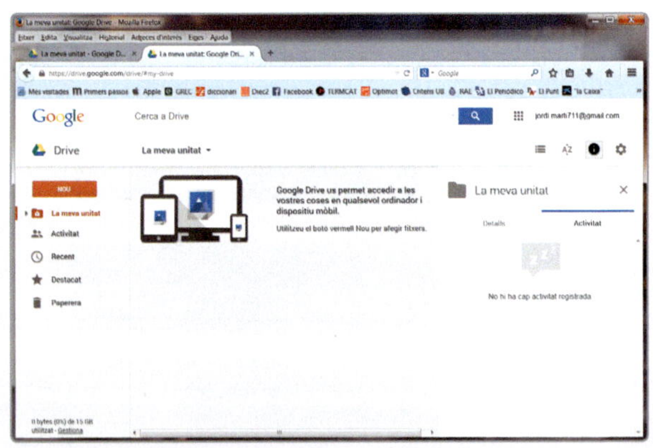

- **MicrosoftSkyDrive.** Ofereix emmagatzematge en línia per a usuaris d'un compte de Microsoft.

ACTIVITATS

13 Crea un compte de Dropbox i puja-hi algun arxiu. Després accedeix al teu compte des d'un altre equip i esbrina com s'envia un enllaç a aquest arxiu per correu electrònic.

6 Altres serveis d'Internet

La telefonia IP

La **telefonia IP** és un servei que permet conversar o establir videoconferències a través d'Internet, sense utilitzar la xarxa de telefonia.

> **OBSERVA**
>
> Skype és l'aplicació més utilitzada a tot el món per establir converses via IP, sigui mitjançant telèfons fixos, mòbils, tauletes, televisors, videoconsoles o reproductors MP3.

Els **telèfons IP** permeten parlar utilitzant el servei IP d'Internet sense necessitat de fer servir la xarxa telefònica o la xarxa de telefonia mòbil.

La telefonia IP és un servei cada cop més utilitzat en comunicacions entre continents.

Una càmera sobre el televisor permet establir videoconferències.

Algunes aplicacions es poden instal·lar en **tauletes** o **ordinadors** i utilitzar-les com a mitjà de comunicació.

Els **televisors** amb connexió a Internet permeten instal·lar aplicacions que fan servir el servei IP. Així podem veure la imatge del nostre interlocutor a la pantalla.

Té un clar avantatge sobre altres mitjans de comunicació: el preu. Resulta molt més barat parlar amb una persona en un altre continent a través del servei IP que amb una trucada convencional.

L'intercanvi d'arxius P2P

Les **xarxes P2P** permeten l'intercanvi directe d'arxius entre dos equips connectats a Internet. No existeix un servidor que faci el paper d'intermediari entre els dos equips.

Emule, Ares Galaxy, Vuze o Lphant són aplicacions que es connecten a xarxes P2P per intercanviar arxius. L'intercanvi d'arxius en si no és il·legal. El problema rau quan s'intercanvien arxius protegits per drets d'autor: llibres, música, pel·lícules…

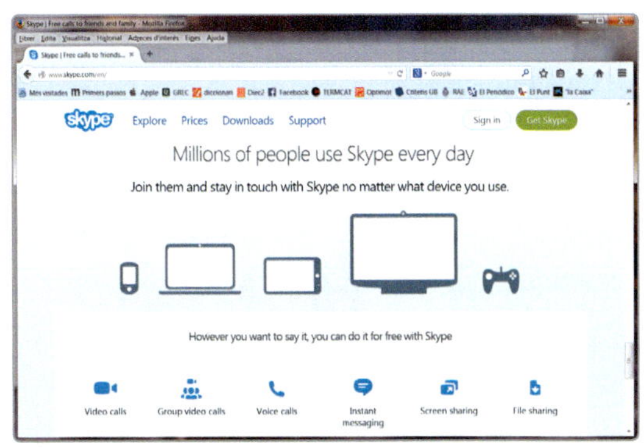

La **telefonia IP** es pot utilitzar fent servir un telèfon que es connecta a una xarxa domèstica amb sortida a Internet. No fa falta, doncs, utilitzar un ordinador. I els moderns televisors de gamma mitjana-alta també poden utilitzar una aplicació IP, com Skype, per fer videoconferències.

ACTIVITATS

14 Investiga sobre els dispositius que poden utilitzar alguna de les aplicacions per a telefonia IP més usades.

15 Fes una enquesta entre familiars i amics sobre l'ús de les aplicacions P2P. Les utilitzen? Per a què? Et semblen apropiades les pàgines web que ofereixen baixades d'arxius de música, pel·lícules, etc., protegits per drets d'autor?

ACTIVITATS FINALS

REPASSA EL QUE ÉS ESSENCIAL

16 Explica amb les teves pròpies paraules què és una xarxa informàtica i quins equips s'hi poden connectar.

17 Explica cada frase.

a) Internet està formada per un conjunt de xarxes informàtiques.

b) Internet es pot identificar amb una sèrie de serveis als quals s'accedeix des de qualsevol equip connectat.

18 Respon.

a) Què vol dir que a Internet «no hi ha horaris»?

b) Et semblen fiables totes les fonts d'informació que es poden trobar a Internet? Posa exemples que reafirmin la teva resposta.

c) Quina relació hi ha entre Internet i la difusió de virus informàtics?

d) Per què cal extremar les mesures de seguretat a l'hora de fer pagaments en compres en línia?

19 PREN LA INICIATIVA. Completa una taula com aquesta al teu quadern que inclogui els avantatges i els inconvenients d'Internet més importants, segons el teu parer.

Avantatges	Inconvenients

20 En la finestra del navegador següent identifica diferents àrees i escriu al teu quadern per a què serveix cadascuna.

a) Quin tipus d'informació inclou la pàgina? Només text?

b) Identifica alguns enllaços.

21 Utilitza un cercador per localitzar les pàgines corresponents a les institucions següents. Després emmagatzema les adreces al navegador, per poder-hi accedir sense que hagis de tornar a escriure l'adreça URL.

a) Associació Catalana de Municipis (ACM): subministrament elèctric.

b) Servei Català de Trànsit (SCT): seguretat viària.

c) Universitat Autònoma de Barcelona (UAB): Màster d'Interpretació de Conferències, especialitat del Màster de Traducció, Interpretació i Estudis Interculturals de la FTI.

d) Catedral de Girona: visita i activitats culturals.

22 Imagina't que has d'enviar un arxiu de 150 MB a un amic que viu en una altra ciutat.

a) Seria una bona idea fer servir la missatgeria instantània? I el correu electrònic?

b) Quin servei d'Internet utilitzaries? Per què?

23 Respon.

a) Quins avantatges ofereix la missatgeria instantània sobre el correu electrònic?

b) Té algun avantatge l'ús del correu electrònic?

c) En què es diferencia el correu POP del correu web? Quin et sembla més útil?

24 En què s'assemblen la telefonia IP i la telefonia mòbil? En què es diferencien?

25 Completa al teu quadern les frases amb els serveis d'Internet.

a) La ______________ permet la comunicació en temps real, sabent si el nostre interlocutor està connectat o no.

b) El ______________ permet enviar missatges de text, incloent-hi vídeos, fotografies i arxius de tot tipus.

c) Les xarxes d'intercanvi d'arxius ______________ permeten intercanviar arxius entre dos internautes directament sense passar per cap servidor intermediari.

d) La ______________ està formada per milers de milions de pàgines web amb informació de tot tipus.

e) La ______________ permet mantenir converses telefòniques fent servir Internet en comptes de les xarxes telefòniques fixes o mòbils.

f) El servei ______________ permet intercanviar arxius entre un equip i un servidor de manera eficient.

PRACTICA

26 Localitza a Internet.

a) Una imatge d'un telèfon mòbil que tingui més de dos megapíxels.

b) Una imatge d'un televisor amb fons blanc.

c) Una imatge de Saturn pujada la darrera setmana.

27 Elabora una enquesta entre deu familiars i amics d'edats diferents que utilitzin Internet.

a) Quins són els serveis d'Internet que han utilitzat ahir i avui?

b) Quins són els serveis d'Internet que han utilitzat durant el darrer mes, més o menys?

c) Recull-ne els resultats en forma de taula i després representa'ls en un gràfic semblant al que apareix en el primer epígraf d'aquesta unitat.

d) Utilitzen les xarxes socials? Quines? Per què? Des de quins dispositius?

e) Quines són per a ells les pitjors amenaces d'Internet per a persones adultes?

f) I per a nens i adolescents?

28 Internet és un mitjà magnífic per aprendre. Identifica diferents opcions que et permetin traduir el text d'una pàgina escrita en francès al teu idioma.

29 Amb l'ajuda d'alguna cercador localitza la informació necessària i defineix els mots següents. Entre parèntesis apareix l'àrea del saber en què pots trobar informació.

a) Impressionisme (pintura).

b) Arxius RAW (fotografia digital).

c) Adenina (biologia).

d) Bosó de Higgs (física).

e) Volta de creueria (arquitectura).

30 La informació a la www es pot mostrar en múltiples formats. Amb la teva experiència d'internauta i algunes cerques a Internet, explica el funcionament de:

a) Fòrums de discussió.

b) Blocs.

c) Podcasts.

d) Xats.

e) Xarxes socials.

31 Opina. La missatgeria instantània, tan usada per joves i adults, té alguns detractors: gent que pensa que limiten les relacions personals perquè substitueixen les converses per missatges escrits. Quina és la teva opinió?

32 Et sembla una bona idea incloure en el perfil d'una aplicació de missatgeria instantània del telèfon mòbil fotografies de nens, com fan molts pares? Per què?

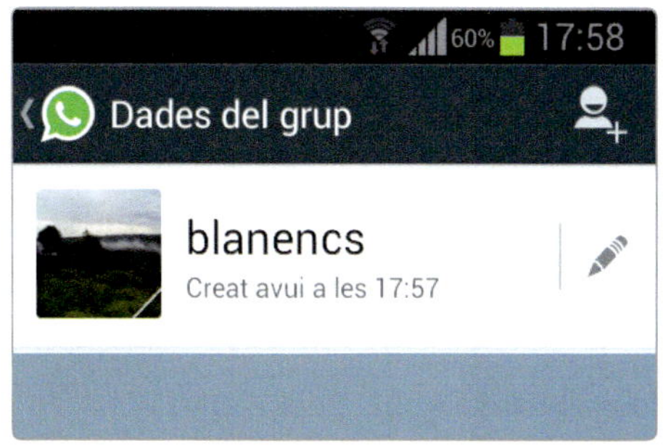

33 Algunes xarxes socials estan especialitzades en l'ús de fotografies. Esbrina com utilitzen els internautes Pinterest, Instagram o Flickr.

34 Elabora un esquema al teu quadern que il·lustri la comunicació entre dos internautes via IP: un que utilitza un telèfon mòbil connectat a la seva xarxa Wi-Fi domèstica i un altre mitjançant un televisor.

AMPLIA

35 Algunes pàgines contenen consells per a l'ús de la xarxa adreçats a la canalla. Busca aquests consells, copia'ls i enganxa'ls en un document creat amb l'OpenOffice Writer o el Word. Després imprimeix el document.

36 Visita la pàgina:

www.idigital.cat

a) Descobreix quins serveis ofereix i com funciona.

b) Creus que és una bona idea visitar aquesta pàgina periòdicament? Per què?

c) Esbrina quina mena de cursos s'ofereixen a l'apartat «Jornades i formació».

TÈCNICA. Analitzar l'evolució de l'ús que fem d'Internet

Fa bastants anys que Internet està implantada en la nostra societat, però els nostres costums canvien, entre altres factors, per la presència de nous dispositius mòbils capaços de connectar-se a Internet, com telèfons mòbils o tauletes.

En el cas de la telefonia mòbil, el descens en les tarifes de dades dels darrers anys ha fet que l'Estat espanyol sigui un dels països amb més presència de telèfons intel·ligents o *smartphones*. L'expressió *Sempre connectats* cobra ara més sentit que mai.

Serveis utilitzats en el darrer mes (base: usuaris darrer mes)

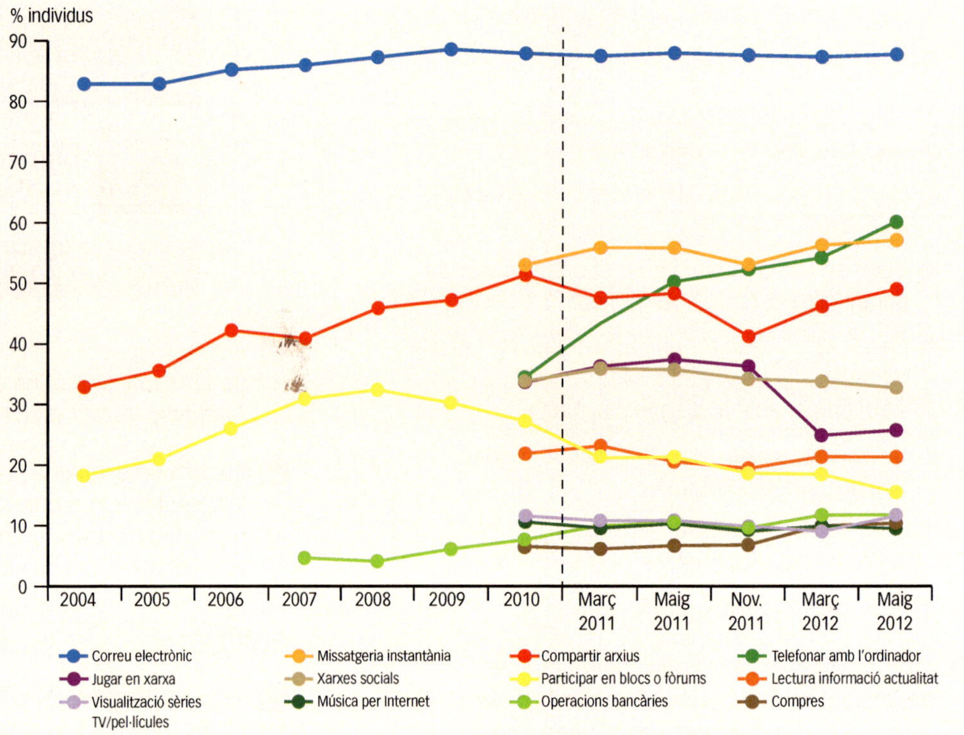

Font: *http://www.aimc.es*, 2012. (A molts d'aquests serveis s'hi accedeix via web: fòrums, banca en línia, xarxes socials...).

37 Analitza el gràfic i respon.

a) Quins serveis d'Internet s'utilitzen més? Quins han tingut un creixement més gran en els darrers anys?

b) Per què la suma dels serveis és superior al 100 %?

c) Quins d'aquests serveis utilitzes tu normalment?

38 El correu electrònic i el servei de missatgeria instantània es poden fer servir indistintament en molts casos.

a) En quines situacions et sembla més útil usar el correu electrònic? Per què?

b) En quines situacions et sembla més adequat usar la missatgeria instantània?

39 La compra per Internet no acaba d'arrencar: només un 10 % dels internautes compren per Internet.

a) Per què penses que és així?

b) Com es podria millorar la seguretat per a l'internauta?

c) Coneixes algú que compri habitualment per Internet? Què compra?

40 El gràfic mostra les activitats realitzades a Internet mitjançant el telèfon mòbil / % d'usuaris. Compara'l amb el gràfic de dalt i comenta com creus que ha influït l'augment del nombre d'*smartphones* en l'ús que fem d'Internet.

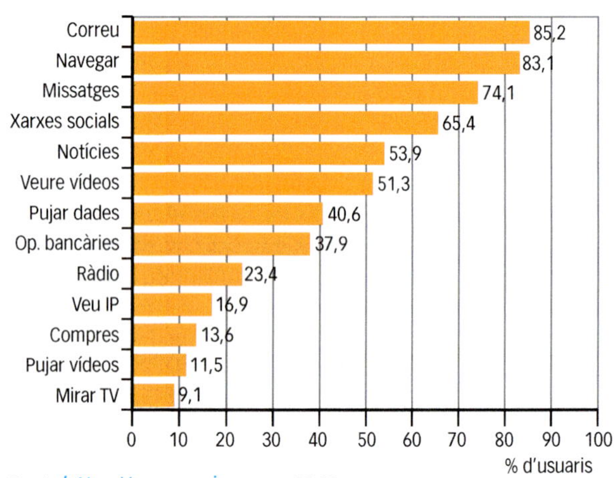

Font: *http://www.aimc.es*, 2013.

a) En quines activitats s'utilitza més el telèfon mòbil que l'ordinador?

b) Opina. Com creus que evolucionarà aquest gràfic en el futur? Per què?

UN CAS PRÀCTIC. Et sembla segur comprar per Internet?

Consells: com comprar per Internet

1. **Fes servir la teva intuïció.** No siguis ingenu; si el preu del producte que vols comprar és massa baix per ser real, probablement és que no ho és.
2. **Coneix el lloc abans de comprar.** Desconfia de les empreses que no tenen adreça física i que només faciliten un número de mòbil per contactar. Si hi ha una adreça física, intenta verificar-la. [...]
3. **Fes les teves compres en llocs segurs.** Com identificar un lloc segur? Mira la finestra on consta l'adreça electrònica del negoci. Hi trobaràs les lletres «**https://**». La «s» al final vol dir que el lloc és segur, tot i que de vegades la «s» només apareix en la pàgina de pagament.

   Una altra manera de saber si el lloc és segur és observant un cadenat que hi ha al peu de la pàgina. Un cadenat obert indica que el més probable és que el lloc no sigui segur. [...]
4. **Informa't de les condicions generals de contractació de la pàgina web.** L'empresa ha de facilitar aquesta informació a l'usuari. [...]

   En cas de tornar el producte, rebràs crèdit de botiga o un reemborsament directe a la teva targeta de crèdit? [...]
5. **Llegeix la política de privacitat i seguretat del lloc.** Totes les empreses que ofereixen els seus productes a Internet han d'oferir informació sobre la seva transacció i el tractament que donaran a les teves dades personals. [...]
6. **A l'hora de comprar, proporciona la mínima quantitat d'informació possible.** Hi ha informació clau, com el teu nom i l'adreça, que s'ha de facilitar en comprar un producte per Internet. No obstant això, és comú que un negoci sol·liciti més informació. Pot ser que et demanin els teus ingressos o què fas en moments de lleure. Aquesta informació la utilitzen de vegades amb fins comercials, com ara enviar correus brossa (massiu), correspondència directa o trucades telefòniques. [...]
7. **Guarda fotocòpies de les teves transaccions.** En finalitzar el procés de compra ha d'aparèixer una pàgina que resumeix la transacció, i posteriorment rebràs un correu electrònic de transacció. Imprimeix-los i queda't amb una còpia d'aquests documents així com de tots els missatges que intercanviïs amb l'empresa. [...]

Font: Centre Europeu del Consumidor.

41 COMPRENSIÓ LECTORA. Explica el significat de les frases següents en el context del text anterior:

a) Utilitza la intuïció.

b) De vegades la «s» només apareix a la pàgina de pagament.

c) Rebràs crèdit de botiga o un reemborsament directe?

42 Respon.

a) Què signifiquen les sigles «https» a l'inici de l'adreça URL d'una pàgina web?

b) Has visitat alguna vegada pàgines web que comencin per «https»? A quin tipus d'empreses pertanyien?

43 Quins són, al teu parer, els motius que fan que molts consumidors comprin per Internet? Ordena aquestes frases segons la seva importància a l'hora de decidir comprar per Internet.

a) El preu: comprar per Internet sempre és molt més barat.

b) L'addicció a les compres.

c) Es rep el producte més ràpidament que si s'encarrega en una botiga física.

d) La possibilitat de comprar a l'estranger.

e) L'ampli catàleg de productes.

f) Comprar per Internet «és moda».

44 El gràfic mostra les raons dels internautes (no compradors) per no comprar per Internet.

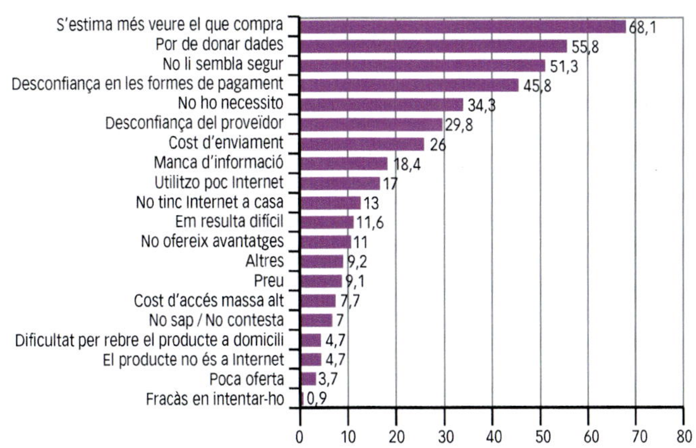

- Amb quines estàs més d'acord? Per què?

45 Quins són per a tu els avantatges de la compra per Internet? I els inconvenients més grans?

46 Quins productes compraries per Internet? Quins compraries en una botiga física? Fes una llista.

47 PREN LA INICIATIVA. Ara que tens més informació, et sentiries segur comprant un producte i pagant-lo per Internet?

Crear una pàgina web utilitzant la www

Creus que és difícil crear una pàgina web? Creus que fa falta dominar aplicacions sofisticades? Si creus que sí, estàs equivocat. Cada vegada hi ha més pàgines web que funcionen com veritables aplicacions amb què podem retocar una fotografia o, com veuràs en aquestes pàgines, crear i publicar una pàgina web.

1. Visita la pàgina de **Google Sites:**

   http://sites.google.com

   Per utilitzar Google Sites has de tenir un compte de Google. Si no en tens, mira com obtenir-ne un en l'apartat sobre el correu electrònic d'aquesta unitat.
2. Un cop tinguis el teu compte, visita la pàgina de Google Sites. Escriu la teva adreça de correu electrònic de Gmail i la teva contrasenya.
3. Prem Inicia la sessió. Després fes clic a Crea.

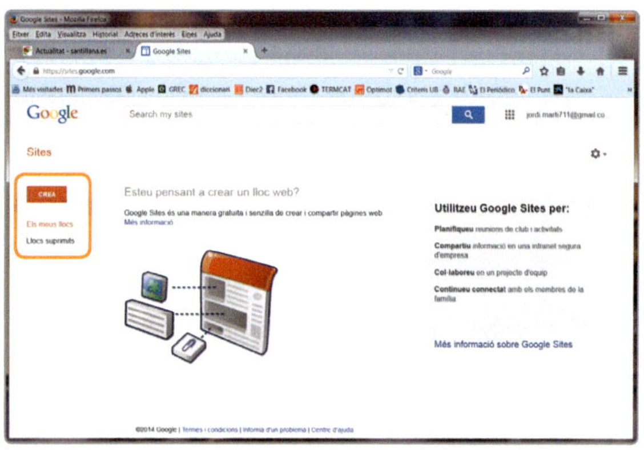

4. Apareix una pàgina on pots seleccionar una plantilla per començar a elaborar la teva pàgina. Pots treballar amb una plantilla en blanc o escollir l'opció Navegueu per la galeria per trobar-ne més.

PROGRAMARI NECESSARI

Google Chrome o un altre navegador.

5. Escull aquesta darrera opció i després selecciona una de les plantilles agrupades en diferents categories. En pots triar una on mostrar una sèrie de fotografies, per exemple. L'elecció de la plantilla adequada simplificarà la teva feina posterior. Després prem Selecciona.

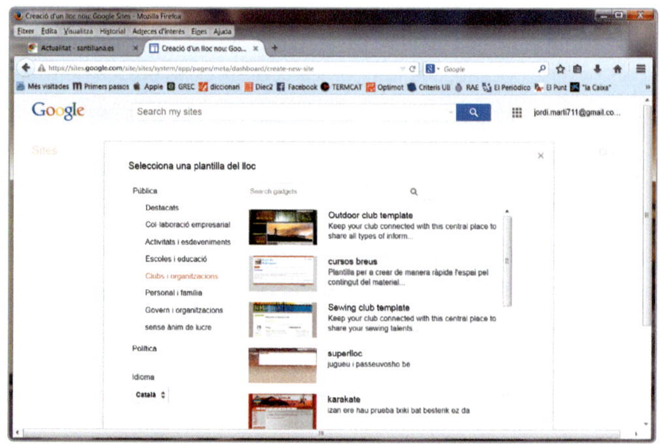

6. Torna a la pàgina inicial de Sites, on pots escollir una plantilla predefinida o bé una plantilla en blanc per començar a treballar.
7. Escriu un nom per a la teva pàgina. Aquest és el nom que s'afegirà a la part final de la URL que Sites assignarà a la teva pàgina. Si el nom s'està fent servir n'hauràs de triar un altre.
8. Selecciona un disseny.

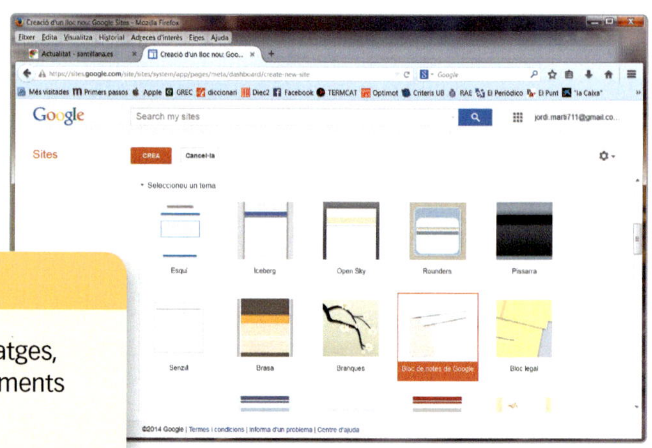

OBSERVA

Amb Google Sites, a més de text i imatges, pots inserir mapes, vídeos i altres elements a la teva pàgina. Així resultarà molt més atractiva.

9. Escriu el text que apareix junt a la imatge, anomenat ***Capcha***. Aquest mètode de seguretat s'utilitza per garantir que l'internauta és una persona i no un ordinador o una altra màquina.

10. Prem Crea. Apareix una pantalla basada en el disseny que has triat. Per modificar la pàgina prem la icona del llapis de la part superior.

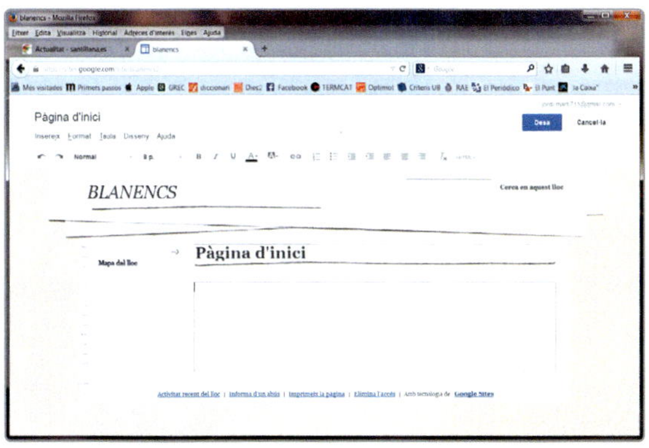

11. Aleshores es carrega l'editor per modificar la pàgina i podràs editar el text.

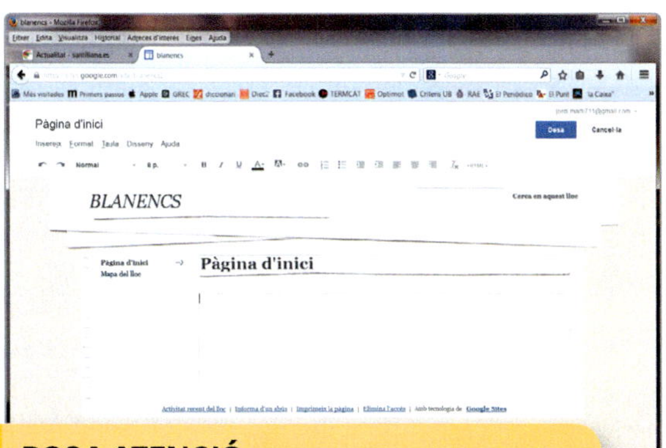

POSA ATENCIÓ

Planifica la situació dels elements de la teva pàgina sobre el paper abans de treballar a Google Sites. Així comprovaràs quines imatges hi caben i com les pots distribuir.

TRUC

És una bona idea redimensionar les imatges abans d'incorporar-les a la pàgina web. Les imatges molt grans descol·locaran altres elements de la pàgina.

12. Pots començar a escriure text, canviar-ne l'estil, el color, la mida...

13. Per inserir una nova imatge escull l'opció Insereix ▸ Imatge i busca-la a la web o a les teves carpetes: Penja imatges.

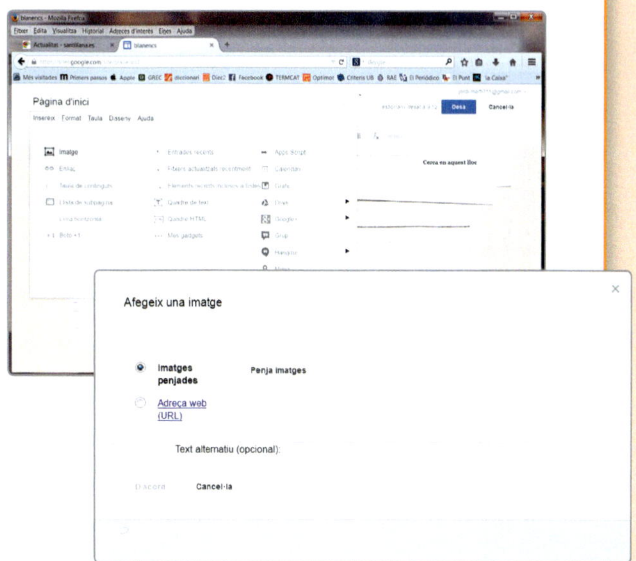

14. Prem D'acord i apareixerà la imatge a la teva pàgina. Sota la imatge veuràs icones que permeten variar la mida o l'alineació.

Alineació Mida

15. Completa la teva pàgina amb vídeos, etc.

16. Prem Desa per emmagatzemar-la.

ACTIVITATS

48 Utilitza Google Sites per crear una pàgina web senzilla sobre alguna afició.

49 Visita la URL de la pàgina en un navegador. Copia l'adreça URL i enganxa-la en un missatge de correu electrònic que enviaràs als teus amics perquè puguin visitar la teva pàgina.

7

Llenguatges de programació

SABER

- Usuaris i programadors.
- Problemes i rutines.
- Els algorismes.
- Els diagrames de flux.
- Llenguatges de programació.
- El programa.
- Programació amb l'Scratch.
- Programació amb el Python.

SABER FER

- Representació de problemes mitjançant algorismes.
- Disseny de programes.

Les escombretes del robot serveixen per atrapar la pols i deixar-la just a la boca de l'aspiradora.

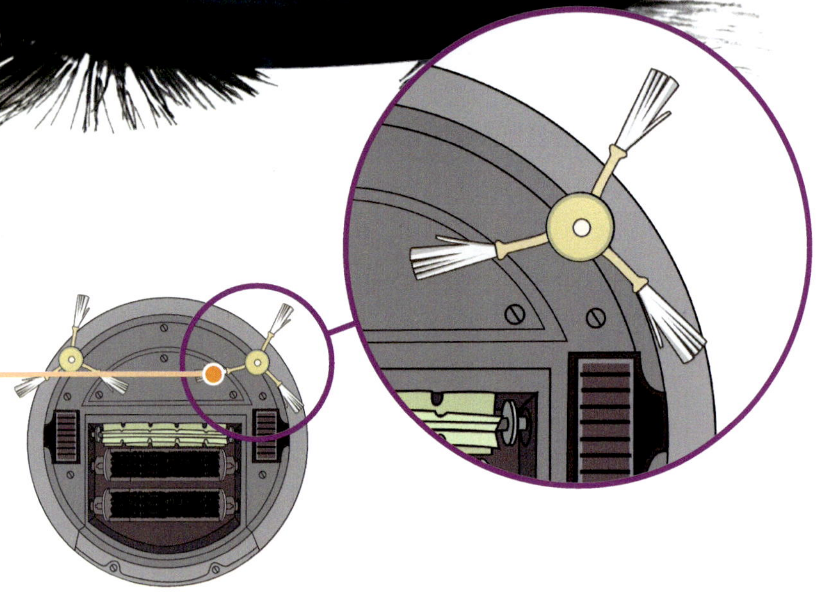

Mitjançant rajos infrarojos el robot calcula l'espai que ha de netejar. La seva trajectòria acaba cobrint tot l'espai.

El robot disposa de diferents tipus de sensors per detectar obstacles i desnivells, de manera que en cap cas ni xocarà ni, per exemple, caurà per unes escales.

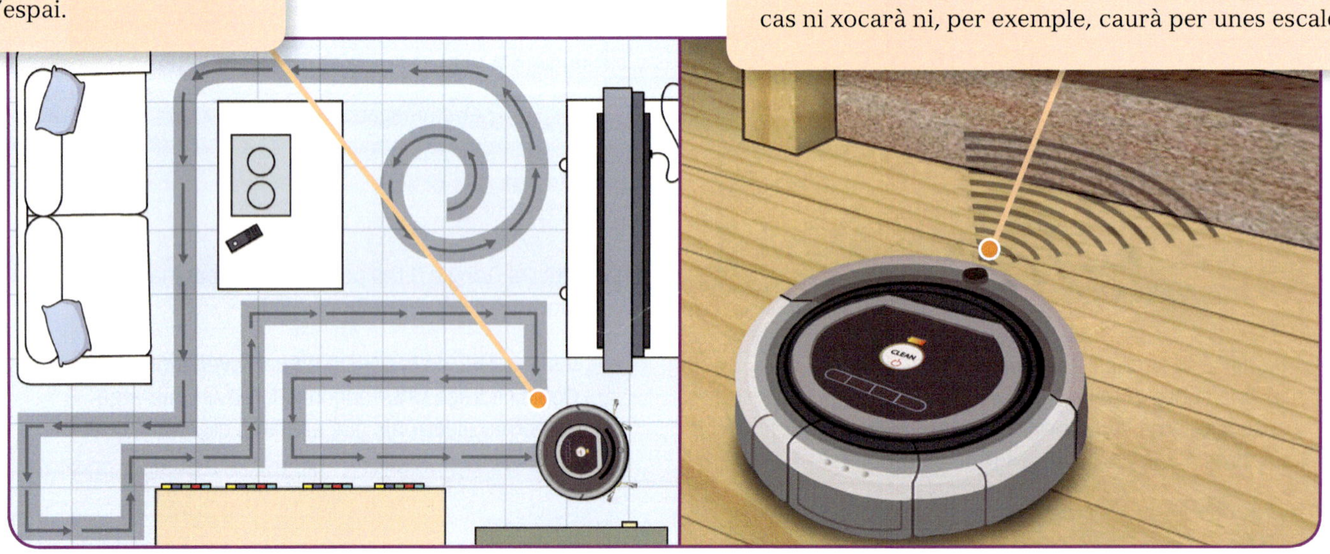

INVENTS QUOTIDIANS. **El robot aspirador**

Els robots aspiradors tenen la funció d'aspirar la brutícia de les cases. Es diferencien dels aspiradors convencionals en el fet que són autònoms. És a dir, un cop es posen en funcionament, són capaços de netejar una superfície sortejant tots els obstacles. Són els primers robots que entren a les cases per dur a terme una tasca.

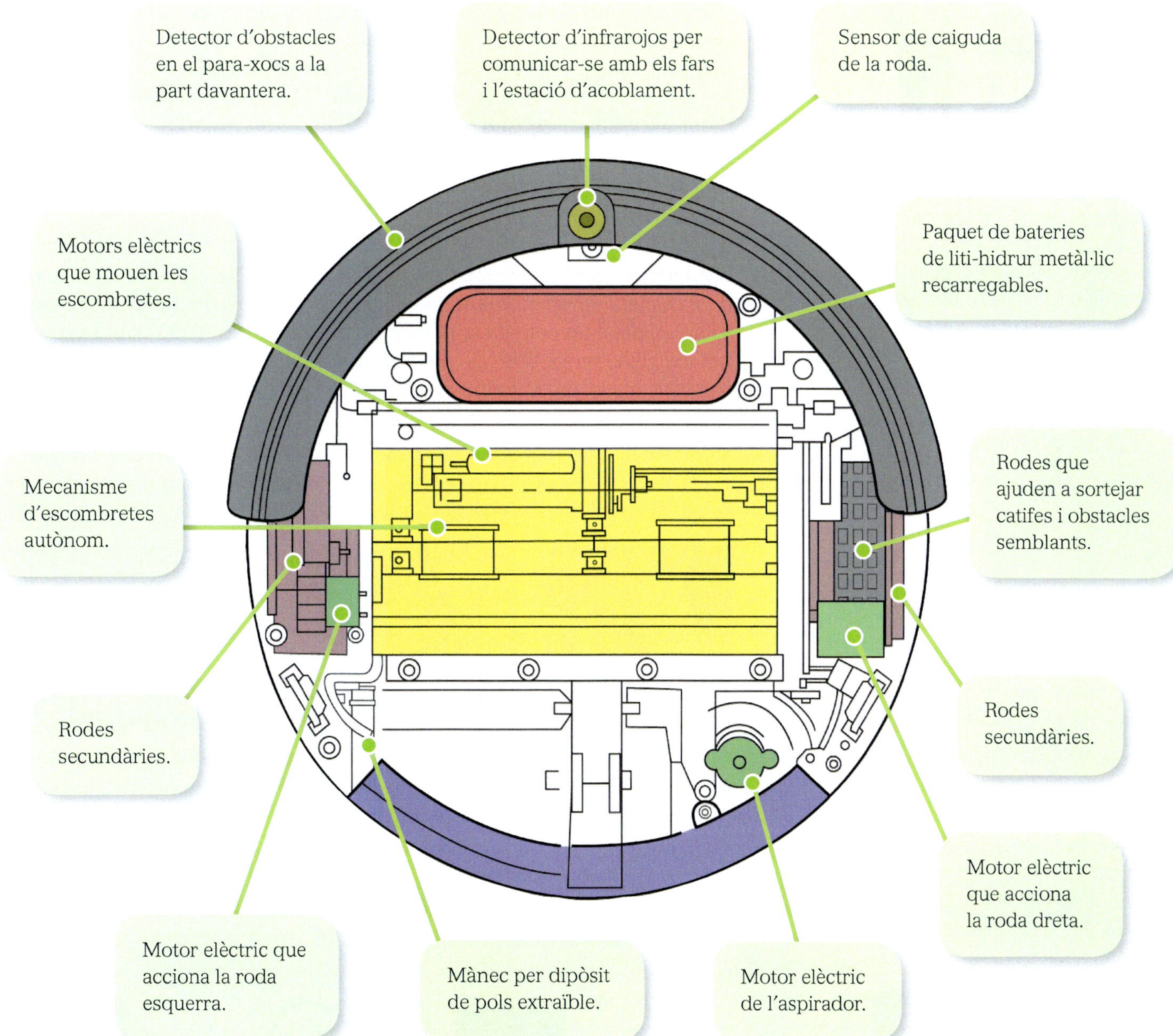

? INTERPRETA LA IMATGE

- Com capta informació el robot aspirador del medi que l'envolta?
- On es processa tota la informació que rep el robot?
- Qui determina, en últim terme, com ha d'actuar el robot? Com ho fa?
- Es pot dir que un robot aspirador és autònom?

CLAUS PER COMENÇAR

- Opina. Creus que els robots arribaran a dur a terme totes les tasques que poden fer els éssers humans?

1 Usuaris i programadors

Una màquina trituradora té dues obertures: per una es posa el document que es vol triturar i per l'altra surt ja triturat. Un ordinador funciona de manera semblant, ja que s'hi han d'introduir dades i l'ordinador les transforma i retorna el resultat a l'usuari. La diferència rau en el fet que l'ordinador expulsa una informació valuosa i útil per a l'usuari.

Hi ha aparells que només poden fer una única tasca: per exemple, un forn o un llum. L'ordinador, pel contrari, està format per un conjunt de peces –el maquinari– que en si mateix no està pensat per dur a terme una tasca en concret. Pot, per contra, solucionar nombrosos problemes. Això s'aconsegueix gràcies al programari. Un programa serà allò que li digui a l'ordinador el que ha de fer.

Gràcies al programari, els ordinadors poden **resoldre nombrosos problemes**.

Per exemple, amb un ordinador els astrònoms poden calcular la posició d'un planeta en un moment determinat o bé ens permet manipular un robot enviat a un cometa, o podem obtenir la nota mitjana d'una assignatura. Hi ha molts tipus de problemes que els ordinadors ens ajuden a resoldre, i per aquest motiu el seu ús s'ha generalitzat.

Habitualment, per resoldre un problema amb un ordinador primer cal introduir-hi unes dades. Aleshores, l'ordinador executa una sèrie d'instruccions que transformen la informació inicial fins que presenta el resultat de les operacions per la pantalla.

Entrada de dades

Processament de les dades

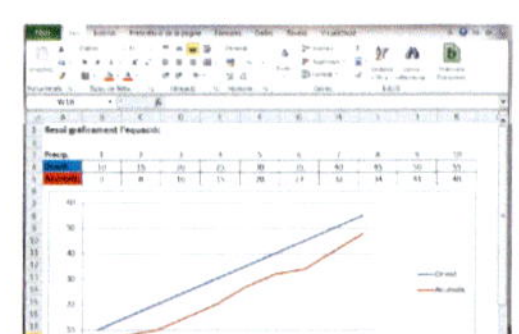

Sortida d'informació

Això ens permet distingir entre l'usuari i el programador:

- L'usuari és la persona que necessita usar l'ordinador per resoldre el problema. És qui hi introdueix les dades i n'espera la resposta.
- Un programador és la persona que ha dissenyat el procés que l'ordinador ha de dur a terme.

Una persona que sàpiga programar sabrà resoldre un problema creant un programa ajustat a les seves necessitats.

SABER-NE MÉS

Maquinari (*hardware*)

És el conjunt d'elements mecànics, peces elèctriques, components físics, etc. Els dispositius imprescindibles en tot ordinador són: una unitat central de processament –on s'efectuen les operacions que cal dur a terme–, una memòria i uns perifèrics d'entrada de dades –el teclat i el ratolí– i de sortida de dades –la pantalla i la impressora.

Programari (*software*)

És un conjunt d'instruccions que rep l'ordinador per fer una tasca concreta.

Components del maquinari d'un ordinador.

2 Problemes i rutines

Qualsevol persona o col·lectiu ha de fer front a nombrosos problemes. Per a molts d'ells els ordinadors ens poden ajudar. Però com són els problemes que pot solucionar un ordinador? Doncs els que pot resoldre amb facilitat són els que tenen les característiques següents:

- La seva solució és rutinària.
- Es poden resoldre seguint una seqüència de passos finita i concreta.
- La seva solució es pot automatitzar.

Molts problemes matemàtics acompleixen aquestes condicions. Per exemple, calcular la hipotenusa d'un triangle rectangle un cop donats els catets és un problema rutinari, ja que només requereix fer un càlcul matemàtic per obtenir la solució desitjada.

Els **problemes complexos**, que obliguen a tenir en compte molts factors i elements inesperats, com ara conduir un cotxe, resulten molt difícils de resoldre amb ordinador, malgrat que no és impossible. En l'actualitat hi ha tasques i situacions que simplement requereixen un humà perquè es puguin resoldre, com per exemple fer operacions mèdiques.

SABER-NE MÉS

Els robots són màquines capaces d'executar operacions i instruccions i de dur a terme tota mena de tasques. Gràcies als sensors són capaços de reaccionar davant de determinades circumstàncies, com, per exemple, canviar de direcció si el sensor de moviment detecta que s'estan apropant a una paret.

Els primers robots es van incorporar en cadenes de muntatge per a la fabricació de cotxes. En l'actualitat, hi ha robots a Mart i també robots aspirador a les cases. També existeixen robots pensats per introduir els adolescents en el camp de la tecnologia, com Arduino i Raspberry Pi.

? INTERPRETA LA IMATGE

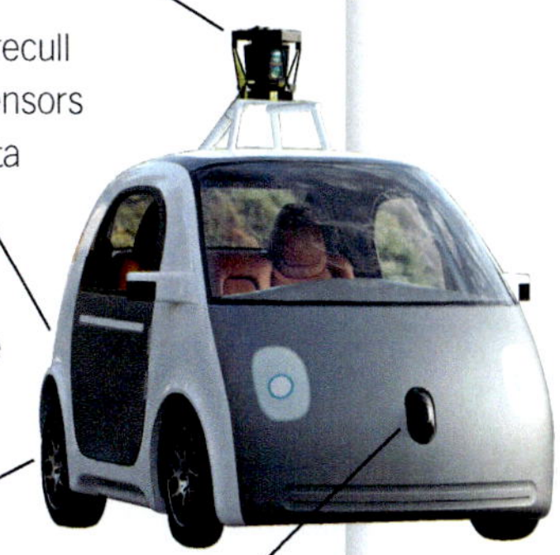

- De quina manera aquest automòbil –que de moment només funciona en circuits de proves– és capaç de captar els obstacles?
- Com s'arriba al destí sense volant?

ACTIVITATS

1 Raona sobre la dificultat que pot tenir per a una màquina fer una d'aquestes tasques. Finalment ordena-les segons el grau de dificultat.

a) Calcular la nota mitjana d'una assignatura.

b) Portar el control d'un tren.

c) Reconèixer una persona concreta en una fotografia.

d) Determinar si una acció és moral o bé és immoral.

e) Conduir una teràpia psicològica amb una persona que ha patit una crisi nerviosa.

f) Posar una peça en una cadena de muntatge.

SABER-NE MÉS

El primer algorisme de la història el va crear la matemàtica Ada Lovelace al segle XIX, abans que existís qualsevol ordinador.

3 Els algorismes

Un **algorisme** és un conjunt d'instruccions amb les quals es resol un problema.

Un algorisme té les propietats següents:

- Les accions formen una **seqüència**, és a dir, l'ordre en el qual es donen les instruccions és tan important com les instruccions mateixes.
- Les accions han de ser **clares**, no poden contenir ambigüitats.

En fer un algorisme cal establir, per una banda, l'**objectiu** que es vol assolir, que coincideix amb el problema que es vol resoldre. En segon lloc, cal assenyalar les **accions que s'han de fer** per assolir l'objectiu. S'han de concretar totes les accions necessàries, sense prescindir-ne de cap, per òbvia que pugui semblar.

Per exemple, se'ns planteja el problema de calcular l'àrea d'un rectangle sabent la longitud dels costats. L'**objectiu** és, per tant, calcular l'àrea. La descripció de les accions és l'algorisme que coincideix amb les instruccions, i serà el següent:

1. Introduir el valor del costat 1 del rectangle.
2. Introduir el valor del costat 2 del rectangle.
3. Calcular l'àrea multiplicant el valor del costat 1 i el valor del costat 2.
4. Donar el resultat.

Per tant, l'usuari ha d'introduir dues dades, i la màquina té la tasca de fer la multiplicació per donar el resultat adequat.

POSA ATENCIÓ

Un algorisme no es crea per resoldre un problema concret, sinó un conjunt de problemes semblants. Per exemple, un algorisme no recull les instruccions per calcular l'àrea d'un rectangle concret, sinó de tots els rectangles.

Instruccions i dades

En un algorisme es distingeix:

- Les **dades**, és a dir, la informació que la màquina processarà.
- Un conjunt de **sentències** –cadascun dels passos de l'algorisme– amb les instruccions necessàries que s'han d'executar per manipular les dades fins a obtenir el resultat cercat.

En l'exemple anterior, les dades són el valor dels catets i el valor final de la hipotenusa; les sentències són els càlculs per obtenir la hipotenusa.

Cada pas descrit en un algorisme s'anomena **sentència** i és una instrucció o acció que s'ha d'executar.

ACTIVITATS

2 Crea un algorisme per resoldre les activitats següents:

a) Calcular la hipotenusa d'un triangle rectangle a partir de les dades dels catets.

b) Dibuixar un rectangle.

c) Fer un qüestionari que indiqui si s'ha contestat bé a una única pregunta.

d) Es dóna una multiplicació i l'usuari ha de donar la solució. Com a resposta es diu si l'ha encertat o no.

4 Els diagrames de flux

Els informàtics acostumen a representar algorismes mitjançant diagrames de flux.

Els diagrames de flux representen **visualment** el flux que segueix les dades i les operacions que s'efectuen en l'ordre establert.

Els diagrames de flux són útils a l'hora de:

- **Crear** un programa: com més complicat sigui el problema que es vol resoldre, el fet de visualitzar-lo ajuda a entendre'n la dificultat i a trobar-hi la solució. També contribueix a fer que el programa, finalment, sigui més ordenat i tingui menys línies d'instruccions. Un programa mal dissenyat pot arribar a ocupar molt més espai que un altre que s'hagi estudiat bé.
- **Explicar** el programa a altres persones.

Aquesta mena de diagrames serveixen per resoldre dubtes sobre com organitzar els passos que s'han de fer i contribueix a simplificar-ne la solució. Una mala organització es tradueix en el fet que cal realitzar moltes més accions, de manera que el programa resultant és molt més extens. Com més complicat sigui el problema a resoldre, més necessari és emprar aquests diagrames.

Els símbols més habituals que apareixen en un diagrama de flux són els següents:

Inici o Final	Aquest símbol s'utilitza per representar l'inici i la fi d'un algorisme.
Acció/Procés	El requadre representa una acció o un procés que ha de dur a terme la màquina.
Entrada/Sortida	El paral·lelogram indica que es requereix que l'usuari introdueixi una dada, i també s'empra per representar que l'ordinador dóna un resultat.
Decisió — No → / Sí ↓	Amb el rombe es representa una decisió a prendre. Si es compleix aleshores es durà a terme una acció; si no es compleix, es realitzarà una acció diferent.
← ↑ →	Són les línies que indiquen el flux d'informació.

Un diagrama de flux pot consistir simplement a dir una frase, com per exemple:

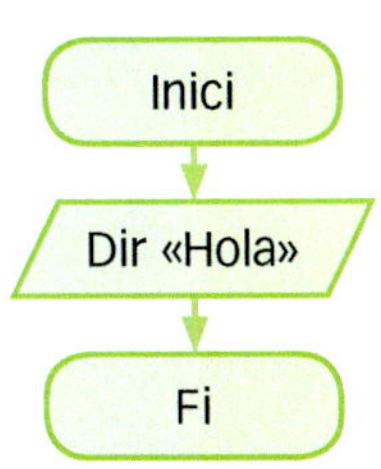

RECORDA

Un ordinador no és intel·ligent i és incapaç de reconèixer si en un programa falta alguna instrucció molt òbvia. Per aquest motiu, en el moment de dissenyar un algorisme i un diagrama de flux, cal tenir presents totes les accions imprescindibles per fer la tasca. Si ens hem deixat algun pas fonamental, l'ordinador es pot bloquejar.

SABER FER

Elaborar un diagrama de flux

Tot i que hi ha programes especialitzats a elaborar diagrames de flux, els editors de text com el Microsoft Word també n'incorporen les formes més bàsiques. És la manera senzilla d'introduir-se en la seva confecció.

1. En primer lloc obre l'editor de text.
2. Selecciona el botó Formes que hi ha a la barra del menú de Microsoft Word.

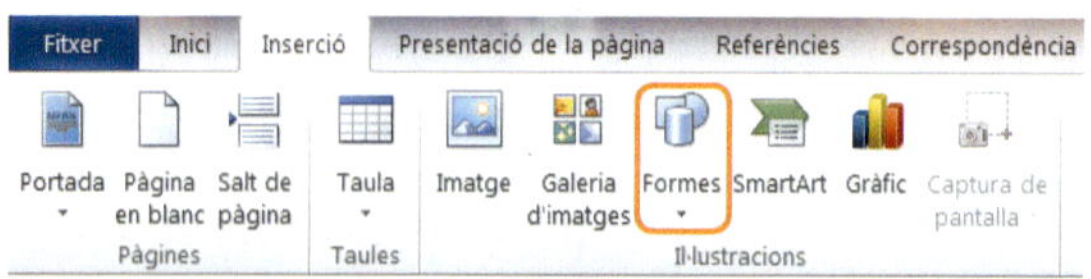

3. Tot seguit, es desplega un menú. Una de les opcions és Diagrama de flux.
4. Quan seleccionis Diagrama de flux, apareixeran les formes següents.

5. Per començar a fer el diagrama de flux selecciona una figura i dibuixa-la a l'àrea de treball. Per escriure-hi a l'interior primer s'hi han de fer dos clics.
6. A partir d'aquí ja pots elaborar el diagrama de flux que vulguis.

PROGRAMARI NECESSARI

Microsoft Word o un altre processador de textos que incorpori les formes per fer diagrames de flux.

EXEMPLE RESOLT

Representa, mitjançant un diagrama de flux, l'algorisme que permet calcular l'àrea d'un rectangle un cop donats la longitud dels dos costats.

Primer s'ha de descriure l'algorisme. En aquesta cas, ja s'ha explicat en l'apartat tres.

En segon lloc, cal tenir en compte quins símbols necessitem per confeccionar el diagrama de flux:

- A l'inici i al final sempre s'utilitza la mateixa figura.
- Les fletxes indiquen la direcció en la qual flueix la informació.
- En l'entrada i la sortida de dades s'utilitza el paral·lelogram.
- Per representar un procés emprem el rectangle.

El resultat final és el següent:

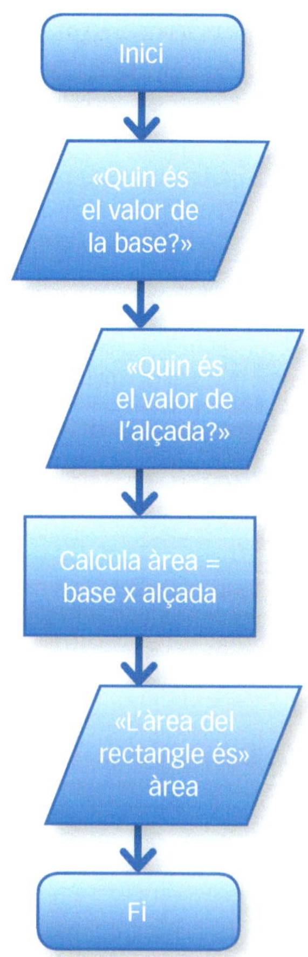

5 Llenguatges de programació

Els **llenguatges de programació** són llenguatges artificials amb els quals es poden expressar procediments i processos.

Els llenguatges de programació permeten que ens comuniquem amb l'ordinador de manera que aquest executi les accions necessàries per resoldre un problema.

S'acostuma a distingir entre:

- Llenguatges de **baix nivell**: són aquells llenguatges que el maquinari de la màquina és capaç d'interpretar directament. Sovint cada aparell i processador funciona d'una manera peculiar, i això suposa una dificultat afegida. Són llenguatges difícils d'aprendre.
- Llenguatges d'**alt nivell**, que incorporen terminologia propera al llenguatge humà.

Un altre tipus de llenguatges són els **llenguatges de programació visuals**, caracteritzats per oferir una interfície visual on les instruccions estan representades per símbols visuals que hem de seleccionar amb el ratolí. D'aquesta manera el procés d'elaboració d'un programa no requereix escriure cap instrucció. Un dels llenguatges de programació visuals més populars s'anomena Scratch.

El llenguatge propi dels ordinadors és un llenguatge de baix nivell basat exclusivament en un codi binari (0 i 1) que rep el nom de **codi màquina**. En aquest llenguatge les instruccions s'expressen en llistats de nombres on només hi ha zeros i uns. Es tracta d'un llenguatge que els processadors de l'ordinador entenen perfectament, però és difícil d'usar i és molt fàcil cometre-hi errors. Per aquest motiu s'utilitzen els llenguatges d'alt nivell.

SABER-NE MÉS

Entre els llenguatges més usats trobem, per exemple:

- **C:** és un llenguatge que fan servir principalment els programadors professionals. És un llenguatge considerat de nivell mitjà, però que permet fer operacions de baix nivell.
- **Java:** aspira a tenir el millor d'altres llenguatges de programació. Es tracta d'un llenguatge d'alt nivell.
- **Python:** és un dels llenguatges preferits per aprendre a programar. És també d'alt nivell.

RECORDA

En el llenguatge comú, hi ha paraules que s'han de combinar per formar frases seguint unes normes sintàctiques, ja que si no ho fem la resta de les persones no ens entendran. En un llenguatge artificial com el que usen els ordinadors passa el mateix: cal conèixer-ne les instruccions bàsiques i la manera com aquestes es poden combinar amb la finalitat que l'ordinador pugui interpretar-les correctament.

POSA ATENCIÓ

Un **compilador** és un programa que tradueix un programa escrit en un llenguatge d'alt nivell a un llenguatge de baix nivell comprensible per la màquina. El compilador tradueix línia a línia, de manera que després el programa es pot executar directament.

Un **intèrpret**, en canvi, és capaç d'executar un programa sense necessitat de traduir-lo. El problema és que necessitarem l'intèrpret per fer anar el programa.

6 El programa

> Un **programa** és un conjunt de sentències escrites en un llenguatge de programació particular i que dóna instruccions sobre com manipular unes dades i obtenir-ne un resultat.

Tot programa té un **objectiu**: resoldre un problema. El **programa** és el conjunt d'operacions que ha d'efectuar l'ordinador per assolir aquest objectiu.

Els programes s'escriuen amb unes instruccions que l'ordinador pot entendre. Un ordinador no entén una ordre qualsevol que li donem, sinó que cal dir-li en un dels llenguatges que és capaç d'interpretar.

POSA ATENCIÓ

Si has elaborat l'algorisme sense descuidar-te de cap instrucció fonamental, la confecció del programa serà senzilla i directa. Com més aspectes manquin en el plantejament inicial, més errors i dificultats trobarem més endavant.

Del problema al programa

Començàvem la unitat fent referència a problemes que un ordinador és capaç de solucionar. Primer creàvem un diagrama de flux i fèiem un algorisme capaç de resoldre'l en un nombre limitat de passos. El darrer pas consisteix a escriure aquesta informació en un llenguatge entenedor per a un ordinador.

Com que hi ha molts programes diferents, un mateix algorisme es pot expressar en múltiples llenguatges, de la mateixa manera que una idea es pot expressar en llenguatges diferents quan parlem.

Per elaborar un programa d'ordinador, per tant, caldrà seguir aquesta seqüència:

- Establir el problema.
- Crear l'algorisme amb els passos que conté la informació.
- Dibuixar el diagrama de flux per comprendre el camí que du a terme la informació.
- Traduir l'algorisme a un llenguatge de programació.

Si el disseny de l'algorisme és correcte, el pas de convertir-lo en un programa és molt senzill, malgrat que requereix dominar les instruccions i el llenguatge al qual es vol traduir.

OBSERVA

Un dels elements més importants de l'ordinador és el processador, i tot processador està format per peces més petites anomenades transistors. Un transistor és un dispositiu que pot tenir dues posicions: o bé deixa passar l'electricitat o no la deixa passar. Aquestes dues posicions són la traducció, en forma de corrent elèctric, del codi binari (0, 1) amb el qual funciona el codi màquina.

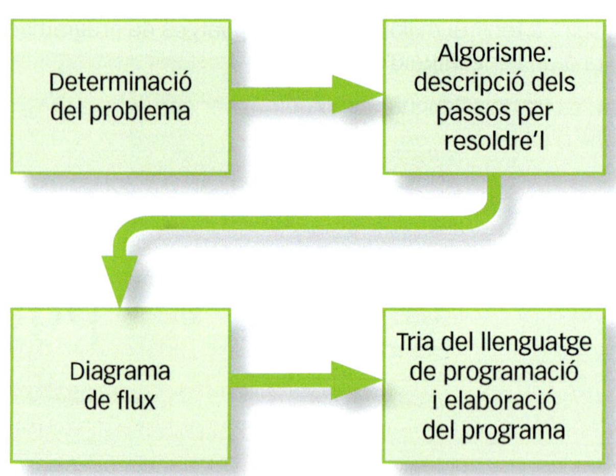

7 Programació amb l'Scratch

L'**Scratch** és un llenguatge de programació visual. Ens ajudarà a crear els nostres primers programes sense necessitat d'escriure un codi.

L'Scratch té dues característiques que el distingeixen d'altres llenguatges de programació:

- Una **mascota**: un gat o una altra mascota escollida serà la que donarà les ordres i les instruccions del nostre programa.
- Un **conjunt** d'instruccions en forma de blocs que es van acoblant a mesura que elaborem el programa.

Programar amb l'Scratch

Consisteix a triar instruccions a partir d'un menú. Les instruccions són blocs.

Una de les característiques de l'Scratch és que els blocs es van unint com si fos un trencaclosques.

El conjunt d'instruccions forma el programa.

Un cop acabat el programa, el posem en funcionament. Una de les pantalles és com un escenari on el gat o la mascota triada farà les accions que li hem demanat.

PROGRAMARI RECOMANAT

Scratch 2.0

És compatible amb Mac, Windows i Linux.

Scratch 2.0 *online* a l'adreça següent:

http://scratch.mit.edu/

Selecciona Crear a la part superior de la pantalla.

És necessari registrar-se per emmagatzemar els projectes.

Scratch 2.0 *offline* a:

http://scratch.mit.edu/scratch2download/

Pantalla principal de l'Scratch 2.0

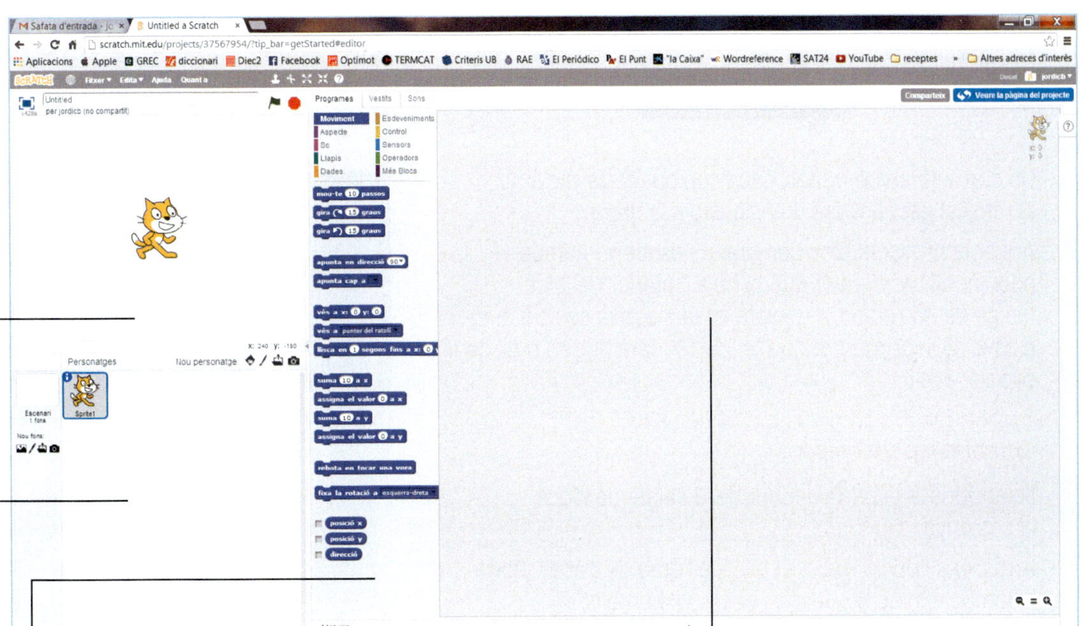

Escenari

En aquesta pantalla veuràs els personatges en acció duent a terme les instruccions que has donat

Àrea de personatges

A l'Scratch es pot treballar amb diferents personatges per interactuar amb ells. En aquesta pantalla caldrà seleccionar el personatge al qual vols donar instruccions. Des d'aquí també es pot modificar el fons de pantalla.

Menú de blocs

Hi ha un conjunt de blocs amb les instruccions que et serviran per compondre el programa. Les instruccions estan agrupades en pestanyes que es poden seleccionar a la part superior.

Àrea de treball

Arrossega els blocs d'instruccions per compondre els programes.

SABER FER

Exploració dels blocs

Per començar a treballar amb l'Scratch, convé familiaritzar-se amb els blocs, ja que són les instruccions fonamentals per fer els programes. Selecciona la pestanya Moviment a la part superior del menú de blocs.

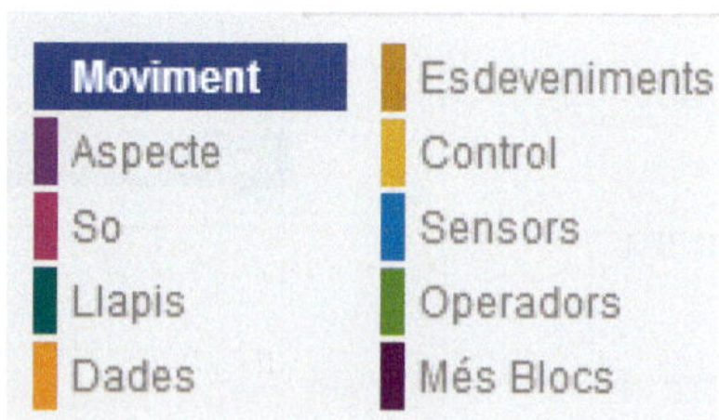

Avançar

Ara tria el bloc que diu Mou-te 10 passos i arrossega'l a l'àrea de treball.

Cada cop que facis clic al bloc, el gat que es troba a l'escenari es mourà. Pots modificar el valor 10 per qualsevol altre valor (si és massa gran, el gat arribarà a un extrem de la pantalla i s'hi quedarà). El pots tornar a la posició central seleccionant-lo amb el botó esquerre del ratolí i movent-lo al centre).

Girar

Ara selecciona el botó que diu Gira 15 graus.

Un cop a l'àrea de treball, cada cop que facis clic amb el ratolí el gat canviarà d'angle cap a la dreta.

Ara pots provar el bloc per girar a l'esquerra. També pots modificar el valor que hi ha a l'interior del bloc (un gir de 360 graus el deixarà en la mateixa posició que estava a l'inici, mentre que un de 180 farà que es posi de cap per avall).

Combinació de blocs

Selecciona, a la part superior de la paleta de blocs, la pestanya Llapis.

Arrossega l'opció Baixa el llapis a l'àrea de treball. Porta-hi també el bloc Mou-te 10 passos i ajunta'ls:

Si cliques en aquests dos blocs veuràs que el gat avança i que darrere seu deixa una línia recta. Si repeteixes l'acció diverses vegades veuràs que la línia es fa més llarga.

Si cliques a l'opció Aparença, trobaràs blocs que permetran que les mascotes puguin dir una frase com si fos un còmic. Si arrossegues el bloc Dir Hello! a l'àrea de treball i hi fas clic a sobre, el resultat és el següent:

La paraula o frase es pot canviar per la que vulguis.

Fons de pantalla

El fons de pantalla per defecte és blanc, però es pot modificar de la manera següent. A la part esquerra de la pantalla hi ha una opció que diu Fons nou. Si se selecciona, apareix un conjunt d'imatges de fons que es troben a la galeria. Si tries «Bosc» el resultat és el següent:

SABER FER

Fer un programa amb l'Scratch

Un programa equival a un conjunt de blocs acoblats.

En primer lloc cal determinar l'objectiu del programa. En el nostre primer programa, farem que el gat comenci en un punt de la pantalla i que avanci en un paratge desèrtic fins a un altre punt de la pantalla on digui: «Hola, món!».

Abans de començar, has de verificar el següent:

- L'àrea de treball ha d'estar buida: en cas que hi hagi blocs usats en proves prèvies, pots iniciar un nou document des de la pestanya Arxiu.
- A la barra de blocs, has de comprovar que la pestanya Programes està seleccionada.

1. Selecciona el botó Moviment del Menú de blocs.
2. La pantalla del programa forma un eix de coordenades on el punt (0, 0) es troba al centre, tal com es mostra a continuació:

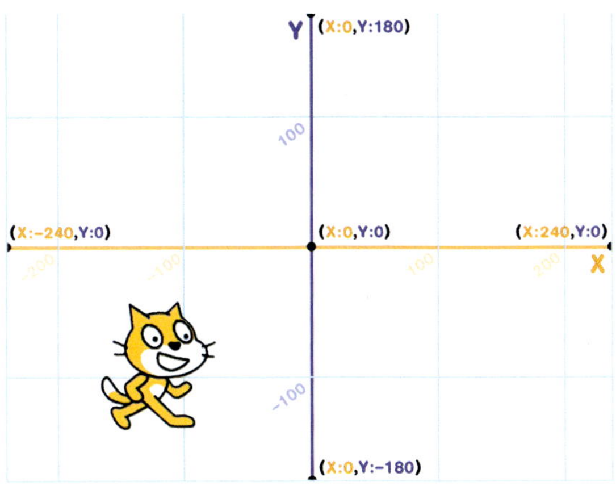

Selecciona l'acció Vés a x = –50; y = –50 i arrossega-la a l'àrea de treball. Fes el mateix amb l'acció Apunta en direcció 90° i encaixa els dos blocs d'instruccions.

El resultat és el següent:

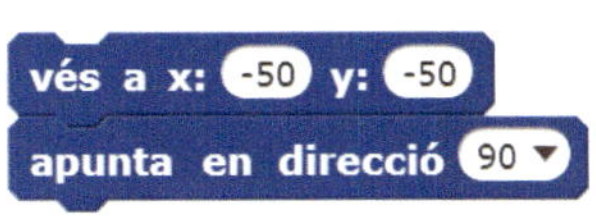

Amb aquestes instruccions, el gat es col·locarà en el mateix punt sempre que iniciïs el programa.

3. Selecciona l'acció gira 15 graus a l'esquerra i col·loca-la a l'àrea de treball, encaixada amb la resta.

4. Selecciona l'acció Mou-te 10 passos i torna-la a encaixar amb la resta dels blocs.
5. Ara selecciona el botó Control i tria l'acció Espera 1 segon, d'aquesta manera alenteixes l'acció (si no introdueixes aquesta pausa, les accions s'executaran de forma gairebé immediata).

6. Repeteix tres vegades les instruccions de moure's i esperar.
7. Selecciona el botó Aparença de la barra de blocs, i tria el bloc Digues Hello durant 2 segons i arrossega'l a l'àrea de treball. Substitueix el text «Hello» per «Hola, món!».

8. Selecciona un fons de la galeria. Per exemple, «Desert».
9. El programa quedarà així.

10. Un cop executat el programa, a l'escenari es veu el següent:

SABER FER

Dibuixar polígons regulars amb l'Scratch

Amb l'Scratch es poden crear dibuixos molt fàcilment aprofitant tots els recursos que incorpora el programa.

En primer lloc, has de donar un seguit d'instruccions per netejar la pantalla, aixecar el llapis, triar el color i finalment seleccionar el gruix de la línia. És recomanable que aquestes instruccions es trobin en tots els programes que elaboris.

Les instruccions són les següents:

El pas següent consisteix a situar el gat en la posició adequada i abaixar el llapis per començar el dibuix.

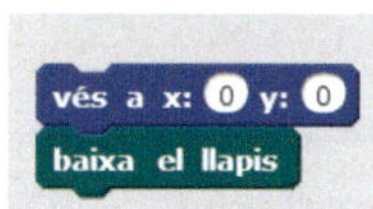

Com que farem polígons regulars, això vol dir que seran figures amb línies iguals i angles iguals. Com que això permet que les accions es repeteixin, has d'introduir una nova instrucció, la repetició, que es troba a la pestanya Control:

Triangle

Per fer un triangle equilàter de 200 unitats per costat, has de repetir 3 vegades l'acció de dibuixar una línia i girar 120°:

El programa complet serà el següent:

TRUC

Si vols que surti el dibuix desitjat, cal tenir en compte en tot moment quina és la posició de la mascota a l'eix de coordenades.

I el resultat a la pantalla és aquest:

Quadrat

Per fer un quadrat, el programa és el mateix; només canvia el nombre de cops que hem de repetir l'acció (4) i els graus que ha de girar el gat: 90°

Pentàgon

El pentàgon requereix 5 repeticions i un gir de 72°. Has de fer una figura més petita de 100 passes.

I el resultat és:

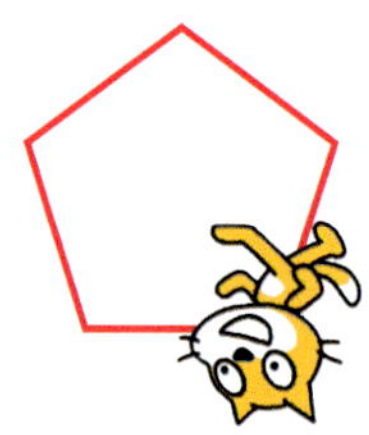

ACTIVITATS

3. Fes un programa amb l'Scratch amb el qual es dibuixi un heptàgon regular.
4. Fes un programa amb l'Scratch amb el qual es dibuixin a la pantalla, un al costat de l'altre, tres polígons regulars. Per identificar-los, a sota n'han d'aparèixer els noms. Tingues en compte la posició del gat per tal que les figures no se superposin.

SABER FER

Dibuixar un rellotge amb l'Scratch

Dibuixar una circumferència de punts

En primer lloc selecciona una fletxa com a objecte principal. Vés a l'opció Nou objecte i Escollir un objecte des de la galeria. Tria la categoria Cosa i selecciona l'objecte Arrow2.

Arrow2

Per impedir que el gat es mostri per la pantalla l'has de fer desaparèixer. Selecciona el gat a l'àrea de personatges. En primer lloc, tria l'acció quan la bandera verda es premi que es troba a la pestanya Esdeveniments. Aquest bloc indica que el programa s'iniciarà en clicar la bandera verda.

Si inicies el programa, el gat deixarà d'estar present a l'escenari.

Torna a seleccionar l'objecte Arrow2 a la pantalla inferior esquerra amb la finalitat de programar aquest objecte.

Indica que el programa s'activi només quan es polsi la bandera verda. Selecciona el tipus de lletra, esborra i situa la fletxa girada 15 graus al centre de la pantalla:

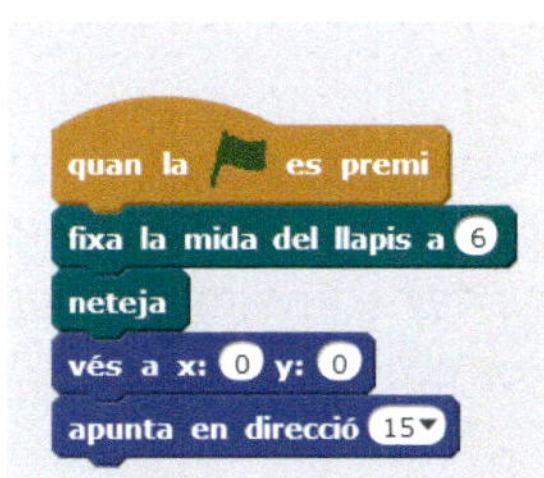

Ara fes servir el bloc Repetir. Amb aquest bloc podràs dibuixar un rellotge amb 12 punts en forma de cercle.

L'acció consistirà a fer un traç, moure's 15 passes i girar 30 graus. Repeteix-ho 12 vegades:

Ara cal posicionar la fletxa al centre de la circumferència, de manera que apunti en direcció vertical. Com que és massa gran, n'has de fer disminuir la grandària en un 50%.

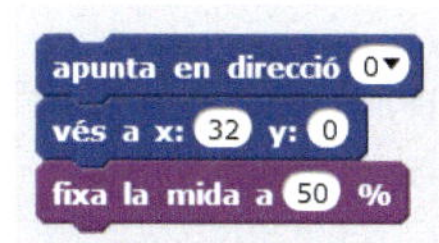

El programa resultant serà el següent:

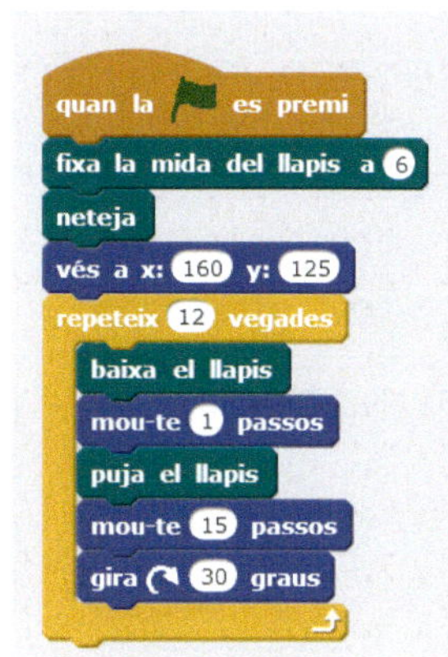

I la imatge que has obtingut és aquesta:

ACTIVITATS

5 Elabora un programa en el qual aparegui una fletxa que es mogui formant un quadrat.

6 Fes un programa on apareguin deu quadrats, un dins de l'altre. Utilitza la instrucció Repetir.

7 Fes un programa on es forci una quadrícula feta a partir de nou quadrats iguals.

8 Programació amb el Python

PROGRAMARI RECOMANAT

Python 2

Es pot descarregar des del web *www.python.org*

Hi ha versions per a Windows, Mac i Linux. S'instal·la amb un editor anomenat IDLE. És gratuït.

El Python és el llenguatge de programació especialment dissenyat per aprendre a programar. A diferència de l'Scratch, en aquest llenguatge cal introduir les instruccions directament a l'ordinador. En aquest apartat n'aprendrem algunes de les instruccions més bàsiques.

print

Amb aquesta instrucció podem fer que aparegui un text a la pantalla. Cal utilitzar cometes si es vol que aparegui un text literalment. És una instrucció que també permet que aparegui el resultat d'operacions matemàtiques.

Exemples:

```
print "Hola!"
print 4*5
```

raw_input ()

Amb aquesta instrucció, es pot demanar que l'usuari del programa introdueixi una dada. Aquesta informació es guarda en una variable. Dins del parèntesi es pot escriure un text entre cometes que apareixerà a la pantalla. Per exemple, si la variable és nom_alumne, aleshores podem escriure:

```
nom_alumne = raw_input ("Com et dius?")
```

També es pot usar la instrucció input quan només s'opera amb nombres.

El primer programa

Per fer el primer programa, cal crear un arxiu nou des del menú d'IDLE. Aquest programa preguntarà el nom de l'alumne i seguidament el saludarà. Un cop acabat, s'ha de guardar i, finalment, perquè funcioni, cal prémer la tecla F5. El programa és el següent:

```
print "Hola",
nom_alumne = raw_input ("Com et dius?")
print "Hola, " + nom_alumne
```

SABER-NE MÉS

Les aplicacions mòbils

Els telèfons intel·ligents són petits ordinadors que poden executar programes. Aquests programes reben el nom d'aplicacions o, abreujadament, apps. Cada aplicació compleix una funció concreta: n'hi ha que converteixen el mòbil en una calculadora, altres serveixen per consultar el temps i n'hi ha que aprofiten sensors del mateix mòbil per calcular recorreguts. Aquestes aplicacions es creen mitjançant llenguatges informàtics com Java.

SABER FER

Un joc mitjançant el Python

El joc consisteix a endevinar un nombre proposat a l'atzar per l'ordinador. L'usuari tindrà sis oportunitats; en cas de fallar, l'ordinador indicarà a l'usuari si el nombre proposat és inferior o superior al nombre que ha triat.

Per fer el programa, en primer lloc cal crear un nou arxiu. Obre una finestra on començaràs a escriure el programa.

Random

Per poder usar les instruccions que permeten triar nombres a l'atzar cal carregar el mòdul anomenat random amb la instrucció:

```
import random
```

Per obtenir un nombre natural entre 1 i 99 la instrucció que necessitem és random.randint (). Entre parèntesis has de dir entre quines xifres s'ha de seleccionar el nombre. Finalment escull una variable (valor_atzar) a la qual s'assignarà aquest nombre.

```
import random
valor_atzar = random.randint (1, 99)
```

IF; ELIF; ELSE

Aquestes instruccions poden introduir condicions:

- IF estableix que si es compleix la condició 1, aleshores s'ha de realitzar la instrucció que es trobi a continuació.
- ELIF és opcional i permet incloure una condició 2 en cas que no s'hagi acomplert la condició 1. Aleshores s'haurà d'executar l'acció o el conjunt d'accions que estiguin a continuació.
- ELSE és opcional i diu que si no es compleix cap de les instruccions anteriors, s'ha d'executar la instrucció immediata.

En aquest programa, vols saber si el valor que introduirà l'usuari (**valor_usuari**) és més gran, més petit o bé és igual al valor que tria l'ordinador a l'atzar (**valor_atzar**). El resultat és el següent:

```
if valor_usuari < valor_atzar:
    print "El valor que proposes és massa baix"
elif valor_usuari > valor_atzar:
    print "El valor que proposes és massa alt"
```

While

Gràcies a aquesta ordre, podem fer que un conjunt d'instruccions es repeteixin tantes vegades com calgui mentre hi hagi una condició que s'acompleixi. En aquest cas, vols que l'usuari pugui seguir proposant nombres en cas que encara no l'hagi encertat o bé no hagi fet més de sis intents.

També utilitzaràs l'expressió !=, que vol dir «és diferent de», i és l'oposat a == que vol dir «és igual a». El resultat és:

```
while valor_atzar != valor_usuari and
intents < 6
```

El programa

Ara ja pots escriure tot el codi. La variable **intents** comptarà el nombre d'intents de l'usuari.

```
import random
valor_atzar = random.randint(1 ,99)
valor_usuari = 0
intents = 0
print "Hola. Tens 6 intents"
print "Descobreix en quin nombre he pensat"
while valor_atzar != valor_usuari and intents < 6:
      valor_usuari = input ("Quin nombre proposes:")
      if valor_usuari < valor_atzar :
             print "El valor que proposes és massa baix"
      elif valor_usuari > valor_atzar :
             print "El valor que proposes és massa alt"
      intents = intents +1
if valor_usuari == valor_atzar :
      print "Ho has aconseguit"
else:
      print "Has fallat"
      print "El nombre secret era ", valor_atzar
```

Finalment cal guardar el programa. El posaràs en funcionament amb F5.

POSA ATENCIÓ

Quan es programa amb el Python, és molt important tenir en compte en quin lloc s'escriu cada línia de codi. Sempre que hi ha bucles, cal que les instruccions que formen part del bucle estiguin precedides d'una tabulació.

ACTIVITATS FINALS

REPASSA EL QUE ÉS ESSENCIAL

8 Copia i completa les frases al teu quadern.

a) ______________ és la persona que introdueix les dades en un ordinador i n'espera la resposta.

b) ______________ és la persona que dissenya el procés que l'ordinador ha de dur a terme.

c) La tasca que realitza l'ordinador és la de ______________ les dades.

9 Escriu un algorisme que descrigui com puc dibuixar un quadrat. No donis cap pas per sobreentès.

10 Reordena l'algorisme correctament.

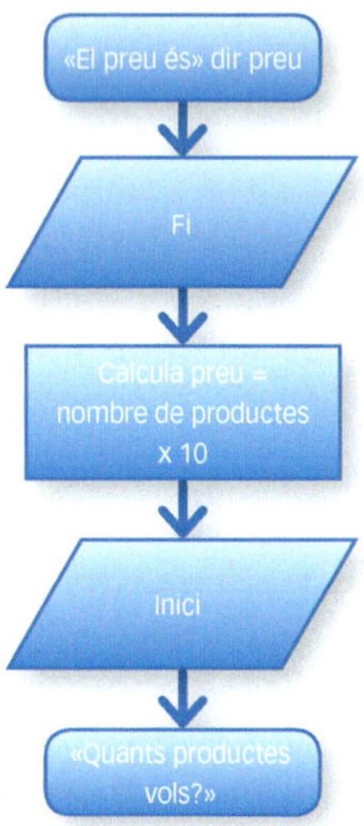

11 Respon:

a) Què és el que pretén tot programa?

b) Explica quina diferència hi ha entre llenguatge de programació i un programa.

c) Quina diferència hi ha entre un algorisme i un diagrama de flux?

d) Quina diferència hi ha entre un llenguatge de programació d'alt nivell i un altre de baix nivell?

e) En què consisteixen els llenguatges visuals? Quina n'és la característica principal?

f) Què és el codi màquina?

12 Un dels problemes clàssics que apareix en tots els llibres per aprendre a programar: indica les instruccions que calen per preparar una truita de patates. I després respon: la llista d'instruccions es pot considerar un algorisme?

13 A continuació es descriuen un seguit de passos per resoldre un problema. Elabora un diagrama de flux a partir d'aquests enunciats.

- Inici.
- «Quants llibres has llegit?».
- Si «llibres llegits» < 3, aleshores dir «Hauries de llegir més». En cas contrari dir «Molt bé!».
- Fi.

14 Explica quin seria l'algorisme apropiat per ordenar a un robot que ha de caminar en línia recta 100 metres i després ha de tornar a l'inici.

15 Prepara un algorisme i un diagrama de flux per resoldre el problema de calcular la taula de multiplicar d'un nombre que indiqui l'usuari.

16 Descriu el programa que permet fer un hexàgon amb l'Scratch.

17 Fes el programa que permet dibuixar dos quadrats tal com es veu en la imatge següent.

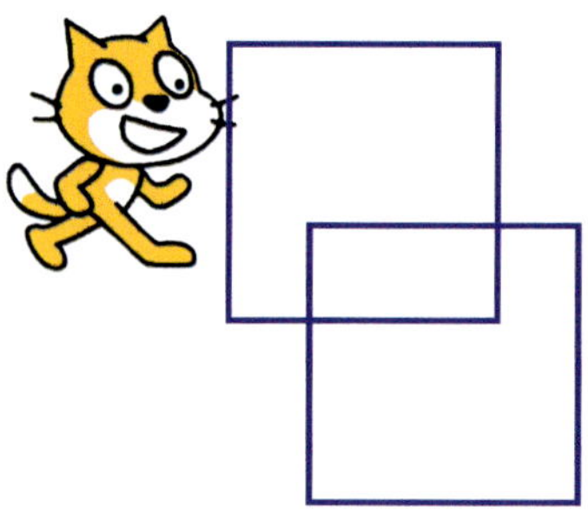

PRACTICA

18 Segueix les instruccions tal com s'indica en el programa i fes el dibuix que es demana. Un cop hagis acabat, comprova a l'ordinador si el resultat és el mateix que havies interpretat.

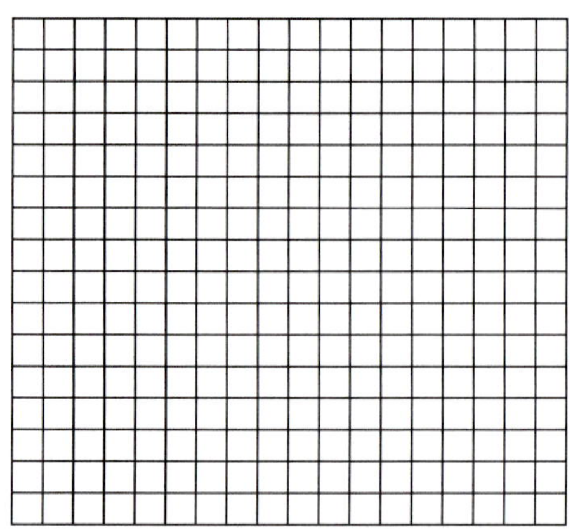

NOTA: Cadascun dels requadres representa 10 passos.

19 Escriu un programa on una mascota pregunti el nom de l'usuari i tot seguit afirmi: «Hola, » seguit del nom que s'acaba d'introduir.

20 EXPRESSIÓ ESCRITA. A partir del programa que es reprodueix a continuació, pensa en quina és la figura que dibuixa. Fixa't que hi ha dos blocs amb la instrucció Repetir una dins de l'altra; pots començar deduint quina operació fa el bucle interior, i després veure què fa l'exterior. Un cop ho hagis pensat, escriu un text breu explicant el funcionament del programa. Finalment escriu el programa al teu ordinador. El resultat és tal com te l'havies imaginat?

21 Fes un programa sobre polígons regulars on es proposi un dibuix d'un polígon i es pregunti a l'usuari quin és el nom del polígon. En cas d'encertar-la, el programa ha d'indicar-ho; en cas de fallar, ha de donar un senyal d'error.

22 Vols fer un dibuix d'una línia que va serpentejant? Però el programa usat –reproduït a sota– conté errades. Sabries descobrir on són les errades?

23 Elabora un programa amb el Python on es facin les tasques següents:

- El programa demana a l'usuari que introdueixi dos valors.
- El programa diu quin és el resultat de la multiplicació dels dos valors introduïts.
- El programa finalitza.

Tingues en compte que en el programa caldrà definir dues variables, una per a cada valor introduït.

24 Fes un programa amb el Python on es realitzin les accions següents:

- Es demana a l'usuari que introdueixi dos valors.
- Es recorda a l'usuari que el primer nombre ha de ser més gran que el segon. En cas que el segon nombre sigui més gran que el primer, el programa obliga a introduir els valors de nou.
- Tot seguit el programa diu el resultat de la suma, la resta, la multiplicació i la divisió d'aquests dos valors. En cada cas, l'ordinador diu: «El resultat de la suma és:»; «El resultat de la resta és:»; «El resultat de la multiplicació és:»; «El resultat de la divisió és:».
- El programa finalitza.

25 Elabora el programa anterior utilitzant l'Scratch.

26 Fes un programa amb el Python que faci les tasques següents:

- El programa cerca dos valors a l'atzar, entre 1 i 9.
- S'indiquen a l'usuari quins valors són i se li pregunta quin és el resultat de la seva multiplicació.
- El programa diu si la solució és correcta i torna a plantejar una nova pregunta.
- L'operació es repeteix deu vegades. Finalment, el programa indica quantes respostes correctes ha donat l'usuari.
- El programa pregunta si es vol repetir l'activitat.

AMPLIA

27 Dissenya un programa amb el qual es dibuixi una casa amb finestres i porta.

28 Fes un diagrama de flux i després escriu el programa –en l'Scratch o bé en el Python– on:

- Es pregunti per l'edat de l'usuari.
- En cas de ser igual o superior a 18, aleshores el programa diu: «Ets major d'edat».
- En cas contrari diu: «Ets menor d'edat».
- Finalment, el programa pregunta si es vol tornar a repetir l'operació.
- En cas afirmatiu, es repeteix el procés des de l'inici. En cas negatiu, el programa es tanca dient «Adéu».

TÈCNICA. Programar un robot

Un ordinador que no és més gran que el palmell d'una mà? Això és Raspberry Pi, la mínima expressió d'un ordinador i a un preu a l'abast de tothom.

Raspberry Pi consisteix en una placa amb un processador ideal per iniciar-se en l'aprenentatge de la robòtica. La placa conté ports per poder connectar targetes SD per emmagatzemar dades, i connectors USB, entre altres.

Aquesta placa es pot connectar a tota mena de sensors, motors i altres dispositius. També es pot connectar a un monitor i a un teclat per tenir un ordinador convencional.

Com que es tracta d'un ordinador, podem fer servir un llenguatge de programació com l'**Scratch** perquè executi una tasca. Si la placa es connecta a un motor i aquest a unes rodes, es pot crear un programa per controlar-ne el moviment. Si hi afegim uns sensors, podem aconseguir que no impacti contra cap obstacle. Si connectem llums LED, podem fer que s'apaguin i s'encenguin de manera que aquest sistema es pugui utilitzar per enviar missatges en codi Morse. Amb els sensors s'obren un gran ventall de possibilitats on la imaginació és l'únic límit.

29 Enumera tots els components que estan presents en aquesta placa.

a) Tots ells estan presents també en els ordinadors de taula?

b) Quins elements es troben en els ordinadors convencionals i quins trobes en canvi a faltar aquí?

30 Escriu en ordre les accions que cal dur a terme per controlar un sensor de moviment amb la Raspberry Pi.

- Iniciar el programa.
- Traduir l'algorisme a un llenguatge determinat.
- Connectar el sensor a la Raspberry Pi.
- Dissenyar un diagrama de flux a partir de l'algorisme.
- Triar un llenguatge de programació.
- Crear un algorisme per controlar el sensor.
- Carregar el programa que controla el sensor a la Raspberry Pi.

1. Crear un algorisme per controlar el sensor.
2. ______
3. ______
4. ______
5. ______
6. ______
7. ______

31 COMPRENSIÓ LECTORA. Per què es pot assegurar que es tracta d'un ordinador, si no té pantalla ni teclat? Redacta un text breu explicant la teva resposta.

32 Respon.

a) Si connectem dos sensors a la Raspberry Pi, és possible controlar-los ambdós alhora?

b) Es programa la Raspberry Pi perquè posi en funcionament uns motors de manera que es pugui moure endavant i enrere. Si hi ha un obstacle però no hi ha cap sensor per detectar-lo, creus que l'ordinador pot tenir altres maneres de fer front a aquesta dificultat?

33 Copia el text al teu quadern i completa les frases amb les paraules següents:

placa; Raspberry Pi; processador; ensenyança; robòtica

El ______ és un ordinador d'una única ______. Es va dissenyar al Regne Unit amb l'objectiu de l'______ de la ______. La placa conté un ______ i un port per connectar targetes SD.

34 PREN LA INICIATIVA. Per a què utilitzaries una Raspberry? Quines possibilitats i aplicacions pot tenir aquesta eina, a part d'aprendre a programar robots?

UN CAS PRÀCTIC. Per a què serveix programar amb l'Scratch?

Scratch: programar per tothom

El nucli de l'audiència del lloc web d'Scratch (*http://scratch.mit.edu*) té una edat entre 8 i 16 anys (els 12 és el seu pic més elevat), tot i que també hi ha un grup d'adults que hi participen. Com a *scratchers*, programen i comparteixen projectes interactius, però sobretot aprenen conceptes matemàtics i computacionals, i també aprenen a pensar de manera creativa, a raonar sistemàticament i a treballar de forma col·laboradora: són habilitats pròpies del segle XXI. De fet, el nostre objectiu primari no és preparar gent perquè desenvolupin carreres com a programadors professionals, sinó educar una nova generació de pensadors creatius i sistemàtics, que se sentin còmodes fent ús de la programació per expressar les seves idees.

A BalaBethany li agrada dibuixar personatges d'*anime*. Quan va començar a usar l'Scratch, va resultar natural per a ella posar-se a programar històries animades com les que viuen aquests personatges. Va començar a compartir els seus projectes al lloc web de l'Scratch, i altres membres de la comunitat hi van respondre positivament, publicant comentaris en els seus projectes (com «Impressionant!» o bé «M'agrada!!»), juntament amb preguntes sobre com s'aconsegueixen certs efectes visuals (per exemple, «Com es fa perquè una mascota es faci transparent?»). BalaBethany es va sentir molt animada i per aquest motiu es va decidir a crear i compartir nous projectes de l'Scratch de forma regular, com si fossin episodis d'una sèrie de televisió.

Periòdicament va anar afegint nous personatges a la seva sèrie i en un moment donat es va preguntar per què no involucrava tota la comunitat de l'Scratch en el procés de creació. Va crear i enviar un projecte de l'Scratch on anunciava un «concurs», demanant a altres membres de la comunitat que dissenyessin una germana per a un dels seus personatges. El projecte enumera una sèrie de requisits per al nou personatge, incloent-hi: «Ha de tenir els cabells vermells o blaus, escolliu si us plau» i «Sigui gat o xai, ha de tenir banyes, o ha de ser una combinació de tots dos».

El projecte va rebre més de 100 comentaris. Un era d'un membre de la comunitat que volia participar en el concurs, però no sabia com dibuixar personatges d'*anime*. BalaBethany aleshores va produir un altre projecte de l'Scratch, un tutorial pas a pas, on mostra un procés de 13 passos per dibuixar aquest tipus de personatges.

En el transcurs d'un any, BalaBethany va programar i compartir més de 200 projectes de l'Scratch, cobrint una àmplia gamma de tipus de projectes (contes, concursos, tutorials i més). La seva programació i habilitats artístiques van progressar, i els seus projectes van ressonar clarament dins de la comunitat Scratch, ja que va rebre més de 12.000 comentaris.

Per què programar?

És molt comú referir-se als joves com a «nadius digitals», ja que aparentment empren les tecnologies digitals amb gran fluïdesa. De fet, molts joves se senten molt còmodes enviant missatges, jugant a jocs en línia i navegant pel web. Però això realment vol dir que dominin de forma fluida les noves tecnologies? Malgrat que interactuen amb els mitjans digitals tota l'estona, n'hi ha pocs que siguin capaços de crear els seus propis jocs, animacions o simulacions. És com si poguessin «llegir», però no «escriure».

Al nostre entendre, la fluïdesa digital requereix no només la possibilitat de xatejar, navegar i interactuar, sinó també la capacitat de dissenyar, crear i inventar nous mitjans de comunicació, com BalaBethany va fer en els seus projectes. Per fer-ho, cal aprendre algun tipus de llenguatge de programació. La capacitat de programar ofereix importants beneficis.

Font: Mitchel Resnick *et al.*
http://cacm.acm.org/magazines/2009/11/48421-scratch-programming-for-all/fulltext
(traducció adaptada)

35 COMPRENSIÓ LECTORA. De què parla el text? Digues quines en són les idees més importants. Quin títol alternatiu creus que podria ser adient?

36 Explica en què va consistir el projecte de BalaBethany.

37 Assenyala quines habilitats i valors es fomenten quan s'està programant. Raona la teva resposta.

a) Compartir.
b) Ser prudent.
c) Aprendre a pensar.
d) Ser crític.
e) Dissenyar processos.

38 PREN LA INICIATIVA. Pensa en alguna afició amb la qual frueixis, i pren-la com a base per elaborar un projecte amb l'Scratch on convidis altres membres de la comunitat a participar de forma col·laborativa.

39 COMPRENSIÓ LECTORA. A què es refereix l'autor amb la diferència entre «llegir» i «escriure»?

40 OPINA. Et consideres un nadiu digital? Què entens per aquesta expressió? Com entén l'autor d'aquest text aquesta expressió?

L'Scratch i la taula de multiplicar

L'objectiu és crear un programa on es generin dos nombres de forma aleatòria de 0 a 10 i es demani a l'usuari que introdueixi quin és el resultat de multiplicar-los. El programa plantejarà 5 preguntes i, en acabat, indicarà el nombre de vegades que l'usuari ha encertat la resposta.

Hauràs d'aprendre alguns recursos nous, com l'ús de variables, l'ús de preguntes i també com es fusionen blocs.

Les variables

Una variable és un valor numèric que pot anar canviant mentre el programa està en funcionament. Les variables s'identifiquen amb una lletra, paraula o expressió. Per exemple, **N** o bé **Nombre**.

Amb la finalitat de crear una nova variable, cal seleccionar l'opció Dades del Menú de blocs. En seleccionar l'opció Crear una nova variable, apareix el missatge següent:

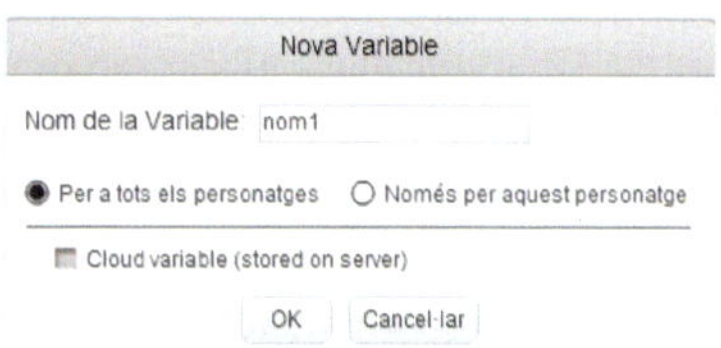

Has de posar nom a la variable (per exemple, **nombre1**) i prémer Ok.

Repeteix aquesta acció 5 vegades, i anomena les variables **nombre1**, **nombre2**, **resposta usuari**, **resposta ordinador** i **comptador**.

En el menú de blocs apareixen els blocs següents, que et permetran operar amb les variables:

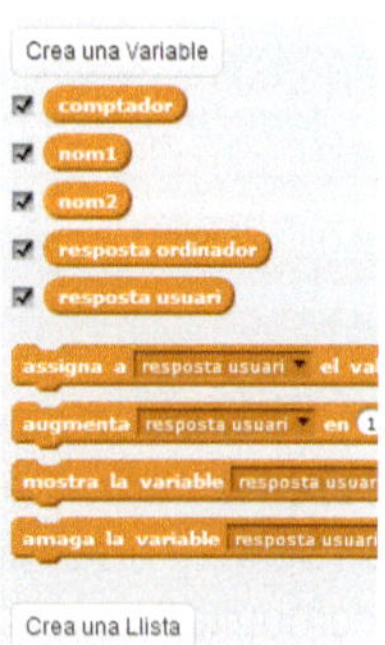

Dins de la pestanya Operadors hi ha el bloc Nombre a l'atzar entre 1 i 10:

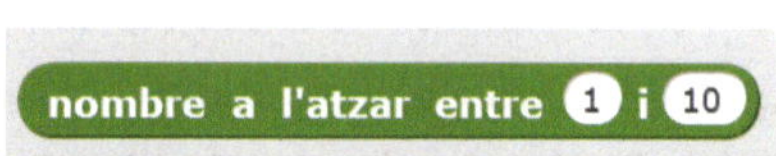

Assigna aquest valor aleatori a una de les variables. Agafa el bloc Fixar variable a 0 de la pestanya Dades i tria la variable **nombre1**. Repeteix l'acció i ara agafa **nombre2**.

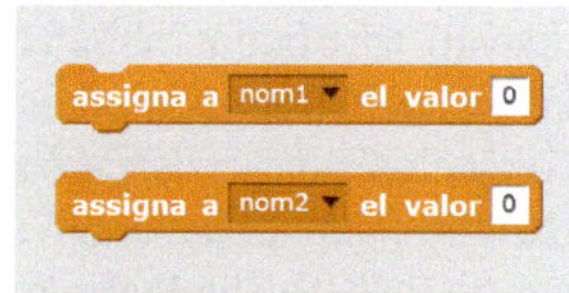

Arrossega el bloc verd del nombre a l'atzar... i situa'l sobre el **nombre 0** del bloc taronja. El resultat és el següent:

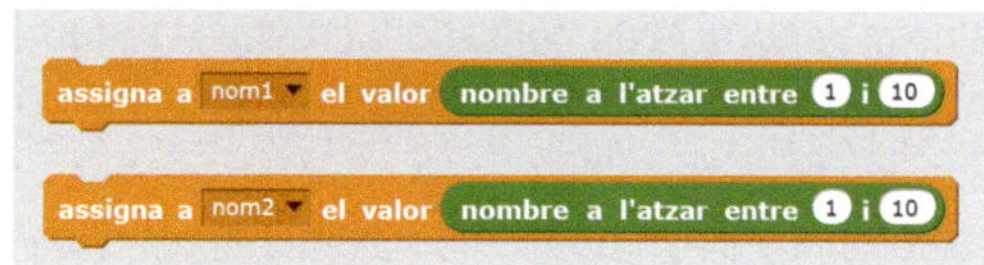

Pregunta i resposta

Ara volem preguntar quina és la resposta de multiplicar el primer nombre a l'atzar pel segon nombre a l'atzar. Agafa tres blocs Unir de la pestanya Operadors i situa'ls a l'àrea de treball. Ara arrossega un d'ells sobre el quadrat dret de l'altre. I torna a repetir l'operació amb el bloc que queda. El resultat és un bloc amb quatre espais:

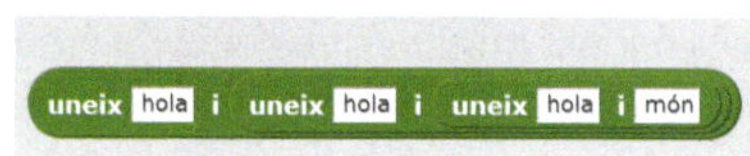

En el primer espai, escriu-hi «Quant és». En el segon espai arrossega la variable **nombre1** que es troba a la pestanya Dades. En el tercer espai escriu «x» o bé «*» per representar la multiplicació. I en el darrer espai arrossega la variable **nombre2**. El resultat és aquest:

Ara necessitem el bloc de fer preguntes, que es troba a la pestanya Sensors. Arrossega el bloc que acabes d'elaborar dins de l'espai en blanc amb aquest resultat:

Juntament amb el bloc Preguntar hi ha un bloc de resposta. Arrossega'l a l'àrea de treball i assigna-hi la variable **Resposta usuari**. Aquesta serà la variable que contindrà la solució que dóna l'usuari. El resultat és aquest:

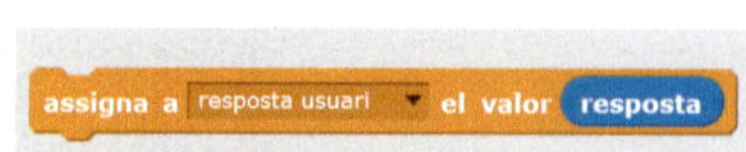

Ara necessitem calcular quin és el resultat de la multiplicació, és a dir, el producte de les variables **nombre1** i **nombre2**.

A la pestanya Operadors, tens un operador amb el qual es pot calcular el producte de dos valors.

Si arrossegues a cada espai el bloc de cada variable, el resultat serà:

Assigna aquest valor a la variable **resposta ordinador** de la manera següent:

Fins aquí hem assignat a dues variables dos valors a l'atzar, i hem preguntat a l'usuari quin és el resultat d'aquesta operació. Ara necessitem saber si la resposta és correcta o bé es incorrecta.

El condicional

El bloc Condicional permet establir condicions. Si es compleix la condició, s'executa una acció o un conjunt d'accions; si no es compleix, s'executen altres accions. El bloc condicional té aquesta forma:

La condició ha de ser si **resposta usuari** és igual a **resposta condicional**. Necessitem un bloc a la pestanya Operacions per establir la igualtat. Arrossegant els blocs de les variables corresponents, el resultat és aquest:

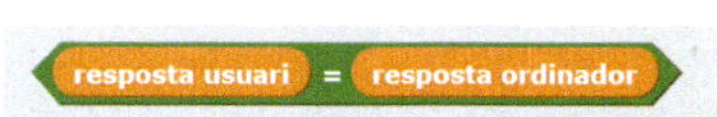

En col·locar-lo en el condicional, el resultat és:

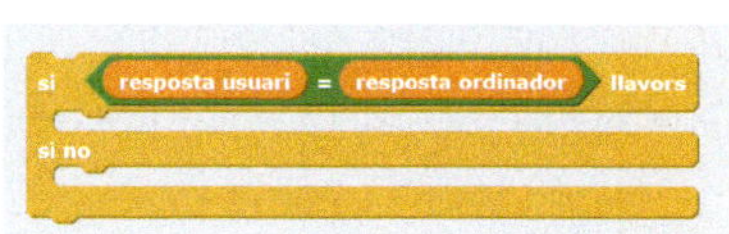

En el primer espai que hi ha al bloc condicional cal situar les accions que s'han de realitzar si es compleix la condició. En aquest cas, volem que es doni un missatge positiu: **Resposta correcta**.

En segon lloc, agafem la variable **comptador**, amb la qual es compta el nombre de respostes correctes. Amb el bloc Canviar «Comptador» per 1 aconseguiràs que el valor de la variable s'incrementi en una unitat. A la segona part del condicional només cal indicar: **Resposta incorrecta**.

El resultat és el següent:

Amb el bloc Repetició de la pestanya Control, podràs fer que es repeteixi el procés tantes vegades com vulguis.

I ja per acabar, a l'inici del programa aplica l'acció Amagar variable que es troba a la pestanya Dades. Ho faràs amb totes les variables excepte amb la variable **comptador**, amb la qual es comptabilitzarà el nombre d'encerts. Estableix aleshores que en un inici **comptador** és zero. Aquest grup de blocs queda així:

I en la darrera línia introdueix un nou bloc assenyalant el nombre de respostes correctes:

El programa resultant és el següent:

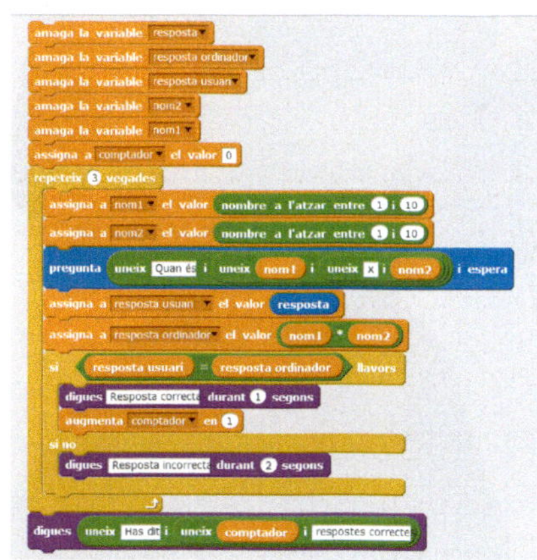

ACTIVITATS

41 Elabora un programa on es plantegin operacions de sumes. Introdueix una pregunta inicial sobre quants cops vol fer l'usuari aquesta activitat.

42 Elabora un programa on l'ordinador demani que s'introdueixin dues dades, i aleshores l'ordinador indica quin valor té la seva suma, la resta, la multiplicació i la divisió.

PROJECTES FINALS

1. La capsa màgica

Et fa por la foscor? T'espanten les ombres de la teva habitació? No pateixis més, dóna-li la volta a la capsa màgica i digues adéu als teus temors.

Què necessites?

Materials

- Capsa de plàstic transparent.
- Paper d'alumini.
- Borns.
- 2 LED d'alta lluminositat.
- 2 resistències de 330 Ω.
- Pila de 9 V.
- Dos interruptors de gravetat.

Eines

- Pistola termofusible.
- Tisores.
- Regle.
- Tornavís petit.

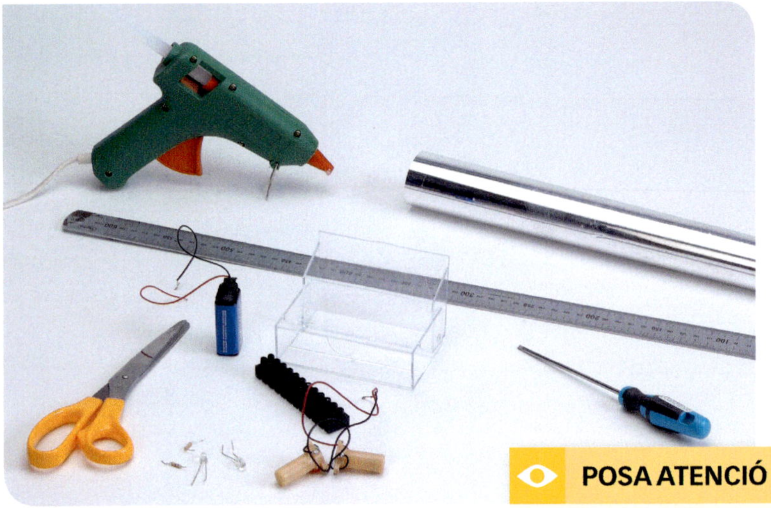

POSA ATENCIÓ

Vés amb compte amb els dits!

La capsa

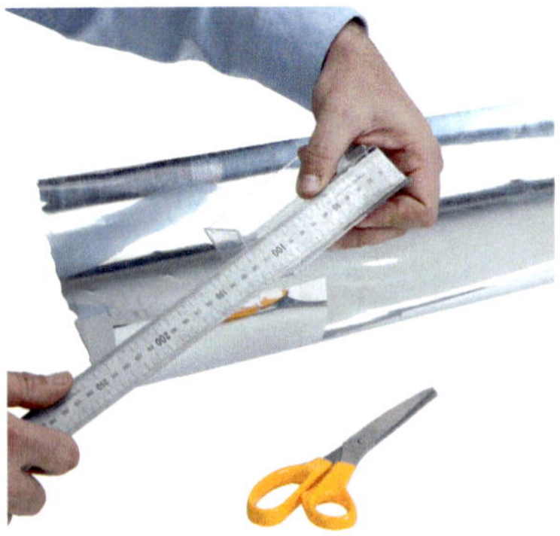

1. Pren les mides de la capsa de plàstic.

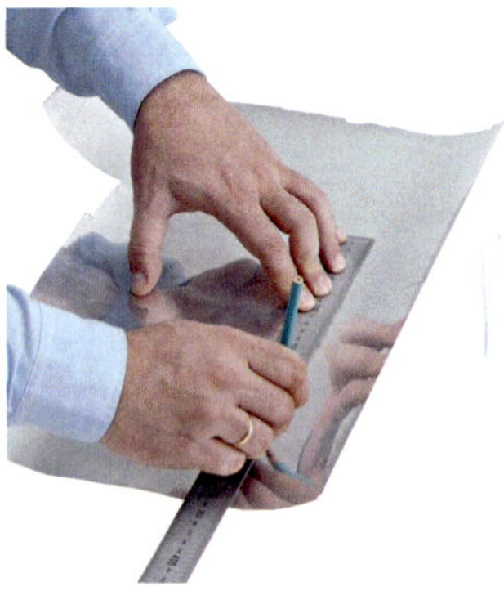

2. Mesura i talla el paper d'alumini d'una sola peça.

3. Recolza't en un tros de llistó i amb un punxó fes dos forats a uns centímetres de cada extrem.

Els interruptors de gravetat

L'interruptor de gravetat és un interruptor que té a l'interior una boleta que fa contacte o no segons la seva posició.

Amb la pistola termofusible uneix els dos interruptors formant un angle de 90º, perquè en funció de la posició estiguin tancats alternativament.

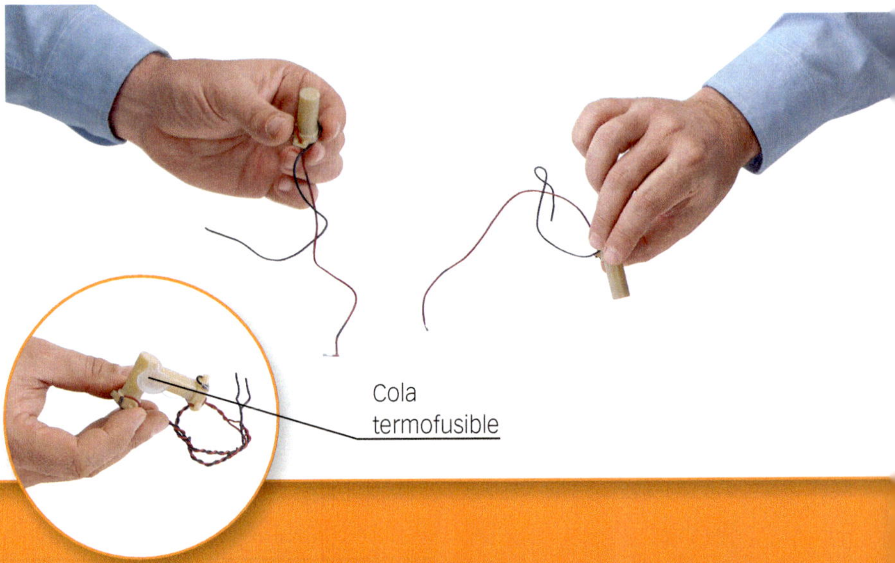

El circuit

1. Observa l'esquema del circuit que has de muntar.

> **POSA ATENCIÓ**
>
> **Vés amb compte amb la polaritat dels LED! La corona del LED té una part plana, i aquesta coincideix amb la gafa del negatiu.**

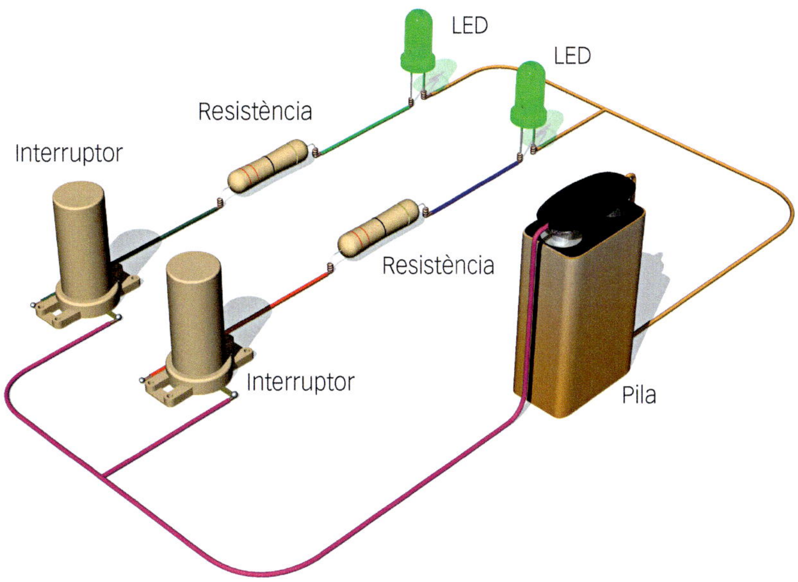

2. Connecta els components als borns.
3. Observa que les gafes tenen longituds diferents. Segons les característiques del díode LED que facis servir, hauràs de col·locar una resistència perquè no es cremi amb la pila de 9 V.

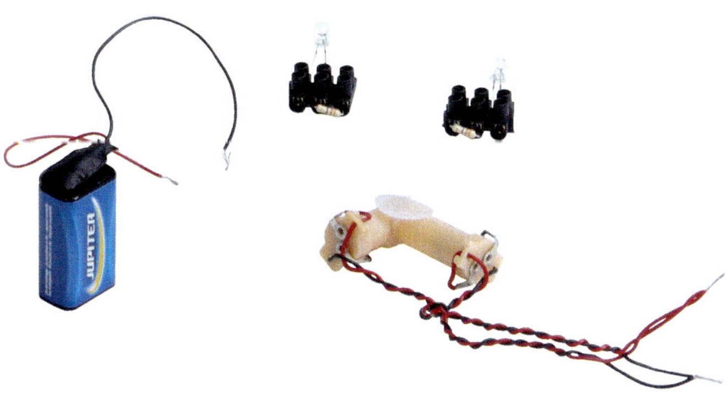

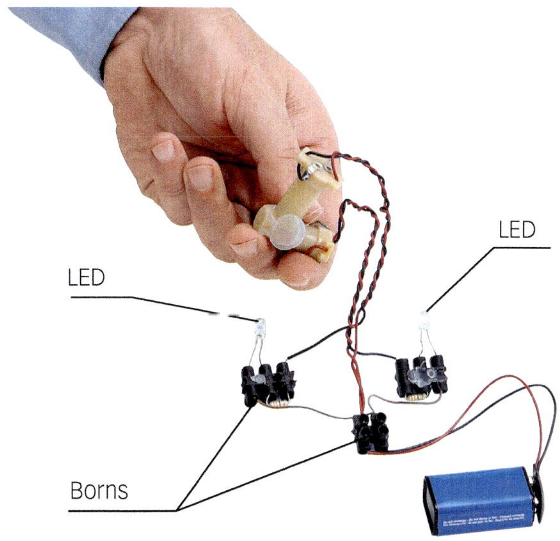

Muntatge

1. Introdueix-ho tot a la capsa, posant atenció que cada LED estigui en una cara diferent i surti per cada foradet.

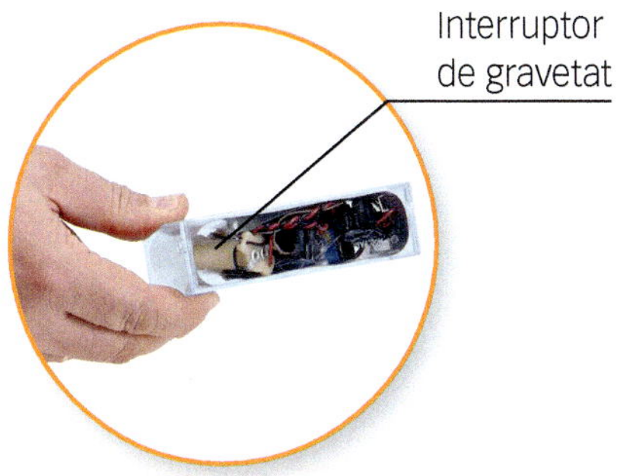

2. Ara tan sols has de girar i comprovaràs com s'encén un LED en cada posició!

2. El detector de metalls

El somni de tothom: descobrir un tresor enterrat! El repte és dissenyar un detector de metalls que ens avisi amb dos senyals, un de lluminós i un altre d'acústic i que, en cas que falli l'altre, continuï funcionant. Amb el nostre detector casolà potser no trobarem cap tresor, però sí que aprendrem sobre circuits elèctrics, conductors i aïllants, etc.

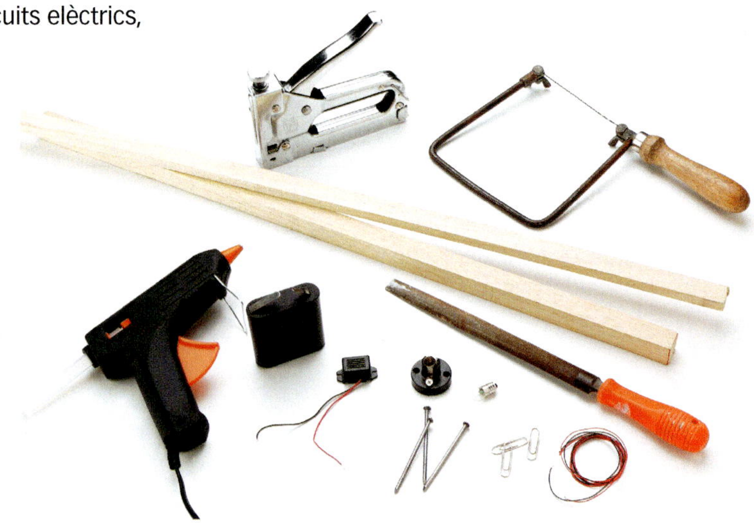

Què necessites?

Materials

- Llistó de 2 × 2 cm.
- Llistó de 2 × 1 cm.
- Contraplacat.
- 3 claus.
- 2 clips.
- Cables de connexió.
- Pila de petaca.
- Portalàmpades i cargols.
- Bombeta de 3,5 V.
- Brunzidor.

Eines

- Paper de vidre.
- Serreta.
- Pistola termofusible.
- Raspa.
- Grapadora.
- Xerrac.

L'especejament

1. Talla el llistó amb el xerrac i el contraplacat amb la serreta per aconseguir les peces del dibuix.

2. Escata totes les peces.
3. Fes tres petits canalons amb la raspa a les peces de 20 × 10 × 10 mm perquè hi entrin els claus.

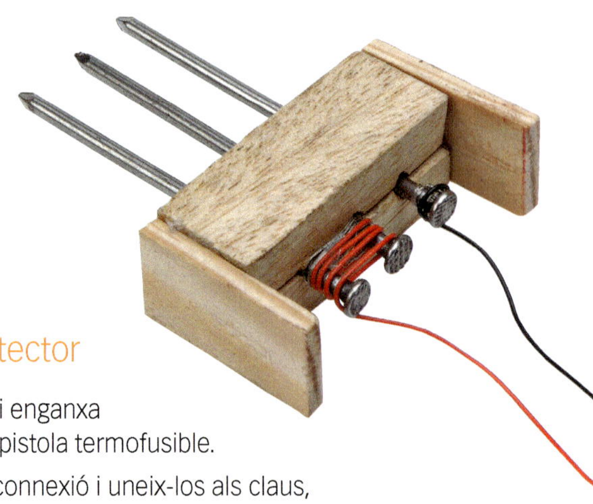

El capçal del detector

1. Col·loca els claus i enganxa el conjunt amb la pistola termofusible.
2. Pela els claus de connexió i uneix-los als claus, un extrem a un clau i l'altre als altres dos.

El motiu de posar tres claus és per ampliar la superfície de cerca. Hi ha altres possibilitats que pots explorar. Busca-les.

Muntatge

1. Uneix el capçal detector al braç de suport.
2. Reforça la unió enganxant o clavant una peça de contraplacat per la part posterior.
3. Enganxa la pila també a la part del darrere del llistó.
4. Enganxa el portalàmpades i el brunzidor per l'altra cara.

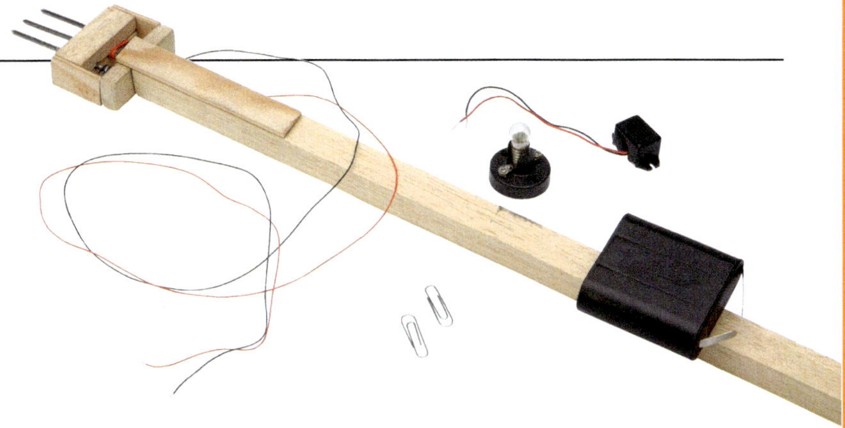

El circuit

1. Subjecta els cables al suport de fusta amb grapes o amb cinta aïllant.
2. Connecta el brunzidor i la bombeta, en paral·lel, a la pila.
3. Uneix els extrems dels cables als dos clips, i aquests als pols de la pila.

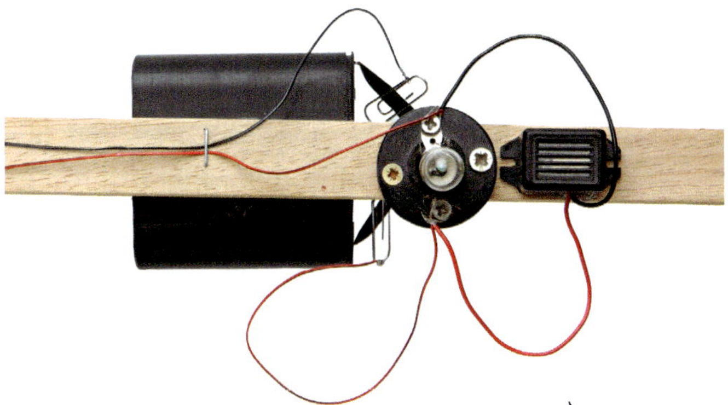

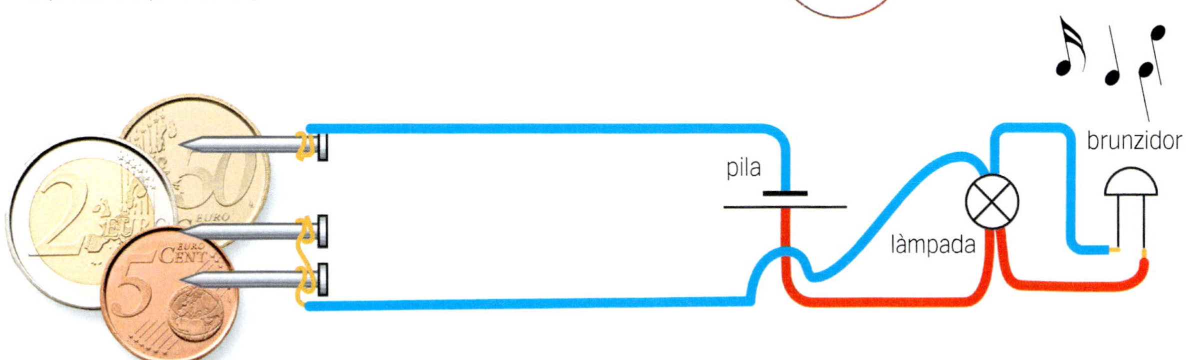

Ja tens el teu detector llest per buscar tresors...

Para bé l'orella, pot ser que hagis trobat...

3. El mirall de nit

Què necessites?

Materials

- Contraplacat de 3 mm.
- Pila de petaca 4,5 V.
- 2 bombetes de 3,5 V i portalàmpades plans.
- Petit tub de metall.
- Xapa.
- Cables.
- Mirall.
- Plàstic difusor o paper vegetal.
- Velcro.

Eines

- Grapadora.
- Serreta.
- Pistola termofusible.

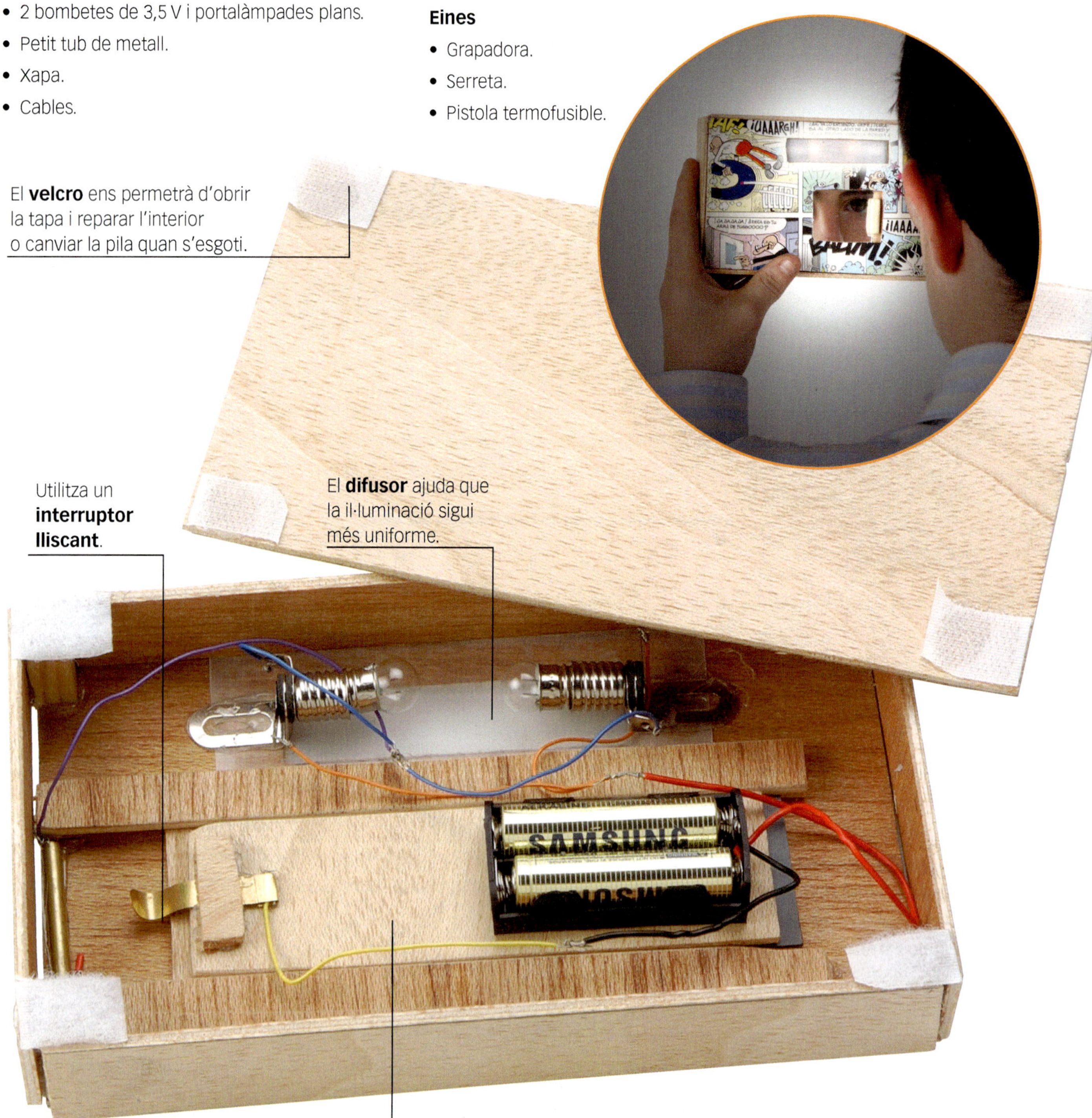

El **velcro** ens permetrà d'obrir la tapa i reparar l'interior o canviar la pila quan s'esgoti.

Utilitza un **interruptor lliscant**.

El **difusor** ajuda que la il·luminació sigui més uniforme.

En desplaçar la corredora cap a la dreta, misteriosament s'encenen els llums i apareix un mirall, on et podràs mirar.

L'especejament

1. Talla les peces igual que a la fotografia. A la peça núm. 1 fes les dues finestres.
2. Per fer les finestres, fes un forat, fica-hi el pèl de la serreta (separat de la femella d'orelles), torna a muntar el pèl i comença a tallar.

POSA ATENCIÓ

Escata molt bé totes les peces perquè la corredora es desplaci suaument sobre les guies.

La corredora amb el mirall

1. Enganxa el mirall i la tapa A per a la finestra sobre el suport B.
2. Enganxa a la finestra petita paper vegetal, com a difusor de la llum.
3. Subjecta els portalàmpades.

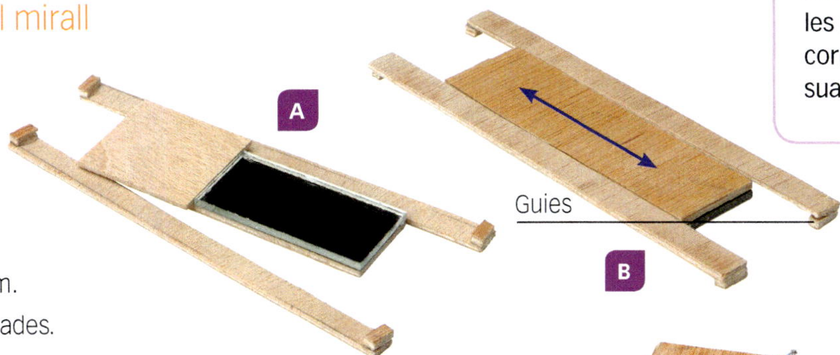

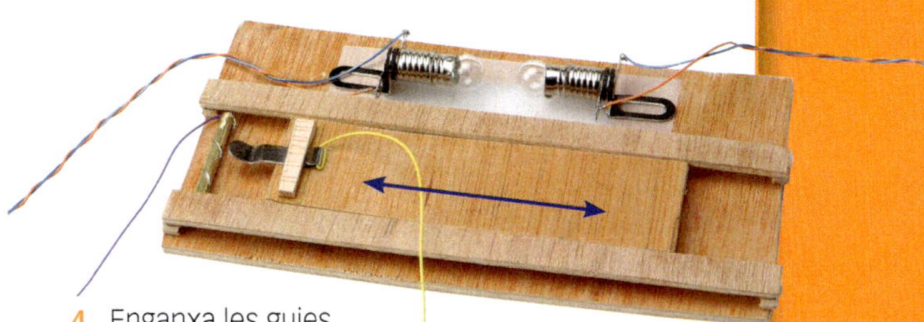

4. Enganxa les guies de la corredora sobre l'altra finestra.

Els cables

1. Enganxa la pila i connecta les làmpades en paral·lel tal com mostra l'esquema.
2. L'interruptor està fet amb un tros de petit tub metàl·lic i un fleix (born d'una pila gastada).
3. Prova-ho per veure si funciona.

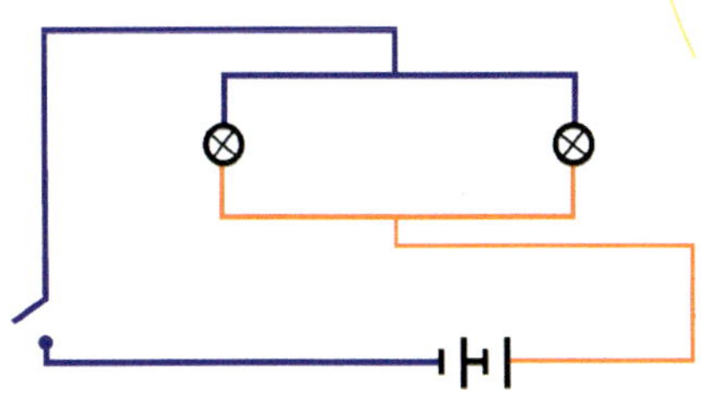

Muntatge

1. Munta els laterals. Enganxa quatre trossos de llistó petit quadrat com a reforç a les cantonades.
2. Engrapa i fixa els trossets de velcro per subjectar la tapa. Aquest sistema et permetrà canviar la pila quan s'esgoti.

Ja pots sortir de nit amb el teu mirall!

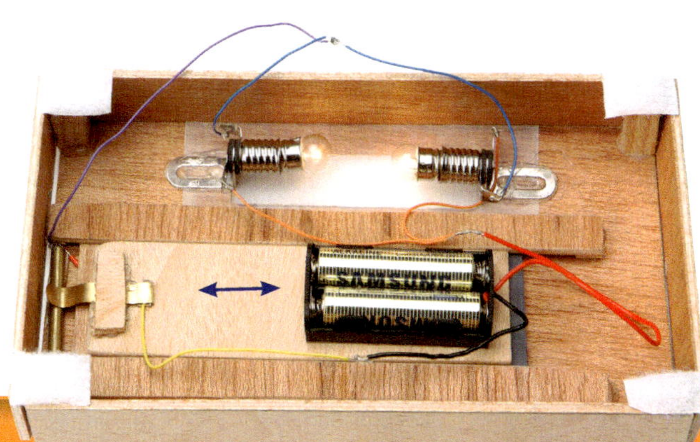

4. La bestiola vibrant

Si et plantegen la possibilitat d'utilitzar un motor elèctric perquè es desplaci un artefacte determinat, de segur que la teva primera iniciativa serà la de col·locar-li rodes i que siguin aquestes les que en girar facin que l'objecte es mogui. Intentarem aprofitar el gir d'un motor per donar mobilitat a un «insecte metàl·lic» creat per nosaltres, sense que hàgim de recórrer a les tòpiques rodes.

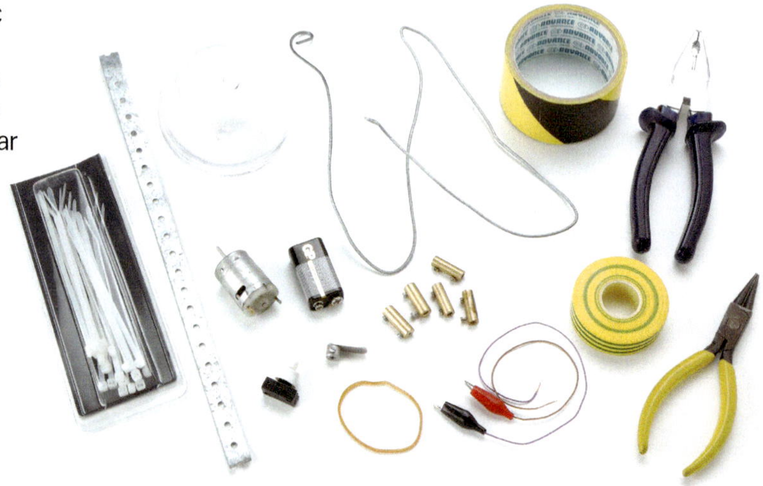

Què necessites?

Materials

- Un motor elèctric.
- Una pila de 9 V.
- Cables i un interruptor.
- Filferro i una platina d'alumini perforada.
- Un cargol i una rosca.
- Una esfera de plàstic (la de les joguines per a nens).
- Brides.
- 5 prolongadors d'eixos i una excèntrica.
- Tela i altres elements de decoració.

Eines

- Alicates.
- Cinta adhesiva.
- Tornavís.

Les potes

1. Talla amb les alicates quatre trossos de filferro per a les potes i quatre de més petits per subjectar el motor.
2. Dóna'ls forma amb les alicates, segons la figura.
3. Uneix amb ajuda dels prolongadors d'eixos les dues peces **A** i **B**.
4. Amb la platina d'alumini has de fer un anell del diàmetre de l'esfera de plàstic; uneix-ne els extrems amb un cargol i una rosca.

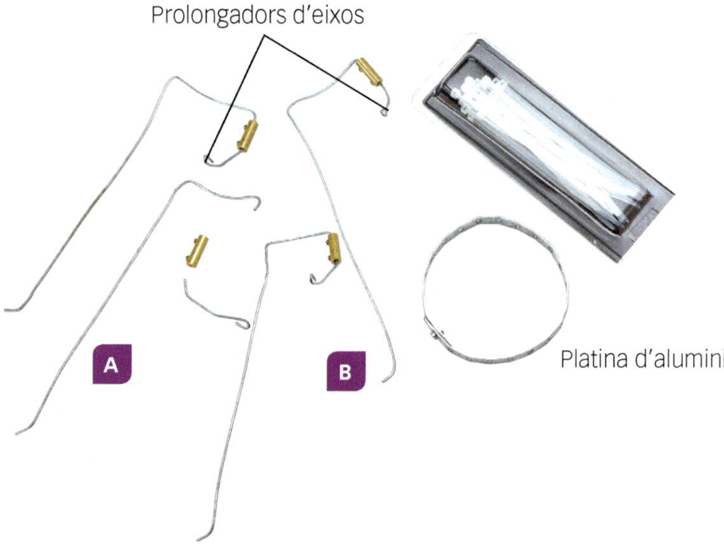

L'esquelet

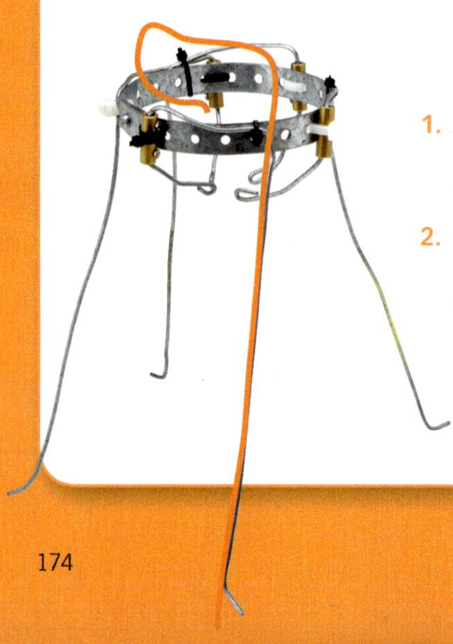

1. Amb ajuda de les brides, subjecta cadascun dels conjunts de pota i suport del motor que has muntat abans a l'anell d'alumini.
2. Procura que quedin equidistants les unes de les altres i, si cal, fixa la part horitzontal de les potes a l'anell amb més brides.

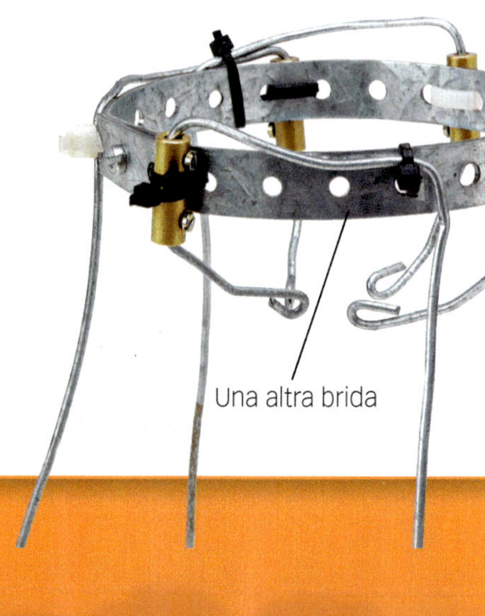

El cor

1. Per obtenir el moviment que desitgem has d'acoblar l'**eix del motor**, l'**excèntrica** i el **prolongador d'eixos** tal com mostra la fotografia.
   Amb aquest conjunt aconseguiràs que el centre de gravetat de la bestiola vagi descrivint un cercle; la inèrcia s'ocuparà de la resta.
2. Un cop hagis muntat el conjunt, fixa el motor als suports de filferro que havies previst. Pots fer servir cinta adhesiva o aïllant.

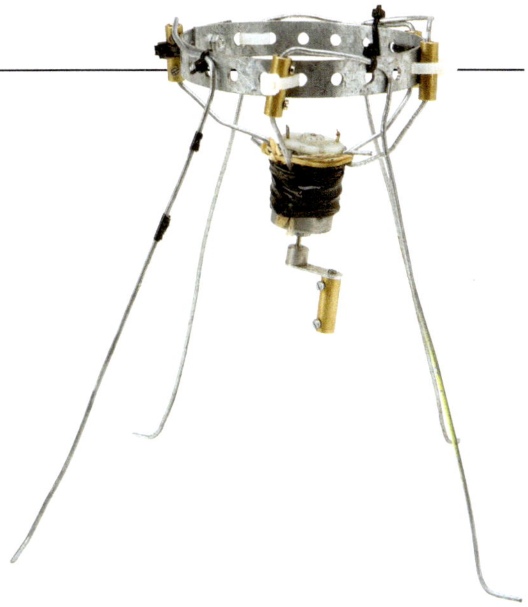

El circuit elèctric

1. Munta el circuit per posar en marxa i aturar el motor.
2. Col·loca la pila i els cables, així com l'interruptor, a l'esfera de plàstic, que al mateix temps se subjecta en l'anell d'alumini.

Si vols, pots complicar una mica el circuit col·locant-hi unes bombetes que podran ser els ulls de la bestiola. Com les has de col·locar: en sèrie o en paral·lel?

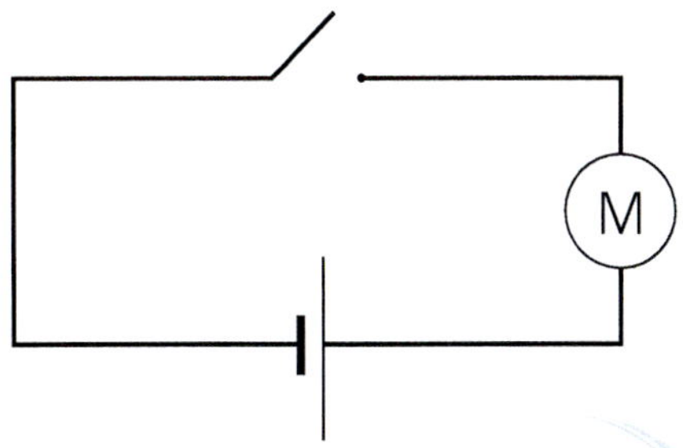

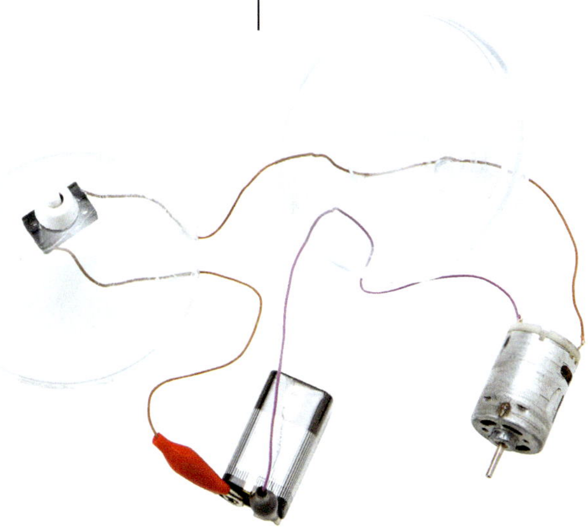

El vestuari

Només falta decorar i vestir al teu gust la «bestiola vibrant», posa-la en marxa i... a ballar!

La «plaga marxosa»

Si formeu grups a classe i cadascun construeix la seva pròpia bestiola, podeu comprovar quina és la que es desplaça millor, quina té més força a l'hora de fer fora el contrari o quina és la que té un aspecte més «suggeridor».

Intenta variar la llargada de les potes o la mida i el pes de l'excèntrica.

Direcció d'art: **José Crespo**

Projecte gràfic: **Pep Carrió**
Fotografia de coberta: **Leila Méndez**
Il·lustració: **Bartolomé Seguí, Félix Moreno, Pablo Pérez, David Cabacas, Ignacio Rada, Enrique Cordero, Emilio del Peso i Jordi Baeza**

Cap de projecte gràfic: **Rosa Marín**
Coordinació d'il·lustració: **Carlos Aguilera**
Cap de desenvolupament de projecte gràfic: **Javier Tejeda**
Desenvolupament gràfic: **Raúl de Andrés i Jorge Gómez**

Direcció tècnica: **Jorge Mira Fernández**
Subdirecció tècnica: **José Luis Verdasco Romero**

Coordinació tècnica: **Alejandro Retana i Jesús Muela**
Confecció i muntatge: **Eduard Cánovas**
Cartografia: **José Manuel Solano i Adolf Vallejo**
Correcció: **Maria Carbó**
Gestió i realització de captures d'imatges: **Jordi Conde**
Documentació i selecció fotogràfica: **Nieves Marinas i Sergio Aguilera**

Fotografies: A. Toril; A. Viñas; J. C. Muñoz; J. Jaime; J. Rosselló/Quely S.A.; Prats i Camps; S. Cid; S. Padura; 123RF; A. G. E. FOTOSTOCK/jader alto, Ton Koene; ALBUM/akg-images; COMSTOCK; CORDON PRESS/Reuters, Topham, The Granger Collection, New York, CORBIS/Jens Kalaene/dpa; EFE/EPA/Peter Foley; GARCÍA-PELAYO/Juancho; GETTY IMAGES SALES SPAIN/Photos.com Plus, Hulton Archive, Paul Beinssen, Thinkstock; HIGHRES PRESS STOCK/ AbleStock.com; ISTOCKPHOTO/Getty Images Sales Spain; NASA/JPL/Cornell; PHOTODISC; Amazon; Lumix; Asus; Almusafes/Factoria Ford; Cortesia d'Apple; Factoria Renault Montaje Palencia; FUJITSU TECHNOLOGY SOLUTIONS; GM Corp.; HP/Hewlett-Packard; INTEL Corporation; J. E. Casariego; LINKSYS; MATTON-BILD; Samsung; SERIDEC PHOTOIMAGENES CD; Sony Computer Entertainment Inc.; ARXIU SANTILLANA

Frederic Mompou, 11 (Vila Olímpica)
08005 Barcelona
Printed in Spain

ISBN: 978-84-9047-214-9
CP: 509647
Dipòsit legal: M-7110-2015